中国近代社会建构的研究

1912—1927

严　泉著

团结出版社

图书在版编目（C I P）数据

中国近代社会建构的研究 : 1912-1927 / 严泉著
. -- 北京 : 团结出版社, 2019.5
ISBN 978-7-5126-6792-1

Ⅰ. ①中… Ⅱ. ①严… Ⅲ. ①社会结构－研究－中国
－1912-1927 Ⅳ. ①D693.7

中国版本图书馆 CIP 数据核字(2018)第 280514 号

出　版： 团结出版社
（北京市东城区东皇城根南街 84 号　邮编：100006）
电　话：（010）65228880　65244790
网　址： http://www.tjpress.com
E-mail： zb65244790@vip.163.com
经　销： 全国新华书店
印　装： 三河市东方印刷有限公司

开　本： 160mm×230mm　　16 开
印　张： 18.25
字　数： 251 千字
版　次： 2019 年 5 月　第 1 版
印　次： 2019 年 5 月　第 1 次印刷

书　号： 978-7-5126-6792-1
定　价： 69.00 元

目　　录

下篇　现代国家建构尝试与制度试验

本书出版获得上海高校高原学科建设计划上海大学中国史项目“中国社会治理史”的资助，并为2018年度国家社科基金重大项目“北洋集团与近代社会变迁研究”（18ZDA197）阶段性研究成果。

绪论

现代中国的国家建构：路径之辩

探讨现代中国国家建构的演变历程，民国前期的历史是无法忽略的。辛亥革命迎来了远东第一共和在中国的诞生。然而，对于一个专制传统包袱沉重的古老帝国来说，改国号易，建共和难，辛亥之后中国政治就进入反复动荡的乱世，现代国家制度的建构迟迟不得完成。对此，近年来较为流行的解释多是强调市民社会的重要性，“中国现代化发展缺少来自市民社会的动力，近代市民群体的身上存在着许多致命的缺点，无力使自己成为国家政权的掌握者，建立一个真正的资产阶级政治国家。”[①]萧功秦先生更是强调中国传统社会结构对民主政治的不适应性，因为典型的立宪政治，是西方市场经济社会的历史发展的产物，“这种制度与传统社会结构几乎没有任何同构点，它与传统的政治文化（包括人们的信念、价值与习俗）和政治体制没有相容性和结合点。”[②]

如何构建现代国家，最新的观点来自许纪霖先生的新著《家国天下：现代中国的个人、国家与世界认同》，许著强调立宪国家法治权威的重要性。真正的立宪，无论是君主立宪还是共和立宪，根本的问题不在于通过权力以确立权威，而是建立一个超越权力之上的立宪法则，一个不依赖神魅人格的法理型权威，从而一方面赋予权力以正当性统治，另一方面限制权力的专断性趋向，从而确保政治秩序的长治久安。

在百年前的民国初年，不通过权力的方式建立权威的理想路径是否存在？当时国家建构的现实路径选择是什么？历史留给后人的路径经验与启示究竟又是什么？探讨民国早期中国的现代国家构建

① 陶鹤山：《市民群体与制度创新—对中国现代化主体的研究》，南京大学出版社，2001年，第270页。

② 萧功秦：《危机中的变革—清末现代化进程中的激进与保守》，上海三联书店，1999年，第164页。

问题，仅有政治思想史的解读可能是不够的，还需要政治史的路径分析。从某种意义上讲，我们不仅要关注“应该是什么？”的必然性问题，还要考虑“可能是什么？”的或然性难题。

一、现代国家建构美国模式的理想与现实

许著专门谈到现代国家建构的美国模式，认为美国革命通过宪政之路实现“公天下”，但民初中国不是以制度的安排，而是通过权力的攫取试图重建秩序的统一，一切围绕着角逐最高权力。[①]

关于美国革命通过宪政之路实现“公天下”的说法是值得商榷的。美国学者比尔德（Charles A.Beard）的研究表明，1787年美国制宪代表都是当时美国国内公债、动产、奴隶主利益集团的代表，只有这些人才能够“凭着个人在经验事业上的经验，深知他们建立起来的政府将要达到什么样的目标……作为实践的人物，他们才能够把一个新的政府建立在唯一可以稳定的基础—经验利益的基础—上面”。[②]比尔德还试图证明，宪法的批准，也得益于地方动产利益集团强有力的支持，因为“动产所有者把新的政府视为一种力量并且保障他们的利益”。[③]

当然，比尔德的看法只是一家之言，林达在《如彗星划过夜空：近距离看美国之四》一书中已经对比尔德的看法作过评价。但是正如林达所言，代表们不追逐个人在联邦政府的私人权力，可是，这并不意味着费城制宪会议就没有利益之争。他们是各州民众的代表，代表了一方民众的利益。民主并不是大公无私，民众也不是“公”，不是抽象的人民，不是铁板一块。他们是一个个的个

① 许纪霖：《家国天下：现代中国的个人、国家与世界认同》，上海人民出版社，2017年，第175页。

② 许纪霖：《家国天下：现代中国的个人、国家与世界认同》，第104–106页。

③ 查尔.A.尔德：《美国宪法的经济观》，何希奇译，商务印书馆，1984年，第203页。

人，由不同个人利益的组合出现，所谓“地方利益”，就是其中最基本的一种。[①]

许著提及美国革命之后的重心并非围绕着权力，也不急于扩大参政权，而是追求制度的转型，通过立宪建立统一的共和制度。其实美国的立宪也是一个不断试错、不断改正的过程。不能将1787年的制宪与殖民地时代的立宪史，以及独立战争后各州的立宪实践割裂开来。麦迪逊（James Madison）等人在《联邦党人文集》中也多次提到殖民地时代与独立战争后各州的经验教训。有美国学者专门研究独立战争时期州议会的立法权力至上现象，认为“州立法机关鲁莽的权力试验，以及它们造成行政机关权威的黯然失色，这些都是权力分权理论冲击革命宪政主义的极好证明。”[②]

其实书中也提到“美国在建国之初也曾出现过私人利益泛滥、普遍出现腐败、派系与党争等一系列问题。”[③]美国宪法的核心就是分权与制衡，就是针对总统、国会、部长、大州、小州这些政治角色的权力设计的。例如，制宪会议在讨论总统任期时，有人认为如果总统是单独一任，6年或7年似乎是较为能接受的长度，但人们又认为如果允许连任，则4年较为方便。对当时的美国制宪代表来说。他们关注的是如何建立一个强有力的而又不危害人民自由的政府。汉密尔顿（Alexander Hamilton）在《联邦党人文集》中曾专门论述行政首脑的任期，认为总统任期关系到其行使宪法规定权力时个人是否坚定；也关系到总统采用的管理体制是否稳定。当然如果任期过长，总统“就会更加容易败坏其品德，堕落其意志”。[④]同时，汉密尔顿也强调任期过短会影响总统对立法机构的独立性，

① 许纪霖：《家国天下：现代中国的个人、国家与世界认同》，第 55 页。

② Alfred H.Kelly，Winfred A. Harbison，and Herman Belz，The American Constitution：its origins and development，New York：W. W. Norton & Company，Inc，1991，pp.73–74.

③ 许纪霖：《家国天下：现代中国的个人、国家与世界认同》，第 173 页。

④ 汉密尔顿、杰伊、麦迪逊著，程逢如、在汉、舒逊译：《联邦党人文集》，商务印书馆，1995 年，第 363 页。

“任期四年，或者任何有限的任期，要想完全达到所提目标，都是不能肯定的；但是可以在达到目标上起到一定作用，即对政府的精神与性质具有实质性的影响。”但是“四年任期会有助于总统具有充分的坚定性，使之成为整个体制中一个非常宝贵的因素；另一方面，四年并不过长，不必因之担心公众自由会受到损害。”①

通读美国制宪史，不难发现美国立宪也是一个艰难的过程，成功关键是制度性妥协。在1787年美国制宪会议上，妥协贯穿整个会议的始终，是宪法最后制定成功的决定因素。从会议一开始，制宪代表们在联邦与州的权力划分、总统选举方式、议员代表比例、奴隶制等一系列重大问题上产生分歧，但是让人钦佩的是，经过艰苦的谈判，他们又在这些问题上达成了众多历史性的妥协。为解决大小州在联邦国会中代表权问题争议的康涅狄格妥协案，被后人尊称为“大妥协”。关于众议院席位分配的妥协，即所谓“五分之三条款”，更是一项妥协的力作。它是南北双方在奴隶制问题上的第一个重要的妥协。如果没有“五分之三条款”的妥协，其他后来的妥协是不可想象的。王希先生在谈论美国宪法的成功经验时中肯地指出：“妥协而果的宪法本身也成为一种妥协的机制。利益的多元化迫使美国社会中的各利益集团之间、部分利益集团与公共利益之间、所有利益集团与公共利益之间始终就各自利益的定义和定位进行着一种多层次的、多方位的各连续不停地谈判。”②

二、制度变迁视野中的民初国家建构

1913年《天坛宪法草案》的制定是民国初年制宪活动发展的高潮，从这一年开始，历时十年的国会制宪正式揭开了序幕。新生的

---

① 汉密尔顿、杰伊、麦迪逊著，程逢如、在汉、舒逊译：《联邦党人文集》，第365-366页。

② 王希：《原则与妥协：美国宪法的精神与实践》，北京大学出版社，2000年，前言，第7页。

民国国会也力排众议，先后拒绝了临时大总统袁世凯与地方军绅的制宪要求，依据北京临时参议院制定的《国会组织法》，独自开始了制宪工作。宪法草案的完成不但没有成为中国实施民主立宪的起步，反而宣告了国会遭受袁政府非法解散的厄运的来临。后人每当回顾这段历史时，普遍的看法是袁世凯的独裁统治扼杀了初生的民主政治，并要为这次民主转型的失败承担最主要的责任。但是正如有学者在评价辛亥革命历史结局时指出，过去人们主观认为袁世凯上台就注定了他在数年后必然要搞帝制，这种以事物的结果来代替其过程分析的方法不啻是宿命论和历史功利主义方法。后人所了解的历史都是已经凝固而且再简单不过的既成事实，而某些既成事实的原型在凝固成历史之前，往往是错综复杂和变幻多端的。[①]

在新制度主义大师道格拉斯.诺斯（Douglass C.North）看来，“不同的行为主体（个人、团体或政府）推动制度变迁的动机、行为方式及其产生的结果可能是不同的，可他们都要服从制度变迁的一般原则和过程。制度变迁的成本与收益之比对于促进或推迟制度变迁起着关键作用，只有在预期收益大于预期成本的情形下，行为主体才会推动直至最终实现制度的变迁，反之亦反，这就是制度变迁的原则。”[②]制度创新的作用就是对人的行为产生一种激励效应，“法律上或政治上某些变化可能影响制度环境，使得某些集团实现一种再分配或趁机利用现存外部利润机会成为可能。”[③]如果制度创新没有成功，则表明社会没有从制度方面去保证创新活动的行为主体应该得到的最低限度的报偿或好处。

1912年共和制度取代君主专制，即是一种政治制度创新。随后的制宪活动，则是这一政治制度创新进程的推进。制度创新过程中的行为主体不仅包括国会、各政党，还有袁世凯的北洋政治集团，

---

① 郭世佑:《辛亥革命的历史条件与历史结局再认识》,《清史研究》1995年第3期。

② 道格拉斯·诺斯:《经济史中的结构与变迁》，陈郁译，上海三联出版社，1994年，译者的话，第7页。

③ R.科斯等:《财产权利与制度变迁》，上海三联书店，1996年，第297-298页。

后者更是政治制度变迁的重要力量。1913年末民主化试验的失败，其中最致命性的原因是国会制定的《天坛宪法草案》中“超议会制”的政体模式。从宪制理论上来说，“超议会制”是一种严重违背宪制分权与制衡原则的畸形政治制度，核心是立法（国会）至上，而不是三权分立与制衡。权力之间缺少互相制约的关系，行政权对立法权不能发挥平衡作用、司法权对立法权也不存在制约作用，立法权却可以过度侵占行政权与司法权，凌驾在两权之上，形成立法对行政、司法权力单向的制约关系。①不言而喻，这种宪制如果实施，将会给国会议员们带来巨大的政治权力。正如许纪霖先生强调：“民初政治的最大纠葛，是民权与国权、内阁制与总统制的争斗，这些争斗都围绕着权力如何分配。国民党要求实行内阁制，掌控以议会为中心的国家权力，而进步党希望建立总统制，借助袁世凯的势力，建立强有力的中央政府。然而，议会权力也好，总统权力也好，如何进行限制和分权，如何在宪政的框架下施行，却被严重忽视，置于次要的位置。”②

而且“超议会制”政体并没有满足北洋派的总统权力目标。1913年8月19日袁政府宪法研究会向国会宪法起草委员会提交一份宪法草案大纲，提出的总统权力主要有：1、有任命国务员及驻外公使，无得议会同意之必要；2、对于两院之议决有复议权及拒绝权；3、有发布紧急命令权；4、有令国会停会权；5、得参议院之同意，有解散众议院权；6、行政最高权委任于大总统，内阁总理及各部总长辅助。③10月16日，袁在增修约法咨询文就提到取消参议院对国务员及外交大使的同意权，改为“大总统任免文武职员”。袁还振振有词地认为：“查国务员同意权不容于内阁制之

① 严泉：《失败的遗产：中华首届国会制宪（1913-1923）》，广西师范大学出版社，2007年，第98页。

② 许纪霖：《家国天下：现代中国的个人、国家与世界认同》，第167页。

③ 张学继：《民国初年的制宪之争》，《近代史研究》1994年第2期。

国，惟总统制美国始有此规定。”[①]应该承认此时北洋派提出的制宪要求，例如自由任命国务总理权与解散国会权，正好是符合英国式内阁制度的相关规定。其他权力基本上属于当时法国责任内阁制中总统权力范畴，与当代法国半总统制度总统权力更加相似。袁伟时先生也认为制宪开始时袁与国会其实是内阁制与总统制之争，而且“袁世凯蓄意实行总统制，也没有逸出民主共和的范围”。[②]

但是国会宪法起草委员会拒绝考虑北洋派的政治利益要求，其总统权力目标在宪法草案中基本上落空。对此，袁世凯及其支持者的反应是非常强烈的。袁在10月25日、11月4日两次通电中公开抨击宪法草案的政体设计。对于宪法草案中紧急命令权的限制性规定，袁表示：“名予大总统以此权，而实操诸委员会少数议员之掌握。”袁认为弹劾权的规定：“审判既由议院弹劾，复由议院审判，无异以原告为问官，罪名又由其认定，而其同意人数，比约法则大行减少。凡皆所以达其容易推倒政府之目的。”对草案取消了原来《临时约法》中总统有制定官制官规的权力，袁又滋生不满，“此条文中隐含有官制官规为普通法律之解释。则行政机关之组织，及职权之运用，无复敏活之余地矣。”关于宪法解释权，袁愤愤不平地说：“而宪法之提案修正及解释，统纳入国会权力范围之中。行政机关无复裁量之余地。”[③]弱势总统权力的规划，还意味着北洋派政治权力在未来制度实施后将进一步丧失，其既得政治利益也会受到重大损害。所以袁世凯认为宪法草案是“消灭行政独立之权，比较临时约法弊害尤甚”。这种削弱大总统与政府的威信作法，“使对内对外均无以保其独立之精神，而为国会之役使。”[④]这些是作为政治强人的袁世凯断然不能接受的。

---

① 张学继：《民国初年的制宪之争》，《近代史研究》1994年第2期。

② 袁伟时：《辛亥革命的是是非非》，《二十一世纪》2001年12月号。

③ 张学继：《民国初年的制宪之争》，《近代史研究》1994年第2期。

④ 袁世凯：《对于宪法第二次通告》，胡春惠编《民国宪政运动》，台北正中书局，1978年，第194页。

至于当时作为国家根本大法的《临时约法》，问题更是太多。如在行政与立法权力关系设计上，与当时实行责任内阁制的法国、英国不同的是，《临时约法》赋予议会同意权与弹劾权，但是政府缺乏制约议会的解散权。在责任内阁制国家里，当政府与议会发生政争时，政府拥有解散权，即有权提前解散议会，重新选举立法机关。而《临时约法》却没有规定解散权，形成政府缺乏反制议会的单向权力制约关系。在民国早期（1912-1927年）实际政治运作中，解散权的制度性缺陷对政治转型造成的消极影响是非常显著的。当国会与政府发生政争时，作为政府的一方并不能合法地解散国会、依法重新举行国会选举，以此来解决政治冲突，最后采取的只能是体制外非法的武力解散国会方式。

有学者认为："历史学家们经常责备袁世凯破坏约法，但是临时约法本身由于存在许多模糊不清的地方而备受批评。袁世凯不能控制内阁，内阁总理也不能。总理不是代表参议院多数党，他不能控制预算或者是地方政府。参议院可以弹劾政府，但是政府并不能解散参议院。"[①]所以立法与行政机关"万一发生争执，双方都没有合法的手段来制约对方"。[②]与民国早期其他几部宪法或宪法草案不同的是，《临时约法》在多数时期一直是扮演国家宪法的角色，发挥了实际作用，因此其制度性缺陷造成的实际影响是值得重视的。从某种意义上讲，民初宪制在袁世凯死后依然没有走出困境，虽然有军阀干政等外因，其内因则是临时约法的制度性缺陷，难以化解总统、内阁与国会三者之间的权力矛盾。

无论是1912年《临时约法》的"因人立法"，还是1913年《天坛宪法草案》"超议会制"政体，既没有充分承认当时左右中国政坛的北洋集团的政治利益，也没有从制度创新方面实现北洋集团提

---

① Ranbir Vohra，China' s Path to Modernization，a historical review from 1800 to the present，N.J：Prentice Hall，Inc，1977，p.112.

② Franklin W.Houn，Central Government of China 1912-1928，An Institutional Study，Madison：The University of Wisconsin Press，1957，p.41.

出的正当的权力目标，从而失去了北洋派对政治制度变迁的支持。对渴望在新体制中攫取更多的权力与利益的北洋政治集团来说，由于政治目标在宪制框架设计中落空，不满之情是难以抑制的。民主转型也因此失去了对他们的吸引力，更无法奢望获得他们的支持与推动。制宪最后的失败，恰好是北洋政治集团害怕在未来的政治制度变迁中丧失已有权力，激烈反对的结果。

在制宪过程中，有关议会制或总统制的政体选择，当然涉及到权力分配，有学者认为，“参与立宪的利益（或利益集团）是多元的，立宪的过程必然是一个协商和妥协的过程，由此产生的宪法也必然是一个多元利益相互妥协的产物。”[①]这是制宪政治的常态。有学者将宪法上的妥协分为形式、实质与制度上三种方式。其中实质上妥协（实质性妥协）是指在双方的某种利益分别得到实现的前提下就原则问题达成妥协，表现为双方互相让步、一方忍让以及价值兑换三种方式。制度上的妥协（制度性妥协）是指在多元格局中国家制度安排以价值中立为指针，并做到权力互相制衡。[②]实质性妥协虽然能够在一些具体问题上达成协议，但是由于缺乏制度保障，这种协议不具有约束力，往往无法遵守。比照美国制度性妥协的立宪模式，辛亥革命时南北双方达成的妥协，其实是一种权力分配的实质性妥协。正是考虑到当时内忧外困的政治现实，南方的革命党人才不得不做出妥协，同意袁世凯担任临时大总统。但这只是一个政治策略，对袁世凯只是暂时性的使用。待革命危机过后，革命党人仍然准备重新掌权。南北议和时同盟会根据总长取虚，实长取实的原则，设想总统取虚，总理取实，期望架空袁世凯的权力，或者让袁世凯成为过渡性质的总统。

即使是在1913年制宪进程中，民国国会虽然通过总统可以连任一次的《大总统选举法》，并且选举袁世凯担任正式大总统。这种

① 王希：《原则与妥协：美国宪法的精神与实践》，前言，第 7 页。

② 季卫东：《宪政新论—全球化时代的法与社会变迁》，北京大学出版社 2002 年，第 162 页。

妥协仍然是实质性妥协，更多的是对政治现实的承认，并不具有实质意义。特别是与未来的政治收益相比较，更是微不足道。北洋派也充分认识到这一点，认为《天坛宪法草案》设计的政体制度，“盖其宗旨，本欲使大总统处于无权之地位。今则宗旨固已贯彻矣。”[①]这种政治制度只要实施，必然是“行政实权，在众议院而不在大总统。所谓大总统行政权独立，亦有名无实，其真正独立者，只余国会与法院而已。故此种制度，只能称之为二权分立主义，不得谓之三权独立主义”。[②]

其实考虑到中国行政集权制度传统、北洋派总统权力与国会各政党立法权力的不同利益诉求，合理的宪制选择可以是类似于当代法国的“半总统制”。意大利学者萨托利（Giovanni Sartori）所说“因为最适用的政体，就是最好的政体。”[③]这种政体制度兼有总统制与议会制的长处。一方面总统有相当大的政治实权，政府总理对总统负责。可以满足袁世凯这样的政治强人对实权总统地位的权力需求。另一方面行政与立法关系容易协调，当政府与议会发生冲突时，总统在同总理及议会两院议长磋商后，可以宣布解散议会，重新举行选举，在宪制框架内解决总统与议会的政治冲突。当代法国“半总统制”政治运作相当成功，不但造就了一个强总统，而且产生了一个相对稳定与有效的内阁。20世纪第三波民主化经验也证实，“对民主转型国家而言，半总统制比纯粹的内阁制或总统制更有吸引力。”[④]

---

① 古德诺：《中华民国宪法案之评议》，胡春惠编《民国宪政运动》，第205页。

② 贺长雄：《共和宪法持久策》，胡春惠编《民国宪政运动》，第138–139页。

③ GIOVANNI SARTORI：《比较宪政工程：结构、动机、后果之研究》，雷飞龙译，台北“国立”编译馆，1998年，第140页。

④ 林继文主编《政治制度》，台北中研院中山人文社科所专书（47），2000年，第168页。

三、反思现代国家建构的制宪模式

许著提到解决政治失序的途径，可以有两个："一个是迅速建立强有力的中央政府，平定各种封建势力，以行政权力恢复秩序，维护稳定；另一个是持久的，各种政治势力协商妥协，建立以宪法为核心的宪政秩序，将革命所释放的各种政治力量，吸纳到议会这个蓄水池里面，以避免一触即发的二次革命冲动。这两种途径，前一种以中央权力为中心，速效而不稳定，后一种以重树权威为目标，艰难而具有持久性。辛亥之后的中国，选择的恰恰是走向权力之路。民国初年的三派势力：无论是袁世凯、进步党还是国民党，目光都盯着权力的争夺，而忽视了权威的重建。"①

其实追求权力与建立权威其实是不矛盾的，而且权力分配问题是不能回避的。从理性选择的视角观察民初的制宪活动，国会议员与北洋派都是为了实现自身政治利益最大化而参与制宪活动，"从利益角度的分析来看，人们追求民主制度的动机是因为，在大多数时候民主制度能够实现每个人的利益。"②但是民国国会主导了制宪权，政府提出的由中央、地方政府与国会共组宪法起草委员会的议案被国会否决。不仅于此，国会宪法起草委员会先后拒绝了总统袁世凯提出的增修临时约法部分条文、政府派员列席宪法起草委员会等要求。

因此，民国初年法国式议会制宪的立宪模式是需要反思的。这种模式是指宪法草案由选举产生的制宪议会成立起草委员会负责制定，经议会议决后或是直接生效，或是经公民投票通过后生效。这样做则完全排斥了其他政治利益集团参与制宪的可能性，国会以外的政治势力的利益要求在制宪过程中获得表达的机会是很小的，

① 许纪霖：《家国天下：现代中国的个人、国家与世界认同》，第166页。

② 黄文扬主编《国内外民主理论要览》，中国人民大学出版社，1990年，第382页。

体现在宪法草案条文中的困难就更大了。这种模式的特点是封闭性的，缺陷是制宪结果往往流于形式与空谈，并不能被包括政府在内的各个利益集团接受，宪法实施的可能性与持久性不强。法国在200年内，总计12部宪法，平均每16年产生一部，换言之，平均每一代人一生要经历三次以上的宪法危机。民初制宪就属于这种法国式国会制宪模式。

与法国式议会制宪模式相反的是美国式制宪会议模式。1787年美国制宪会议的55名制宪代表来自各州，不仅有国会议员、州议员，还有州长、法官、律师和军人等许多利益集团的代表。制宪会议不同于一般意义上的立法会议，实质上是一种中央与地方各种政治利益集团参与制定宪法的政治会议。只有在开放的制宪会议模式中，各种利益才可以兼容性的，而不是单一与排斥性的。正如麦迪逊曾经精彩地论述对付政府野心的唯一办法就是“以野心对抗野心”。而遏制利益最大化的唯一办法也是“以利益对抗利益”。只有让各种政治利益集团参与制宪工作，才能有效遏制任何单一性的利益诉求。

当然，再合理的制度路径也需要政治人物去实践，从这个意义上，民主理念的政治认同至关重要。从某种意义上，美国立宪模式在18世纪能够成功，除了英美文化传统、殖民地时代的实践等因素以外，也与制宪代表这个独特的群体的政治理念有关。这些被誉为“半人半神”的国父们，不仅拥有过人的政治智慧、高超的政治谋略和务实的政治经验，更重要的是他们都是共和主义者，都信奉民主共和的基本理念。正如本书特别指出：“美国人坚信，只要有适当的制度性安排，各种分散的私人利益可以‘共和’为民族的整体利益。权力总是会追逐私利，但制度的设置却能防止其作恶，转私为公。美国人不仅是这样想的，而且也做到了，成就了现代国家建构的奇迹。”[①]而这一点恰恰是民国初年中国众多的政治人物所欠缺的。

① 许纪霖：《家国天下：现代中国的个人、国家与世界认同》，第174页。

上篇

现代国家建构理论与政制设计

比较视野中的《天坛宪法草案》

在民主化的转型阶段，制定宪法是民主政治建设的起始，成功制定一部民主主义宪法，常常标志着民主之门的正式开启。制宪活动在处于民主转型阶段的民国初年同样令人瞩目。1913年下半年，民国国会宪法起草委员会花了三个半月时间制定《中华民国宪法草案》（一般称为《天坛宪法草案》）。然而令人遗憾的是，宪法草案的完成不但没有成为中国实施民主宪制的起步，反而宣告了国会遭受袁世凯政府非法解散的厄运的来临。

究竟是什么原因导致民国早期共和政治试验的挫败？从过往有关国会政治失败的探讨，似乎已找到答案。通常的解释是：袁世凯的独裁统治扼杀了新生的民主政治，他要为此承担最主要的责任。但是民初的制宪活动毕竟经历了一个完整的过程，国会宪法起草委员会在制宪模式、理论和方法上都作出过一系列不同寻常的政治选择。即使与1787年美国制宪、法国近现代制宪活动相比较，《天坛宪法草案》的制定也别具特色。所以制宪活动的研究恰好是重新观察民国初年民主转型的新起点。

一、制宪模式：封闭性或开放性的选择

1913年的民国制宪工作采用法国式的国会制宪模式。这种模式完全以国会为主导，排斥其他政治利益集团的参与，明显不同于美

国式制宪会议模式的开放特色。

1787年美国制宪会议是各国制宪史上的一个经典范例。当时制宪会议的55名制宪代表来自各州，代表不同的利益集团。美国人之所以没有让当时的邦联国会制宪，其实是看到了国会制宪方式的弊病。因为制宪会议不同于一般意义上的立法会议，实质上是各个利益集团参与制定宪法的政治会议。[①]不过，美国人也不是从一开始就决定采用这种制宪模式。在各州制宪运动的初期，许多州起先也是州议会主导制宪工作。最典型的例子是马萨诸塞州州议会在1777年任命一个宪法起草委员会制定宪法。不料第二年宪法草案刚一出台，就遭到大多数地方拒绝，在各地的强烈反对下，宪法草案也未能在州议会通过。[②]

1776年，有些美国人在讨论制宪主体时，质疑国会作为制宪主体的正当性。马萨诸塞州康德镇指出："制定宪法的权力与立法权力是不同的，必须把两种权力分开。……最高立法机关，即使有合适的能力，或是以联合会议的方式，也不适合作为制定宪法、建立政府的机构。理由如下："首先，我们认为一部正当的宪法，是一系列原则的体系，其目的就是为了保证人民的基本权利不受暴政的侵害；其次，立法机构可以制定宪法，同样也有权力修改宪法；第三，因为最高立法机关制定的宪法具有可变性，这样就无法保证人民的基本权利不受到暴政的侵害。"[③]因此该镇认为，正确的制宪模式应该首先由各镇自由地派出一名代表，组成制宪会议，基本上代表全州人民的意愿。其次是制宪会议在完成宪法草案后，暂时休

① 美国学者比尔德认为美国制宪会议代表主要是当时美国动产与不动产两大利益集团的代表。参见查尔斯 .A. 比尔德：《美国宪法的经济观》，何希奇译，商务印书馆，1984 年，第 104-106 页

② Robert J. Taylor，ed.，Massachusetts，Colony to Commonwealth：Documents on the Formation of the Constitution，1775-1780，Chapel Hill，University of North Carolina Press，1972，pp.48-49.

③ Robert J. Taylor，ed.，Massachusetts，Colony to Commonwealth：Documents on the Formation of the Constitution，1775-1780，p.37.

会，将草案出版，然后让全州人民审查与评论。最后是议会将草案交给人民选择。[①]议会制宪模式在1778年失败以后，马州基本上采用了康科德镇的建议的模式。而且“马萨诸塞州所创造的制宪会议受到其他美国人的广泛称赞。后来，美国的制宪工作都仿照马萨诸塞州的办法”。[②]

与制宪会议模式相反的是宪法草案单独由国会制定，再经过国会批准的国会制宪模式。这种模式由于排斥国会以外的政治利益集团参与制宪，令后者的利益诉求在制宪过程中获得很小的表达机会，他们的利益要体现在宪法草案条文中的困难也就更大了。不难看出，国会制宪模式的特点是封闭性的，缺陷是制宪结果容易流于形式与空谈，无法被包括政府在内的各个利益集团接受，宪法实施的可能性与持久性不强。最典型的例子是法国，200年内总计颁行12部宪法，平均每16年产生一部，换言之，平均每一代人一生要经历三次以上的宪法危机。“这一历史现象，与美国革命一锤定音，首创1887年宪法，200年不变，一以贯之，形成强烈反差。”[③]其中原因之一就是大部分宪法都是由国会单方面制定，遵循议会至上的传统，很少兼顾其他政治集团的利益。只有实行65年之久的1875年宪法是一个例外，当时的制宪会议议员包括共和、保皇党各派政治集团人士，足以代表法国社会的政治力量，具有相当高的政治威望。即使这样，这个意外的成功也付出了制宪过程历时两年的代价。而与法国以往国会制宪模式不同的是，1958年政府组织有关专家——一种非国会制宪模式—制定的第五共和国宪法却是最为了称道的。法国被认为像1787年以来的美国那样，终于找到一部与她的气质、政治道德以及同现代世界发展相适应的宪法。[④]

---

① Robert J. Taylor，ed.，Massachusetts，Colony to Commonwealth：Documents on the Formation of the Constitution，1775–1780，pp.45–46.

② J. 布卢姆等:《美国的历程上册》，戴瑞辉等译，商务印书馆，1995 年，第 191 页。

③ 朱学勤：《道德理想国的覆灭》，上海三联书店，1996 年，第 183 页。

④ 洪波：《法国政治制度变迁—从大革命到第五共和国》，中国社会科学出版社，1993 年，第 104 页。

1912年末，民国开始讨论制宪模式，一开始就是美国式与法国式的争论。章士钊在当时就提出仿效美国1787年费城制宪会议的先例，由各省都督派遣代表组织宪法起草委员会，以制定宪法。紧接着在12月22日，在章的策划下，江苏都督程德全通电各省都督，建议："仿美国各州推举代表之例，由各省都督各举学高行修识宏才俊之士二人，一为本省者，一为非本省者，集为宪法起草委员会。草案既立，然后提交国会再行议决。"程的意见得到包括国民党都督李烈钧在内的十九省都督的支持。[①]

关于国会制宪模式的弊端，当时梁启超的看法非常有预见性。他有五个理由反对国会制宪模式。一是"国会人数太多，言庞事杂，有陷于筑屋道谋之弊"；二是"国会公开集议，不易保密"；三是"宜将国中最有学识经验之人网罗于起草员中，国会中未必尽网罗适于编纂宪法之人"；四是"宜聘请东西洋法学大家数人为顾问，以收集思广益之效，国会若聘用外人为顾问，有失威严"；五是"起草员不可有丝毫党派之意见杂乎其间，国会为政党剧竞之场，选举委员势不能不杂以政党之臭味，委员会成立后，政党分野亦终难消灭"。梁还特别谈到美国经验，建议采用制宪会议模式，另设机关起草宪法，成员包括总统、国会、地方都督议会、政党等代表。[②]

但是美国模式被国民党、临时参议院与国会坚决拒绝。国民党制宪议员张耀曾就认为"宪法制定全权，约法既付之国会，行政机关已无参事之余地。"[③]宋教仁也强烈批评制宪会议模式，明确指出："宪法问题，当然属于国会自订，毋庸纷扰。"[④]1913年3月，黄兴在上海表示极力反对都督干涉制宪。国民党刊物《国民报》《国民》《国民杂志》等都声称拥护国会制宪，强调"制定宪法为

① 《程都督商榷宪法草案之通电》，《申报》1912年12月27日。

② 梁启超：《专设宪法案起草机关议》，《庸言》一卷三号（1912年1月）。

③ 《京城飞絮录》，《民立报》1913年3月1日。

④ 陈旭麓编《宋教仁集下册》，中华书局，1981年，第467页。

议院唯一之权，无论何人不得干预。”[①] “是民国宪法之起草权议决权纯粹的属于国会，已为天经地义，无可改移。”[②]一些激烈言论甚至称：“敢强夺国会制宪权者，请齿吾刃。”[③]

1913年4月，美国式制宪会议模式正式被国会否决。由于国民党籍议员占优势，“宪法应由国会制定”的主张获得胜利，政府打算由各省都督推举的委员入政府所派的代表组织宪法起草委员会的议案被国会否决。[④]其实在民国初年，最重要的政治利益集团不仅是国民党等各党派，袁世凯北洋政府、各地方都督更是不容忽视的政治力量，而后者在关键时刻还是决定民初政局走向的实力集团。因此，当时唯一切实可行的只能是各方利益集团派代表参加的美国式制宪会议模式。

二、制宪理论：先验性或经验性的选择

与1789年法国制宪议会不同的是，民国的制宪议员们中极少沉溺于哲学思辨，他们一般也不直接引用当时知识精英比较熟悉的卢梭、孟德斯鸠的政治理论，更多的还是谈论宪制基本原理、概念与各国宪法条文。此外，《天坛宪法草案》也不是过去人们所说的主要是受到法国式内阁制度理论的影响。部分条文设计的确是受到法国制宪理论的影响，同时也借鉴不少美国、日本、巴西等国的宪制规定。

虽然一些议员习惯引用法国式内阁政治理论，但是在一些重要问题上却违背内阁制度原理，忽视国外的制宪经验，臆想出一些新花样，自以为是地设计制度（见表一）。最明显的例子是关于总理

---

① 寿朋：《咄！咄！！咄！！！民国之钦定宪法》，《国民杂志》第1号。

② 心鼓：《国会职权泛论》《国会丛报》，第一期，1913年6月。

③ 《誓自拥护制宪权》，《中华民报》1913年4月23日。

④ 张玉法：《民初对制宪问题的争论》，《中研院近代史研究所集刊》第12期（1983年6月）

同意权的讨论，许多议员明明知道法国内阁制度中，总统任命包括国务总理在内的国务员，手续上不必经过议会同意。但是为了建立国会至上的权威，议员会却以调和美国与法国制度为借口，强行规定众议院的同意权。[①]宪法起草委员会不仅这样处理同意权的规定，其他重要的权力，如：议会弹劾国务员、总统解散议会、设置国会委员会、副总统是否可以兼任参议院议长、解释宪法等一系列重要的制度设计，委员会最后的议决结果，都是根据制宪议员的个人意见，对法国内阁制度作了有利于国会权力独大的制度修正，完整的责任内阁制被修改得面目全非。

表一　外国宪法对《天坛宪法草案》重要条款的影响

条款	主要内容	议决时外国宪法的影响	备注
第二条	民国领土规定	普鲁士宪法第一章、荷兰宪法第一、二条、土耳其宪法第一条、俄罗斯宪法第一条、葡萄牙宪法第二条。	
第二十一条	两院制度	美国宪法第一条第一款	
第四十三条	国会不信任投票权	英国宪制惯例、法兰西第三共和国宪法（《关于政权组织的法律》第六条）	
第五十六条	内阁制度	法国宪制惯例	
第五十九条	总统选举	法国宪法（《关于政权组织的法律》）第二条	
第六十条	总统任期		议员个人意见
第八十一条	国务总理同意权	美国宪法第二条第二款	

① 《宪法起草委员会第9次会议录》，李贵连主编：《民国北京政府制宪史料》第1册，线装书局2008年版。

续表

条款	主要内容	议决时外国宪法的影响	备注
第七十六条	总统解散议会权	法国宪法（《关于政权组织的法律》）第五条	表决人数规定为议员个人意见
第六十七条	总统发布紧急命令权	普鲁士宪法第六十三条、日本宪法第八条、英国、法国的宪制惯例	
第九十三条	总统复议权	美国宪法第一条第七款	
第七十、七十一条	总统外交权	巴西宪法第四十八条、法国宪法（《关于政权机关间关系的法律》）第八条、第九条	
第七十四条	总统赦宥权		议员个人意见
第七十七条	弹劾总统罪名	法国宪法（《关于政权机关间关系的法律》）第十二条	
第六十二条	副总统设置	美国宪法第二条第一款	
第三十条	副总统不兼任参议院议长		议员个人意见
第六十二条	总统继承问题	折中美国第二条第一款、法国宪法（《关于政权组织的法律》）第七条有关规定	
第四十二条	议会弹劾国务员权		议员个人意见
第一百一十三条	宪法解释权		议员个人意见
第九十七至一百四条	议会财政权	日本宪法第六章、法国宪法（《关于参议院组织的法律》）之第八条	
第一百八、一百九条	审计院	荷兰宪法第一百七十九条、比利时宪法第一百一十六条	

续表

条款	主要内容	议决时外国宪法的影响	备注
第一百、一百一十条	宪法修正问题		折中临时约法与议员个人意见
第五章	国会委员会		起草员个人意见

资料来源：［1、议员个人意见，参见宪法起草委员会：《宪法起草委员会会议录》第1册（1913年11月）、第2册（1913年12月）、第3册（1913年12月）；2、法兰西第三共和国宪法中译本，参见楼均信等选译《一八七一——一九一八年的法国》（北京：商务印书馆，1989年），页8–13；美国宪法中译本，参见詹姆斯.M. 伯恩斯等：《美国式民主》（谭君久等译，中国社会科学出版社，1993年）附录；当时的巴西、日本、普鲁士、荷兰、比利时、俄罗斯等国宪法参见《世界现行宪法》（上海：商务印书馆，1913年。）］

本来法国内阁制度的制宪理论就不同于美国，经验性的内容较少，而先验性的卢梭人民主权理论理论常常占据核心位置，这便不利于宪制制衡功能的发挥。①即使宪法起草委员会沿用法国式内阁原理，也很难确保宪制运作顺利，更何况还进一步发挥了制宪理论的先验性，达到了登峰造极的地步。在讨论总统权责时，这一理论表现得尤为明显。大部分制宪议员只愿意给予内阁制度中总统名义元首的虚权，但是在规定总统的义务与责任时，却又要求虚位元首必须履行总统制下实权总统的实责。②总统的权力与责任明显不对称，不符合一般的宪制原则。这种错误的制度设计在现实中也是根本无法实行的，不仅是袁世凯这样的弄权人物，就连孙中山也不愿做有名无实的内阁制度中的大总统。

同样，在设计总统权力结构时，美国的制宪代表更多的是借鉴

① 例如1791年宪法，就被学者认为其基础是一种极端型的权力分立学说。一直到1875年第三共和国宪法制订时，权力分立的极端形式才没有扮演成为先前法国政制思想特色的那种角色。参见维尔《宪政与分权》（苏力译，北京三联书店，1997年）第176、230页。

② 有关讨论参见《宪法起草委员会第12、13次会议录》，李贵连主编：《民国北京政府制宪史料》第1册，线装书局2008年版。

过去的经验教训，而不是人为地不切实际地进行所谓的创造。当时的制宪代表莫里斯（Gouverneur Morris）就是认为总统是可以被弹劾的，他的理由是“他（总统）可能会被一个大势力所贿赂，背叛人民对他的信任”。莫里斯并不是凭空捏造，他最有说服力的证据就是人们总以为英国国王不可能被贿赂，但事实上查理二世确曾接受过法国国王路易十四的贿赂。[①]这种考虑问题的思维方式，用麦迪逊的话说就是：“凡是能找到经验时，总是应该遵循它的指导。”[②]

实际上，整部美国宪法的制定都是遵循理性与经验的原则。[③]1787年制宪代表重视的是雅典、罗马等古代共和国以及当时英国、独立战争时期美国各州宪制的经验教训。虽然制宪代表身处一个“人们沉醉于哲学推测和政治理论的时代”，但是农场主和商人是讲求实际的，他们当中的一些人在制宪之前也阅读了有关历史和政府的书籍，“但如碰到具体问题之时，他们极少能够超越出自身的经验和观察范围。”[④]有学者统计美国制宪会议代表发言的理论部分，间接涉及到英国行政与立法部门的各有11处，涉及司法部门的没有，涉及部门为综合性的有13处；直接涉及到行政方面的有32处，立法方面的有47处，6处用于司法方面，26处是综合性的。同时，制宪者也从州政体中获取有益的经验。一般涉及到州行政与司法部门的分别有4处，涉及到立法部门的有23处，另有23处是综合性的，其中许多是关于各州之间以及州与中央权力之间的关

① 凯撒林·敦肯·包恩：《制宪风云》，孙北堂译，（台北）联经出版事业公司，1994年，第235页。

② 汉密尔顿、杰伊、麦迪逊：《联邦党人文集》，程逢如等译，商务印书馆，1995年，第269页。

③ 有学者也认为法国成功制定1875年宪法，是因为制宪理论与过去不同，它避开了抽象的理论，而着重根据经验和实际需要创立适当的权力结构。洪波：《法国政治制度变迁—从大革命到第五共和国》，第97页。

④ 马克斯·法仑德，董成美译，《美国宪法的制订》，中国人民大学出版社，1987年，第34–35页。

系。[①]在著名的《联邦党人文集》中，麦迪逊、汉密尔顿等人在讨论联邦制度、总统权力、国会体制时，一般不做抽象的论证，或直接引用哲学家的著作，而是经常旁征博引古代共和国与当时欧洲各国、美国各州的政治历史，通过剖析过去的实践经验，来阐述制定宪法的理论依据。他们对制度史的熟悉程度，达到令人吃惊的地步，这种思维方式、知识背景是民国的制宪议员望尘莫及的。

在制宪过程中，重视经验知识，并不意味着拒绝理论创新。人们也意识到经验的局限性。因此，必要的理论创新是非常重要的。但是这种创新必须建立在经验的基础上。富兰克林（Benjamin Franklin）曾在美国制宪会议上感慨地说："由于人类知识经验的有限，因此不得不四处寻找榜样，我们追溯古代历史，考察那些被播下了解体的种子，如今已不复存在的共和国的不同形式。虽然我们仔细考察了近代欧洲各国，但是我们发现他们的政体没有一个适合我们的情况。"因此，他建议制宪者必须努力探索政治智慧。这种政治智慧是一种建立历史与经验基础上的政治科学，而不是一种纯粹的政治哲学。[②]

平心而论，在当时的时空环境下，民国一些制宪议员的宪法学理论水平还是不错的，具备一定的宪制常识。在委员会有关宪制学理的辩论中，很少有议员犯过常识性的错误。毕竟在当时学界（包括欧美学者），对宪制的研究还没有达到现在的水准。他们不仅通晓美、法、英等欧美先进国家的宪制，而且也关注巴西、阿根廷等南美发展中国家的宪制概况。虽然多数议员并不重视国外宪制历史的经验教训，但还是有少数议员对各种制度模式的利弊有所了解。会议中曾有议员指出法国的责任内阁制度造成内阁更迭频繁，政局动荡不安。更为难得的是，还有少数议员在反思民国临时政府一年半来宪制运作的经验教训。当然，像美国制宪代表般具备丰富的历

---

① 汤普森编，张志敏译，《宪法的政治理论》，北京三联书店，1998 年，第 32 页。

② 汤普森编，张志敏译，《宪法的政治理论》，第 31-32 页。

史知识与深刻的理论见解，显然是多数民国制宪议员无法比拟的。

三、制宪方法：抗争性或妥协性的选择

政治妥协是制宪与民主转型成功的关键，这已经成为不少学者的共识。[①]在1787年美国制宪会议上，政治妥协贯穿了整个会议的始终，是宪法最后制定成功的决定因素。会议一开始，制宪代表们在联邦与州的权力划分、总统选举方式、议员代表比例、奴隶制等一系列重大问题上产生分歧，但是让人钦佩的是，经过艰苦的谈判，他们又在这些问题上达成了众多历史性的妥协，包括为解决大小州在联邦国会中代表权问题争议的康涅狄格妥协案（后来被称为“大妥协”），还有关于众议院席位分配的妥协，即所谓“五分之三条款”，更是一项妥协的力作。它是南北双方在奴隶制问题上的第一个重要的妥协。如果没有“五分之三条款”的妥协，其他后来的妥协是不可想象的。[②]

富兰克林在制宪会议上对妥协推崇备至。他在提出国会议员分配比例主张时，曾经精彩地概括了他的妥协理论：“分歧意见集中于两点。如果采用比例代表制，小州就会提出自己的自由受到了威胁。如果采用平等投票制，大州会说他们的金钱处于危险之中。当要制作一个宽大桌子，木板的边缘又不合适的时候，工艺家就会把桌子做得小一些，用的木板也会小一些，达到一个良好的结合。在此，同样理由，双方都必须放弃他们的一些要求，以使他们能够在相互协调的理想中携起手来。”[③]后来有学者在谈论美国宪法的成功经验时中肯地指出：“妥协而果的宪法本身也成为一种妥协的机

---

① 塞缪尔·亨廷顿：《第三波 -20 世纪后期的民主化浪潮》，刘军宁译，上海三联书店，1998 年，第 203 页。

② 王希：《原则与妥协：美国宪法的精神与实践》，北京大学出版社，2000 年，第 102 页。

③ 阿兰 .S. 罗森鲍姆编《宪政的哲学之维》，郑戈、刘茂林译，北京三联书店，2001 年，第 167 页。

制。利益的多元化迫使美国社会中的各利益集团之间、部分利益集团与公共利益之间、所有利益集团与公共利益之间始终就各自利益的定义和定位进行着一种多层次的、多方位的各连续不停地谈判。”①

与妥协有关的正反两面的例子在法国制宪史上都到了充分的体现。大革命时期制宪议会的失败原因之一，就在于制宪议会与国王在制宪问题上的对抗，其中最重要的争执是国王否决权的存废问题。建立权力有限的君主制度是制宪议会议员的目的，因此国王不能拥有绝对否决权，只能享有暂时否决权。尽管这种规定违反了美国宪法中否决权原则，也不是国王路易十六的目的。并且在王室看来，这是强加给他们的屈辱。这样，君主与制宪会议的势不两立，他们的残酷斗争也就在所难免。②

正好与大革命时期激烈抗争的制宪方式相反，1875年第三共和国宪法的制定成功正是保王派与共和派温和妥协的结果。为与共和派达成妥协，保王派无可奈何地接受共和制度，把“共和国”一词写入宪法；为与保王派达成妥协，共和派不得不赋予总统一定的权力，参议院由间接选举产生，并有75名终身议员。总统任期7年，正好是共和派要求的4年任期与保王派提议的10年任期之间的折中办法。如果各派不能以妥协的方法开展制宪工作，法国宪法的持久性效力只能是一个神话，难以摆脱过去多部宪法的厄运。因此，“这个七拼八凑的宪法不符合任何政党的理想，但是它是唯一经久的宪法；法国有了一个稳定的政治制度，这还是第一次。”③

令人遗憾的是，民国国会宪法起草委员会继承了法国人在大革命时期的错误，他们继续与国会以外的政治势力妥协，更愿意选择抗争的方式。从讨论制宪模式开始，他们就不愿意与其他政治集团

① 王希：《原则与妥协：美国宪法的精神与实践》，前言，第 7 页。

② 米歇尔·维诺克：《法国资产阶级大革命 –1789 年风云录》，侯贵信、孙昆山等译，世界知识出版社，1989 年，第 290 页。

③ 瑟诺博斯：《法国史下册》，沈炼之译，商务印书馆，1972 年，第 492 页。

分享制宪权。在制宪过程中，更没有兴趣听取袁世凯、地方军绅势力的制宪意见。在袁世凯提出增修临时约法的咨文后，国会的答复是强硬的，认为宪法即将议定，约法没有增修的必要。当袁重申总统法律公布权时，国会的立场依旧，以宪法草案尚未完成，没有开议的机会为由，拒绝答复。政府方面赴会陈述宪法意见的委员也遭到拒绝。即使在“二次革命”后政治形势非常严峻时，国会与宪法起草委员会也不愿意冷静地思考妥协的必要性，更遑论考虑暂时的策略性妥协。①

国会宪法起草委员会设计民国宪制时，多数委员最感兴趣的，是如何尽可能地扩充国会的权力，建立“超议会制”，而不是避免立法至上，兼顾行政权威，实现行政、立法、司法权力之间的平衡与制约关系。国民党人徐镜心是制宪议员中坚持抗争立场的典型人物。徐强烈地反对袁世凯介入制定宪法活动，甚至对任何有关批评制宪活动的言论，反应都非常激烈。徐回应有贺长雄《共和宪法持久策》一文强调：“蔑视宪法起草委员会，即为蔑视国会。蔑视国民与国会，即为蔑视国家，即为共和之蟊贼，即为国民之罪人。”②

在当时的制宪环境中，本不是没有政治妥协的可能性。正如一位法国学者在总结大革命失败经验教训时，曾指出大革命在走向灾难之前，和平改换制度仍然是可能的。③而在1922年也有学者认为1913年民国制宪运动，“其主要内容，本为议会政治与总统政治之争论，在宪制原则上，亦甚重要，原有公平考究决定之可能

① 制宪期间，国会同意先选举总统，后制定宪法，往往被后来的研究者视为一种妥协。其实这种做法是正常的，法兰西第三共和国在成立之初，也是先选举总统，后制定宪法。

② 徐镜心《驳有贺长雄论共和宪法持久策》，中国史学会济南分会编《山东近代史资料》第二分册，买卖网民出版社，1957 年，第 329 页。袁世凯曾经抱怨说：“政府与政党永远无协商的机关，恐怕不是好事。”

③ 米歇尔·维诺克:《法国资产阶级大革命—1789 年风云录》，侯贵信、孙昆山等译，世界知识出版社，1989 年，第 289 页。

性。”[①]事实上，袁世凯政府在国会制宪前夕与进程当中，曾多次表达了愿意与国会协商制宪问题的意愿，而且从袁当时的政治要求来看，双方在权力分配上互相妥协的空间是相当大的。当在讨论制宪模式时，袁与地方都督提议的宪法起草委员会也包括国会代表，而且同意宪法最后还是由国会批准。在政府体制设计方面，袁要求的是责任内阁制度中元首拥有的总理同意权与解散议会权，反对的是完全剥夺总统权力的“超议会制”。袁曾对杨度说：“假如他们不坚持责任内阁制，我也可以做革命党，你也可以做革命党。”[②]在此前提下，袁甚至对内阁制度让步。只要能够保证总统的实权，袁也表示不反对内阁制。其实身为实用主义者和政治家的袁世凯，习惯于根据形势的变化，采取包括妥协等一切政治手段，灵活的追求自己的政治目标。辛亥革命爆发后，“当革命势力表明它们掌握了国家的时候，他承认了民国的必然性。在共和制的最初几年，他为避免同革命领导人完全决裂而讨好他们，面临对抗就作策略上的退却。”[③]

四、结论

过去有关1913年民国国会议员制宪活动的评价，还是主要集中在道德层面之上。评论者认为当时的制宪议员们都是为了民主政治的理想投身制宪活动，他们的制宪工作也被描述为一次民主与独裁的斗争。[④]很少有人注意到国会与制宪议员自身的利益。即使有人

---

① 陈启修：《我理想中之中国国宪及省宪》，《东方杂志》19卷，“宪法研究号”。

② 邱钱牧：《中国政党史》，山西人民出版社，1991年，第275页。

③ 费正清编《剑桥中华民国史上卷》，杨品泉等译，中国社会科学出版社，1994年，第251页。

④ 如李学智先生就认为“宪法起草委员会中的革命党人及某些原立宪派人士，怀着把中国建设成一个民主法治的共和国的理想，为制定一部资产阶级共和国宪法进行了积极的努力乃至斗争”。参见李学智《关于天坛宪草制定中的几个问题》（《历史教学》2001年第6期）。

考虑到利益因素，也只是注意到议员们各自的政党利益。与传统看法不同的是，笔者认为，真正主导制宪会议进程的恰好是国会利益至上原则。一切议题的表决结果其实都是确保宪制设计有利于实现国会与国会议员利益的最大化，而不仅仅是所谓的“民主政治理想的追求”。国会当然明白，多方政治势力参与的制宪会议模式，最后必然平衡各方政治利益。因此，宪法条文只能多元化的政治利益，而不仅是国会的单一利益。这种制宪模式并不符合国会的政治目标，它当然要坚决反对。

其实不仅是制宪模式，包括制宪工作在内的整个民初宪制建设程序都体现出这一特点。当时的宪制建设程序是从制定《临时约法》、组建临时参议院开始，再制定《国会组织法》，选举国会，最后制定宪法，选举总统，施行宪制。这是法国式做法，而不是美国式宪制建设程序。美国的做法是先制定宪法，然后再同时选举总统与国会。当代法国后来也是在戴高乐的强烈坚持下，采用了美国模式，先制定宪法，再选举产生国会与总统。这样在形式上至少保证了立法与行政部门的平等地位，而不是先有国会，现有宪法与总统，让国会的地位在一开始就凌驾于行政部门之上，破坏权力之间的制衡关系。

此外，国会宪法起草委员会对先验性制宪理论的选择，显然也是受到利益原则的强烈影响。制度设计上的缺失，部分原因是一些议员欠缺理论素养，不重视国外宪制的经验教训，从有从经验的角度选择正确的制宪理论。但是更重要的原因还是议员受到自身利益与权力欲望的驱使。在一种不受拘束的制宪环境中，任何理论上的优势，都抵挡不住利益的诱惑。真正主导制宪会议进展的恰好是国会利益至上的原则。为了实现自身利益最大化的目标，所有理论争辩最后都是有限和微不足道的。正如麦迪逊曾经精彩地论述对付政府野心的唯一办法就是“以野心对抗野心”。而遏制利益最大化的唯一办法也是“以利益对抗利益”。只有让各种政治利益集团参与制宪，才能有效遏制任何单一性的利益诉求。事实上，制宪议员作出先验性的宪制规划，正是在缺乏其他利益集团的制约与平衡的环境中，任意进行有利于国会利益最大化的制度选择的结果。

利益原则主导制宪工作本来是非常合理与正常的。它可以避免类似1789年法国制宪会议那种非理性的制宪行为，也不会发生“道德理想国”的悲剧。但这种利益必须是相容的，决不能是单一与排斥的。在相容与多元化的利益原则主导下的制宪过程必须是开放的，各种利益集团都可以广泛介入。最后制定的宪法可能在理论上并不完美，但是基本上却能够体现各主要政治势力的利益要求。只有这样的宪法才有可能被多数政治精英们接受、执行，并存在下去。困扰中国近百年的那种有宪法无宪制的难题，才有望最终获得解决。

1925 年民国宪法草案的“半总统制”创设

“半总统制（Semi-presidential System）”概念首先是由法国政治学家杜瓦杰（Maurice.Duverger）在1978年提出。杜瓦杰认为半总统制的特征在于“国家元首经直接普选产生，拥有超过一般议会内阁制国家总统的某些权力。然而，政府仍然是由总理与部长组成的内阁所构成，且国会可以不信任投票方式倒阁”。[①]关于半总统制的原则，杜瓦杰进一步概括为三点：“（1）共和国总统是普选产生的；（2）总统拥有相当大权力；（3）同时存在独立于总统的，拥有行政实权的总理、部长，只要国会没有表示反对，总理、部长可以继续掌权。”[②]意大利政治学家萨托利（Giovanni Sartori）认为，基于半总统制的“半”来说，这种宪制的特征是存在双元的权威结构，强调一种行政权分享的原则。至于总统的部分，他认为半总统制和总统制一样，总统应由人民直选，或至少不是由议会间接选举。[③]半总统制代表性国家是当代法国（第五共和国），世界上第一个实行半总统制国家则是1919年建立的德国魏玛共和国。

---

① Robert. Elgie（ed.），Semi-presidentialism in Europe，Oxford：Oxford University Press，1999，p.2.

② Maurice. Duverger，A New Political System Model：Semi-Presidential Government，European Journal of Political Research 1980，vol8（issue2）：166.

③ Giovanni. Sartori，Comparative Constitutional Engineering，New York：New York University Press，1997，pp.121-122.

在民国早期的宪制选择历程中，长期以来人们关注的宪法文本主要是《临时约法》与《天坛宪法草案》，与此相关的政体制度模式是总统制或内阁制的争论。虽然近年来有学者关注1946年民国宪法的半总统制特点，[①]但是1925年民国宪法草案曾出现过的半总统制政体设计却鲜为人知。其制度特色是什么？与此前的政体制度有无继承关系？制度设计的原因又是什么？这些问题都是本文探究的重点。

一、总统选举及其权力变化

在1925年民国宪法草案（以下简称宪草）中，总统选举第一次改变过去国会两院议员组织选举会选举的方式，采取类似美国的选举人团制度，“总统选举制度仿照美国选举人制度，稍加修改，不在地方投票而在国都投票。”[②]宪草规定每县选举总统选举人1人，集会于国都，选举人三分之二以上出席，得票数超过四分之三以上者当选。两次投票无人当选，就第二次得票较多者两名决选，以得票过半数者为当选。[③]另外与美国不同的是，美国宪法规定选举人的名额多少同各州在国会中的参众两院议员人数相等，同时现任议员与国家官员不得指定为选举人，而宪草中无此限制。

一般认为美国选举人团制度形式为人民间接选举，实质上仍为直接选举，“选举团并未按照制宪者们的设想运作。相反，普通选民实际上参加了总统选举，因为由普通选民选出的参加总统选举的选举团投票人事先就被要求将选票投给本党的总统和副总统候选

① 聂鑫：《内阁制、总统制还是半总统制—民国宪法史上的政体之争》，《法学》2013 年第 10 期。

② 陈茹玄：《中国宪法史》，世界书局 1933 年版，第 151-152 页。

③ 《中华民国宪法案》第 59 条，载夏新华等整理：《近代中国宪政历程：史料荟萃》，中国政治大学出版社 2004 年版，第 540 页。

人。”[①]当代法国为削弱议会的权力，1958年宪法规定共和国总统由总统选举团选举产生，选举团由国会议员、省议会议员、海外领地议会议员以及各市议会选出的代表组成，后来进一步修改为人民直选。[②]这种总统选举制度表明，总统不再是对议会负责，而是直接对选民负责，以保障总统权力的独立性，这与半总统制的总统普选原则是相符合的。

宪法草案规定的总统权力，概括而言有四个方面，主要变化是总统权力进一步增强。

第一，民国总统作为国家元首的权力。对于外国，总统为中华民国代表，并颁予荣典。在外交权方面，总统可以缔结条约，但媾和及关系立法事项的条约必须经众议院的同意。总统拥有赦免权，得宣告大赦、特赦、减刑、复权，但大赦应经最高法院的同意。在法律公布权上，总统公布法律，并监督、确保其执行。总统非解职后，不受刑事上的诉追。[③]当代法国总统也拥有类似的国家元首权力。如明确法国总统是国家独立、领土完整和遵守共同体协议与条约的保证人，拥有议定并且批准条约的外交权、赦免权等。[④]

第二，民国总统作为行政首脑的权力。主要有人事任免、解散国会、戒严、行政决策权等。在人事任免上，总统任免文武官吏，国务总理及其所推荐的国务员，由总统任免；总统经参议院的同意，可以解散众议院，但同一事件不得为两次解散；总统依照法律宣告戒严或解严；中华民国行政权，由大总统以国务总理及国务员赞襄行使。国务会议以国务总理及国务员组织，会议时以国务总理

① 詹姆斯·麦格雷戈·伯恩斯等：《民治政府－美国政府与政治》，吴爱明、李亚梅等译，中国人民大学出版社2007年版，第37页。

② 洪波：《法国政治制度变迁：从大革命到第五共和国》，中国社会科学出版社1993年版，第207页。

③ 《中华民国宪法案》第71、75、73、76、65、78条，夏新华等整理：《近代中国宪政历程：史料荟萃》，中国政治大学出版社2004年版，第541页。

④ 《法兰西共和国宪法》（现行宪法）第5、52、17条，来源：人大与议会网站，http：//www.e-cpcs.org/newsinfo.asp?Newsid=9463. 2014年9月1日访问。

为主席。总统得出席于国务会议，并得召集。[①]当代法国总统也有权任命总理，并且根据总理的建议，任免政府的其他成员，以及任命国家的文职人员和军职人员。在解散权行使上，法国总统在征询总理和议会两院议长意见后，可以宣布解散国民议会。此外总统主持内阁会议。[②]

第三，民国总统的军事权。军事权主要体现在两个方面。一是总统是国家武装力量的首脑，即作为中华民国陆海军大元帅，总统统率陆海军。二是总统的宣战权。总统经民国议会的同意，得宣战、媾和；但宣战系防御外国攻击时，得于宣战后请求民国议会的追认。[③]法国宪法第15条与35条同样分别规定了总统的军事权与宣战权。

第四，民国总统的立法权。总统的立法权主要有三个方面。一是立法提议权。主要是指总统与议会一样，都有宪法修正案提议权。二是立法否决权。一方面针对众议院通过的国务总理及国务员不信任案，总统可以行使否决权，请求众议院再次审议。另一方面针对众议院通过的法律案，总统“得于公布期内声明理由，请求复议”。三是委托立法权。例如总统为执行法律，或基于法律的委任，可以发布命令；总统可以制定官制、官规，但官制须经参议院的同意。在紧急命令权规定上，“大总统为维持公安，防御非常灾变，于众议院不能开会期内，经众议院常任委员会同意，得发布与法律有同等效力之教令。前项教令，须于众议院开会后七日内请求追认。”[④]

---

① 《中华民国宪法案》第69、81、77、74、57、80条，夏新华等整理：《近代中国宪政历程：史料荟萃》，中国政治大学出版社2004年版，第540-541页。

② 《法兰西共和国宪法》（现行宪法）第8、13、12、9条，来源：人大与议会网站，http：//www.e-cpcs.org/newsinfo.asp?Newsid=9463. 2014年9月1日访问。

③ 《中华民国宪法案》第70、72条，夏新华等整理：《近代中国宪政历程：史料荟萃》，中国政治大学出版社2004年版，第541页。

④ 《中华民国宪法案》第156、34、41、66、68、67条，夏新华等整理：《近代中国宪政历程：史料荟萃》，中国政治大学出版社2004年版，第547、539、541页。

当代法国总统也有立法权，如关于修改宪法的倡议权，同时属于总统和议会议员，总统依照总理的建议案行使此项倡议权。在法律生效前，“共和国总统可以要求议会就该法律或者该法律的某些条文重新审议。”总统签署经内阁会议审议的法令和命令。法国总统也拥有类似紧急命令权的非常权力，“如果共和国的制度、国家独立、领土完整或者国际义务的履行受到严重的、直接的威胁时，以及宪法上规定的公共权力机构的正常活动受到阻碍时，共和国总统在正式咨询总理、议会两院议长和宪法委员会后，根据形势采取必要的措施。”[①]

在所有总统权力设计中，最重要的是民国总统作为行政首脑的权力与立法权，包括解散国会权、紧急命令权、修宪提议权等，这也是半总统制与总统制不同之处。而与议会制的规定迥异的是，民国总统由独立选举产生，是与立法机关共享对行政权的控制，表明总统不再是虚位元首。从某种意义上说，半总统制下总统的权力比总统制下总统的权力要大，这是总统制与议会制总统所不具有的。

二、行政权力的内外结构设计

行政权力的内部结构主要是指总统与内阁的权力关系，而外部结构则是指行政与立法的权力关系。

（一）总统与内阁的权力关系

宪草中总统与内阁的权力主要表现在三个方面。一是人事权。民国总统有权任免国务总理及其所推荐的国务员。国务总理去职时，国务员应连同出职。[②]法国总统也是有权任命总理，并依总理提出政府总辞而免除其职务。同时基于总理提议任免政府部长，以

---

① 《法兰西共和国宪法》（现行宪法）第 89、10、13、16 条，来源：人大与议会网站，http：//www.e–cpcs.org/newsinfo.asp?Newsid=9463. 2014 年 9 月 1 日访问。

② 《中华民国宪法案》第 81、82 条，夏新华等整理：《近代中国宪政历程：史料荟萃》，中国政治大学出版社 2004 年版，第 542 页。

及任命国家文武官员。二是行政权。中华民国行政权由大总统及国务总理及国务员赞襄行使。国务会议以国务总理及国务员组织构成，会议时以国务总理为主席。大总统得出席于国务会议，并得召集之。[①]当代法国总统则是主持内阁部长会议。三是副署权。宪草第83条规定大总统发布命令及其他关系国务的文书，国务总理及国务员必须副署。同样地，法国总统所签署的法案，除宪法有特别规定者外，也必须经总理副署，或视情势需要由有关部长副署。[②]

不难看出，在总统与内阁权力关系上，总统是居于主导与支配地位。特别是在人事任免权中，总理不需要国会同意，而是由总统直接任免，总理去职时国务员应连同去职，不再标明国务员对于众议院负责任，明确总理只对总统直接负责。同时总结过去府院冲突的经验，明确双方的权限。虽然国务院（内阁）由国务总理领导，但是国务总理必须秉承总统决定大政方针。民国成立以来宪制设计中行政权力结构畸形状况得以改变。

此外必须指出的是，国务员的副署权并不能起到限制总统权力的作用。当总统与国务员意见一致时，国务员的副署权仅仅是一道法律上必须执行的程序。但是当总统与国务员意见不合时，国务员虽然可以拒绝行使副署权，抗拒总统的决定，但是由于国务员在去留问题上取决于总统，因此总统可以合法解除拒绝从命的国务员的职务，重新任命与自己意见一致的阁员。这样一来，总统的意见还是占上风。所谓的副署权在实际运作中只能是一种形式。这种情况也和法国内阁的副署权作用极为相似。副署权设立的原因仅仅是“由于这些命令和法令是政府为实施其政纲，可要求议会授权它在一定时期内就某些通常属于法律范围的事项采取的措施，因而具有

---

① 《中华民国宪法案》第57、90条，夏新华等整理：《近代中国宪政历程：史料荟萃》，中国政治大学出版社2004年版，第540、542页。

② 《法兰西共和国宪法》（现行宪法）第19条，来源：人大与议会网站，http：//www.e-cpcs.org/newsinfo.asp?Newsid=9463. 2014年9月1日访问。

立法性质。”[①]副署权实际上并不能起到限制总统权力的作用。

这种总统与内阁的权力关系，是符合半总统制政体行政权分享原则的。由于总统握有行政实权，总理实际上只能在总统的赏识下行使职权。“当内阁总理同总统发生冲突时，总理要么服从总统，要么辞职。”[②]虽然从职权上来说，与1925年民国宪草相比较，法国内阁的权力更大，拥有行政权、军事权、人事权、修宪提议权等。[③]

（二）行政与立法权力关系

行政与立法权力关系的设计，体现在民国议会对总统与国务员的弹劾权、议会对政府的不信任权（倒阁权），以及总统的解散议会权。

一方面是议会弹劾权。与总统制相似的是，半总统制议会拥有弹劾权。宪草规定，众议院认为总统有谋叛行为时，得以议员总数四分之三以上出席，议员总数三分之二以上同意弹劾。众议院认为国务总理及国务员有谋叛行为时，得以议员总数四分之三以上出席，出席议员总数三分之二以上同意弹劾。[④]议会虽然拥有弹劾权，但是与1923年民国宪法弹劾权规定相比较，弹劾总统与国务员的出席议员人数分别从三分之二与半数提高到四分之三，增加了弹劾的难度。此外，宪草第45条规定参议院审判被弹劾的总统，不再有权审判被弹劾的国务总理及国务员，改由专门设立的国事法院审理关于国务总理及国务员被弹劾事件。同样地，法国议会也有弹劾权。法国宪法第68条规定总统执行职务，仅对其叛国行为负有刑

① 洪波：《法国政治制度变迁：从大革命到第五共和国》，中国社会科学出版社 1993 年版，第 213 页。

② 洪波：《法国政治制度变迁：从大革命到第五共和国》，中国社会科学出版社 1993 年版，第 228–229 页。

③ 《法兰西共和国宪法》（现行宪法）第 20、21、89 条，来源：人大与议会网站，http：//www.e–cpcs.org/newsinfo.asp?Newsid=9463. 2014 年 9 月 1 日访问。

④ 《中华民国宪法案》第 35、36 条，夏新华等整理：《近代中国宪政历程：史料荟萃》，中国政治大学出版社 2004 年版，第 539 页。

责。总统的弹劾，须经由两院采用公开、一致投票方式，并获两院议员绝对多数表决，始能成立；总统由弹劾司“法院审判”。政府阁员执行职务，若其行为当时被认定具有犯罪或违警性质，需负刑责。如有危害国家安全之行为，政府阁员及其共犯依上述诉讼程序处理。

另一方面是议会不信任权与总统解散权。与过去不同，宪草明确规定了民国议会众议院行使不信任权的标准，即出席与表决人数分别是三分之二与过半数。[①]但是关于不信任权的内容规定非常模糊，没有说明在何种情况下，众议院可以对政府行使不信任权。一般来说，议会的不信任权针对的是政府提出的施政纲领、总政策声明或其他法案，当议会不同意这些政策法案时，就可以举行不信任投票。如果议会通过对政府的不信任投票，那么政府就必须辞职。当代法国宪法关于议会不信任权的规定就相当细致，明确是针对政府的施政计划或政策。不信任案动议提出48小时之后，国民议会始得举行表决。不信任案仅就赞成票核计，并须获得全体议员绝对多数始能通过。不信任案如被否决，原提案人在同一会期中，不得再提不信任案。[②]

为确保立法与行政两权之间的平衡，针对立法机关的不信任权，内阁如果不愿意辞职，就可以提请总统解散议会，重新举行议会选举，让选民做出新的选择。按照当代法国宪法的规定，共和国总统于咨询总理及国会两院议长后，得宣告解散国民会议。[③]解散议会权是不必要通过参议院同意的，这与法国第三共和国宪法中政府解散众议院需要参议院同意的限制性规定是不同的。但是遗憾的是宪草中解散权规定依旧延续了民初《天坛宪法草案》以来的传

① 《中华民国宪法案》第34条，夏新华等整理：《近代中国宪政历程：史料荟萃》，中国政治大学出版社2004年版，第539页。

② 《法兰西共和国宪法》（现行宪法）49条，来源：人大与议会网站，http://www.e-cpcs.org/newsinfo.asp?Newsid=9463. 2014年9月1日访问。

③ 《法兰西共和国宪法》（现行宪法）12条，来源：人大与议会网站，http://www.e-cpcs.org/newsinfo.asp?Newsid=9463. 2014年9月1日访问。

统，即总统解散众议院仍然需要参议院同意，没有创造不信任权与解散权的平衡关系。[①]解散权的制度性缺陷对政治稳定造成的消极影响是非常显著的，“在国会与政府发生政争时，如果作为政府的一方并不能合法地解散国会、依法重新举行国会选举，以此来解决政治冲突。最后采取的只能是体制外非法的武力解散国会方式。”[②]

三、半总统制的政体选择

1925年民国宪草半总统制政体模式的选择，不仅是宪制学理的设计结果，还与北京临时执政府主导制宪、制宪者对民初宪制实践的经验反思，以及魏玛共和国宪法的影响等因素有关。

首先，临时执政府主导制宪与总统权力设计。1925年4月25日，临时执政段祺瑞公布由善后会议议决的《国民代表会议条例》，以国民代表会议为特殊制宪机关，职权为制定宪法及其施行附则。5月1日，段祺瑞又公布《国民代表会议筹备处条例》，特派许世英为筹备处主任，积极筹备国民代表会议，并同时公布《国宪起草委员会规则》。国宪起草委员会负责起草中华民国宪法案及其施行附则，限3个月完成，草案完成后咨由临时执政提出于国民代表会议。国宪起草委员会委员共70人，其组成由各省、各特别行政区军政长官各推举1名，临时执政选聘20名，内外蒙古、西藏各2名，青海1名，仍由临时执政分别选聘。这样临时执政单独选聘委员合计为25名，超过总数的三分之一。

段祺瑞很快选聘梁士诒、汪荣宝、汤漪、林长民、章士钊、姚

---

① 《中华民国宪法案》第 77 条，夏新华等整理：《近代中国宪政历程：史料荟萃》，中国政治大学出版社 2004 年版，第 541 页。

② 严泉：《失败的遗产：中华首届国会制宪（1913–1923）》，广西师范大学出版社，2007 年，第 94 页。

震、施愚、马君武等25人为国宪起草委员，[①]并特派林长民办理国宪起草委员会事宜。[②]8月3日，国宪起草委员会举行开幕式，到会47人，梁士诒主持，段祺瑞致辞，以期3个月内完成制宪。8日，正式开会选举林长民为委员长，通过议事细则，并通电各地方法团征询对国宪意见。12月11日，国宪起草委员会三读通过《中华民国宪法案》，咨交政府通告全国。

制宪活动为临时执政府所主导，政体设计偏重于总统权力也是在情理之中。例如，关于总统制与内阁制的选择，在制宪伊始，段祺瑞聘任的宪法起草委员林长民就提出两点意见，第一是内阁任命问题，是否由总统直接任命或者经过国会同意的手续。第二是内阁总理责任问题，内阁是否专对总理负责，或者对国会负责。又是否总理一人负责，或全体阁员负连带责任。“对于林长民提出之第一点，多数主张总统得自由任命内阁总理，赋予众议院以不信任投票权，为防止专政之手段。”[③]其实在8月8日宪法起草委员会第一次会议上，林长民就将行政机关采用总统制或内阁制、总统选举方式等议题列入起草宪法十大纲目，并获得委员会通过。[④]

国宪起草委员会一度围绕总统制与内阁制产生分歧。有议员仍然坚持内阁制，强调内阁制有两大益处：“（一）内阁制国务员对众议院负责任，国务员辞职较总统下野，其影响于国家者，不至若是其大；（二）无窥窃总统之害。”至于总统制的危害性，“民国肇造十有四载，时局纷扰，政治紊乱，国几不国者屡矣，察其症结之所在，竞争元首实其总因。倘再予以竞争之机，国家纷乱益可想

① 《国宪起草委员会委员一览表》，《国宪起草委员会公报》第1册影印本，李贵连主编：《民国北京政府制宪史料》第15册，线装书局2008年版，第377-378页。

② 《特派林长民办理国宪起草委员会事宜》，《国宪起草委员会公报》第1册影印本，李贵连主编：《民国北京政府制宪史料》第15册，线装书局2008年版，第268页。

③ 《宪草委员开谈话会》，《申报》1925年9月8日第2张第6版。

④ 《国宪起草委员会第一次大会纪》，《申报》1925年8月11日第2张第10版。

见。”[1]马君武虽然同意大总统可以任免国务总理，但强调国务员必须经总理推荐，总统免总理职务时，全体阁员同进退。[2]而主张总统制的施愚等人，均为段祺瑞聘任的起草委员。[3]

同为段祺瑞聘任的起草委员汪荣宝，也在国宪起草委员会上联名提出加强总统权力的议案，主张：一、大总统任免国务员。二、国务员辅佐大总统执行国务对于大总统负其责。三、国务总长及各部总长均为国务员，但得置不任部务之国务员。四、众议院认国务员有重大失政时，得以三分之二以上多数为不信任决议。五、大总统对于众议院不信任国务员时，非免国务员之职即解散众议院。六、大总统得解散众议院但须得参议院同意。参议院为解散众议院之决议时须有三分之二以上多数。[4]从草案最后的政体制度设计结果来看，半总统制确实达到了加强总统权力的目标。

其次，制宪者关于民初宪制政治实践的反思。在1925年9月3日国宪起草委员会会议上，余绍宋指出民国采用内阁制以来已有10多年，从制度试验的结果来看，“其成绩殊不甚良好”。原因主要有三点。一是适用内阁制先要有政党运用，始能显出内阁制的作用。“我国十余年来，并无政党虽或有之而组织不完，精神不备，不能称为完全之政党，所以十余年来内阁制度徒供野心家之利用，以致时时倒阁。”二是内阁制阁员要由总理一人自由邀集同一政见，“我国向无完全政党，十余年来历任内阁之阁员，均系哈希而来，无非敷衍实力派之代表。从未有由总理一人之意思而组织者。阁员意思且不相同，安有所谓政见，更安望其政见一致。所以对于国会

① 《吴得禄提出行政组织绝对宜采内阁制不宜采总统制》,《国宪起草委员会公报》第4册影印本，李贵连主编：《民国北京政府制宪史料》第16册，线装书局2008年版，第241页。

② 《国宪委员会开会记》，《申报》1925年9月13日第3张第10版。

③ 《总统制与内阁制之争执》，《大公报》1925年9月14日第1张。

④ 《戴秉清、汪荣宝等提出总统内阁两制折中案》，《国宪起草委员会公报》第4册影印本，李贵连主编：《民国北京政府制宪史料》第16册，线装书局2008年版，第245页。

不能一致负责，而内阁中之政见既已纷歧，其中有野心者更到国会中拉若干议员，独竖一派反戈抵抗同阁之阁员乃及于总理。”内阁于是成为政争的发生地。三是采用内阁制，府院之争随即发生。“我国十余年来府院之间从无一次意见能够融洽，几乎无一任内阁不发生此项争执。”①

在9月12日国宪起草委员会会议上，曾任大理院院长的姚震也强调，近年来国内情形已让人感到三种痛苦，“（一）无政党。近日政治上所活动者，为私人结合，纯以私利为转移，是否能合政党内阁之精神。（二）年来战争概由攘夺政权而起，内阁为政权之目的，内阁到手则胡乱而为，若仍以前者为标准，是不啻将已过之事重演一次，其危险实甚。（三）府院之争，采内阁制自应由内阁负责，但事实往往不能。征之以前情形，总统除拒绝盖印外，则无办法，而暗潮易起。”②

有鉴于此，余绍宋在国宪起草委员会上提出《行政组织采总统与内阁调和制案》，建议“（一）总统选举由两院会合推候补5人，由各地方选民选举之。（二）总统对国民负责，经国会对于总统不信任时提交选民公决。公决之结果总统胜利时解散国会，国会胜利时总统应即退职。（三）设国务总长对于总统负责任，一面赞襄总统对于国民负责。”③汪荣宝表示赞成，认为这是总统内阁调和制，“主张总统任命国务总长，对国会负责。国务总长辅弼总统，同对国会负责。”④

再次，德国魏玛共和国宪法的外来影响。魏玛共和国宪法成文

① 《1925年9月3日会议速记录》，《国宪起草委员会公报》第5册影印本，李贵连主编：《民国北京政府制宪史料》第16册，线装书局2008年版，第483页。

② 《国宪委员会开会记》，《申报》1925年9月13日第3张第10版。

③ 《余绍宋提出行政组织采总统与内阁调和制案》，《国宪起草委员会公报》第4册影印本，李贵连主编：《民国北京政府制宪史料》第16册，线装书局2008年版，第237页。

④ 《昨日开会无成绩》，载季啸风、沈友益：《中华民国史史料外编（前日本末次研究所情报资料）》第5册，广西师范大学出版社1997年版，第214页。

于1919年，很快就引起中国知识界的注意，《解放与改造》、《太平洋》杂志最早刊登了魏玛宪法的译文。[①]在1922年《东方杂志》宪法研究专号上，也有专门介绍魏玛宪法的文章，如提到魏玛德国总统的产生，“（德国）总统任期七年，并得连任，直接由人民选出。选举方法在宪法中却未规定。”总统的人事任免权被描述为“总理由大总统任命，各部总长由总理推荐，请大总统任命。”至于行政与立法权力关系，则是“国务员皆对众议院负责，如有不信任的决议，便须辞职”。“大总统或国务员有违法行为时，众议员得以一百人以上的联署，提出弹劾，由大理院审判。”[②]

余绍宋在国宪起草委员会会议上，就承认自己关于采用总统与内阁调和制的主张，“大半采德国新宪法加以变通”。他还特别提到“‘总统应对于国民负责，经国会对于总统不信任时提交选民公决。公决之结果总统胜利时解散国会，国会胜利时总统应即退职。’此系采用德国之制度。不过德国系提交国民公决，在我国恐国民公决一时不易施行，所以用选民公决。”[③]经过笔者对民国宪草与魏玛宪法两种宪法文本的比较，发现有的条款甚至是直接采纳，如魏玛宪法第35条规定“联邦国会为保持人民代表机关对于联邦政府之权利起见，得在国会闭会期间及国会任满期间设置常任委员会。”同样地，民国宪草第37条也规定众议院在常会闭会时，设立常任委员会，行使部分议会权力。民国总统权力也是如此，其人事权、解散国会权、紧急命令权等，均与魏玛宪法中的总统权力相似。有学者认为对魏玛宪法的追慕，为段祺瑞执政时期的制宪活动所承续，“1925 年宪法草案，是民国时期官方宪法性文本中最大规模地模仿魏玛宪法内容者。”[④]而魏玛共和国被认为是世界上第

① 参见邓丽兰：《魏玛宪法在中国的传播》，《中国政法大学学报》2008 年第 3 期。

② 程学愉：《德意志之新宪法》，《东方杂志》第 19 卷第 22 号 1922 年 11 月 25 日，第 4 页。

③ 《1925 年 9 月 3 日会议速记录》，《国宪起草委员会公报》第 5 册影印本，李贵连主编：《民国北京政府制宪史料》第 16 册，线装书局 2008 年版，第 484–485 页。

④ 邓丽兰：《魏玛宪法在中国的传播》，《中国政法大学学报》2008 年第 3 期。

一个采用半总统制的国家。[①]

在民国早期宪制运动中，政体制度选择一直是立宪焦点。与《临时约法》的总统制变体、《天坛宪法草案》与1923年民国宪法的“超议会制”、《中华民国约法》的“超总统制”相比较，1925年民国宪法草案初步构建了半总统制政体。在笔者看来，评价一种政体模式的绩效，关键是观察在面临政治僵局时，这种制度设计能否为政治行动者提供更多的合法性选择。经验启示我们，制度模式的成功性就在于它化解政治僵局的有效程度。半总统制兼有总统制与议会制的长处。一方面总统有相当大的政治实权，政府总理对总统负责。可以保证政府的有效运作。另一方面行政与立法关系容易协调，当政府与议会发生冲突时，总统可以宣布解散议会，重新举行选举，在宪制框架内解决总统与议会的政治冲突。“正如实践已经表明的是，半总统制国家具体运作方式有多种。总统、总理与内阁的宪法权力随着它们的政治权力变化而变化。”[②]

在民主转型的关键时刻，“宪政体制的选择确实关系到一个民主的长期稳定或不稳定。”[③]宪制学派认为宪制的差异与民主政治稳定间存在重要的关联，强调可以从各国宪制运作历史经验中，选择能够产生保证民主转型顺利完成的宪制模式。在民主转型过程中采用半总统制，主要考虑是总统制是为在民主化进程中出现的领袖人物定制的，从而为强势总统的出现创造条件。“相应地，为了阻止一个人拥有太大的权力，总统制也可以进行设计，从而为弱势总统的出现创造条件。可选择的办法是，建立一种可以称作是‘捏造’的产物–半总统制。在这种体制中，总统、总理与国会可以分享权力。无论局势如何，创设这种政体的环境可以为众多发生在半

① 《有关魏玛共和国半总统制政体的评价》，参见沈有忠：《威玛宪政变奏曲：半总统制宪法的生命史》，台湾五南图书出版股份公司 2009 年版，第 20–21 页。

② Robert. Elgie（ed.），Semi-presidentialism in Europe，p.14.

③ 游盈隆主编：《民主巩固或崩溃》，台湾月旦出版股份有限公司 1997 年版，第 51 页。

总统制国家的政治实践创造机会。”[①]20世纪第三波民主化经验也证实，“对民主转型国家而言，半总统制比纯粹的内阁制或总统制更有吸引力。”[②]1925年宪法草案虽然最后未能实施，但是其宪制选择的合理性与前瞻性，确实是值得肯定的。

① Robert. Elgie（ed.），Semi-presidentialism in Europe，pp.17-18.

② 林继文主编：《政治制度》，台湾中研院人文社会科学研究所专书（47）2000年版，第168页。

制宪进程中的央地关系制度构想

制宪是北洋时期国会立法政治的重要内容。以往研究者重视的多是总统制或内阁制等政体模式选择，对中央与地方权力关系的制度设计关注不多，而后者从1916年8月第一届民国国会复会开始，逐渐成为制宪进程中的立法焦点。[①]国会议员关于央地关系的联署提议案与修正案分别达到60件、55件，与第一届国会乏善可陈的立法业绩相比较，这一数字还是比较高的。[②]在1916–1917年第一届国会第二期常会上，对主张省制入宪的一方来说，其重心在于阐述省制（地方制度）入宪的理由，以及省权内容的初步设计。而在1922–1923年第一届国会第三期常会制宪时，地方制度入宪已经不成问题，人们关注的是如何规划与完善中央与地方权力的内容与关系。

本文以民初第一届国会制宪为个案，从国权设计与地方权力规划、省权与国权关系、省行政与立法权力与央地关系等多重视角，阐述国会议员关于央地权力关系设计的不同主张。通过对制

① 有关北洋时期制宪进程中总统制与内阁制政体选择的分析，一直是民国时期王世杰、钱端升、杨幼炯、谢振民、陈茹玄等宪法与政治学学者著作的研究重点。近年来聂鑫《内阁制、总统制还是半总统制—民国宪法史上的政体之争》（《法学》2013年第10期）、杨天宏《比较宪法学视阈下的民初根本法》（《历史研究》2013年第4期）等论著也多有涉及。

② 据统计第一届国会三期常会制定的各类法规仅有30件，参见严泉《民国国会与近代中国法制建设（1912–1924）》，商务印书馆，2014年，第23–26页。

宪论争内容的梳理，探讨北洋时期央地权力关系制度设计构想的特色。

一、国权设计与地方权力规划

国权是指中央权力，在第一届国会第三期常会上，一些国会议员提案尤为重视国权设计。地方权力主要是指省与县的权力，在第二、三期常会上地方制度的提案中，省权是地方权力规划的重点。

作为国会宪法起草委员会的委员，吕复在提案中列举13项国权规定，明确指出中央政府拥有外交、经济、金融、内政、司法、军事等权力，“一、管理本国人民之变更国籍及外国人民之归化事项；二、管理外交事务、对外贸易及各省间之联合商务；三、入口税、盐税、烟酒税、印花税及其他奢侈消耗物品税之赋课征收；四、厘定货币制度、造币发行、通行纸币及划一度量衡之准则；五、管理海关、卫生及各省间之联合卫生防疫检疫事项；六、管理电报、邮务及延长及于一省以外之水陆空中之交通；七、保护公海、领海、渔业、航路管理通过一省以外之河流，及不属于一省以内之水利，但各省对于通过境内之河流水利，仍负有与国家协助之责；八、办理金银铜铁及有关制造军火之矿业，管理经营其他法定国有营业；九、管理各省间共同保护妇孺、劳工及救济赈恤事项；十、于一定期限以内为保护学术技艺之发明者，允许专有专管事项；十一、管理关于民事及刑事之司法，但一省以内之民事刑事司法不在此限；十二、海陆军队之征募编练；十三、因关系省份之请求，裁定或分配各该省间共同办理之事项。”[①]与吕复议案相比较，丁佛言在提案中将国家权力列举规定为16项，增加的3项内容主要是军官的养成及其资格任用；国家官吏的考试、任用及保障；

① 《众议院议员吕复提出地方制度条文案》，李贵连主编：《民国北京政府制宪史料》第12册，线装书局2008年版，第298–299页。

设置最高法院裁决国与省、省与省、公私法之争议、审判华洋诉讼、国宪省宪的解释由最高法院行使。[①]

宪法起草委员会委员长汤漪的思路更加清晰，他将国权分为两类，一类由国家立法并由国政府执行，共计16项：“一、未设省区域自治法制定；二、外交；三、国防制度；四、国籍法；五、币制及国立银行；六、度量衡；七、海关税、盐税、烟酒税、其他消费税；八、国债；九、邮务、电报及水陆空中交通；十、国有铁道及两省以上之水利航政；十一、天然富源及国产管理处分；十二、发明及专利法；十三、国家法院编制法；十四、陆海军编制法；十五、文官司法官之考试任用及保障；十六、军官之考试及其资格任用。”另一类是国家立法并由国政府直接执行或命令地方政府执行，包括民法、刑法、商法、民事、刑事诉讼、全国各级学制体系及强迫教育制度、报纸集会结社条例、戒严法、市制通则等14项规定。[②]

在地方权力规划方式上，议员们一般主张省权规定采取列举式，直接规定省的内政、经济等权力。在蒋义明的修正案中，列举的省权包括办理省税、省公债、省地方实业、省地方工程及河工水利、省地方交通等。[③]张浩列举省权6项，包括征收省税、募集省债、各级自治的监督与执行、兴建道路水利及各种工程、经营实业、市政及公益慈善事业。[④]朱胜芬在列举省权时强调立法事项属于省事项，省可以立法者共有10项，但必要时中央可以变更，分别是：“（一）民法、商法；（二）户籍及家产制度；（三）救贫制度；（四）保护劳动者制度；（五）职业代表会议所之组织；

① 《参议院议员丁佛言对于通过二读草案应追补国权一章提出条文案》，李贵连主编：《民国北京政府时期制宪史料》第 12 册，第 306 页。

② 《参议院议员汤漪提出增加国权一章修正案》，李贵连主编：《民国北京政府时期制宪史料》第 13 册，线装书局 2008 年版，第 513–515 页。

③ 《对于宪法草案增加地方制修正案》，李贵连主编：《民国北京政府时期制宪史料》第 4 册，线装书局 2008 年版，第 485 页。

④ 《省制》，李贵连主编：《民国北京政府时期制宪史料》第 4 册，第 367 页。

（六）社会经济制度；（七）保险制度；（八）卫生及防疾制度；（九）出版及结社集会法；（十）奖励及禁制事项。”[①]

有的提议案对省权进行分类式列举，一是省直接议决执行的共有6项，分别是省实业与交通、省财产及营造物的经营处分、省市政卫生、省水利工程、慈善公益、监督下级自治。二是省依国家法律办理的事项，包括教育、银行、警察等3项。此外省财权包括田赋、单行税、附加税、省公债、省有一切规费等5项。[②]

在骆继汉等人的提案中，省权列举式规定更加完备，内容不仅包括省的内政、经济、社会等权力，还延伸到法律、军事、对外关系等领域，共计15项。“（一）省之治制不得抵触民主；（二）省定教育基金不得移充别用；（三）省用通行国币不得自行铸造；（四）省以警备队维持治安不得自编省军；（五）各省间禁止私斗，不得缔结攻守同盟等条约；（六）省于办理水利工程，不得加害于他省某地方；（七）他省人民之入籍或侨居营业做工服务者，不得歧视为不平等待遇或加以特别负担；（八）他省人民因犯罪逃亡本省不得隐匿之，拒绝该省官署交出之请求；（九）省于水利交通事业，务取联络不得各自为政；（十）各省间通商自由，对于输出之货物，非经他省同意不得擅行禁止或课税；（十一）省内文物古迹宜设法保存，不得任意毁灭或出卖于外人；（十二）本省产出或由他省运入之米粮及其他生活必需品，不得私许运往外国；（十三）省有财产及实业，非经国家允许，不得用为抵押或径借外债；（十四）省对外国政府或驻在公使无直接交涉，非防御侵略时不得发生战端；（十五）其他基于法律或条约应归中央政府办理之事项不得故意违反。”[③]

① 《众议院议员朱胜芬提出宪法第十一章地方制度修正案》，李贵连主编：《民国北京政府时期制宪史料》第14册，线装书局2008年版，第157–158页。

② 《参议院议员李述膺、韩玉辰提出地方制度条文案》，李贵连主编：《民国北京政府时期制宪史料》第12册，第477–478页。

③ 《众议院议员骆继汉提出地方制度全章条文案》，李贵连主编：《民国北京政府时期制宪史料》第12册，第471–472页。

关于县制度入宪，蒋义明、吴莲炬称世界潮流重于全民政治，“地方分权不应单分于省，而应平分于县。”因为省集权为害于民甚于中央集权。主张已设省的地方为省县两级制。[①]在黄佩兰看来，“吾国革改错误之点皆在于革上级不革下级”，频年战祸，循环无已，大军阀凭借数省尤作中央集权之梦，以统一国家为标帜。小军阀凭借一隅则欲变中央集权为省集权，以联省自治为号召。所以宪法除规定国家权力外，“以一部分赋予人民以求发展，所谓赋予人民者，即县自治是也。”黄认为县的事权、财权应列举规定在国家宪法内。[②]

在20个关于县的权力提案与动议中，共有三种意见：一、宪法内规定县制大纲、地位、组织、权限等；二、县为自治团体，其职权在省宪中规定；三、县为自治团体，国宪规定县的地位，省宪规定县制大纲，其县制度以法律定之。[③]有议员主张宪法详细规定县制，列举县的事权：“一、颁收本县人民田地；二、县教育实业及交通；三、县财产之经营处分；四、县市政及公共卫生；五、县水利及工程；六、县银行；七、县警察及保安事项；八、县慈善及公益事项；九、监督初级自治；十、其他国家及省法令赋予之事项。”[④]

二、省权与国权关系

在国会制宪争论中，省权与国权的关系是通过法律、财政、内

① 《参议院议员蒋义明吴莲炬提出地方制度修正案并说明书》，李贵连主编：《民国北京政府时期制宪史料》第12册，第305、307页。

② 《参议院议员黄佩兰提出县制意见书》，李贵连主编：《民国北京政府时期制宪史料》第13册，第527–528页。

③ 《县制度如何规定提案及动议一览表》，李贵连主编：《民国北京政府时期制宪史料》第14册，第357–361页。

④ 《众议院议员张善舆提出宪法第三章及地方制度修正案》，李贵连主编：《民国北京政府时期制宪史料》第13册，第279页。

政、军事等层面的制度设计展开的。值得注意的是，一些议员的提案还精心设计了中央与省权力关系发生争议时的保障机制。

（一）法律关系

省与国家权力的法律关系，主要分为省宪或省自治法与国家宪法的关系、省法律与国家法律的关系，以及省与国家司法权力关系等三个方面。

一是省宪或省自治法与宪法的关系。其核心是强调省有制宪权，“省对国家政府应依法负其义务，关于省自治及省行政之根本法，于不抵触国宪范围内得由各省自行制定。”[①]有议员提案对抵触国家宪法的现象规定了明确的处置方法，“省依国家宪法之认许，得自制定省宪法，但省宪法与国家宪法抵触时，其所抵触者无效。”[②]还有人进一步指出省有权制定省宪法，但在公布前应该咨请大总统提交国会审查。省宪法条文如有抵触国宪，或违反民主共和政体者，经国会议决得令其复议或取消。

二是省法律与国家法律的关系。一般看法是承认国家法律有废止各省法律的效力，国家立法的事项，国（中央）政府可以行使其监督权。国家法律由各省官厅执行，中央政府可以发布命令，“各省或其他未设省之地方，有不履行国家宪法或法律上之义务，或危害公安秩序，经国政府制止，仍不改悔者，得以武力之助裁制之。”[③]

三是省与国家司法权力关系。议员们通常主张中央掌握司法主导权，包括法院体系、陪审制度均由中央法律规定。“省司法分为省县区三级，法院之编制及法官之资格，依中央法律定之。”“各级审判厅对于刑事之审判，须设陪审之制度，其陪审员之组织及

① 《众议院议员马骧提出省与国家之关系修正案》，李贵连主编：《民国北京政府时期制宪史料》第12册，第503页。

② 《众议院议员张树森对于丁议员佛言提议省之地位及权限提出修正案》，李贵连主编：《民国北京政府时期制宪史料》第12册，第513页。

③ 《参议院议员汤漪提出增加国权一章修正案》，李贵连主编：《民国北京政府时期制宪史料》第13册，第517页。

权限，由中央法律法律定之。”至于省级审判厅的法官也是由中央任命。①

（二）财政关系

财政关系的限制性规定主要体现在省的经济权力上，如规定省“不得立关于专卖特许版权等之法律，不得发行钞票、制造货币、度量衡，不得以地方银行代理国库，不得与外国订立买卖土地及以矿山铁路田赋作抵之契约。”②

财政关系的核心要素是税制。国家税以外的赋税及其他收入的一部分或全部，经国会议决必须收归国有。税则以全国统一为准，不得对一省特别加征。“国家预算不敷或紧急财政处分之结果，经国会议决，得以各省收入之比例，用累进率分配其负担。”同样地，出现财政困难的省份也可以获得国库补助。③

而关于省税等地方税，朱胜芬、张琴、张浩等人建议：“省得自定省税并附加国税之地方税，但关于输出入及通运之物品，非经国会之承诺不得擅定税则或增加税金。”对省税作出限制性规定，主要是恐怕将来各省各自为政，“如对于本省输出之物品课以轻税，对于外省输入之物品课以重税。自本省视之固为最有利益之政策，而自他省视之，则与地方经济大有妨碍。”④

（三）军事关系

在军事关系规定上，汤漪、丁世峄认为省可以拥有一定的军事权，但仅限于省内治安事务，并且服从中央政府调配。省为维持地方治安可设立的警备队，编练、服装、器械必须与国军统一。“案

① 《众议院议员朱胜芬提出宪法第十一章地方制度修正案》，李贵连主编：《民国北京政府时期制宪史料》，线装书局2008年版，第14册，第160页。

② 《参议院议员汤漪、丁佛言提出地方制度修正案》，李贵连主编：《民国北京政府时期制宪史料》第13册，第170页。

③ 《参议院议员汤漪提出增加国权一章修正案》，李贵连主编：《民国北京政府时期制宪史料》第13册，第516–517页。

④ 《宪法地方制度草案第四条第三项修正案》，李贵连主编：《民国北京政府时期制宪史料》第12册，第85–86页。

之地方情形，既兵权集中于中央，各省保安苦无所寄。若仍以中央直辖之兵，当各省保安之责，是仍一浑沌主义。不但于地方不便，且于兵权集中之目的，亦必不能达。”①在指挥权上，宋渊源、朱胜芬主张省长依照法令征集地方警备队，大总统于非常紧急时得调遣地方警备队。为实行军民分治与维持地方治安，“平时地方之维持，既有警备队负其责，然后国家军队乃得专力于国防。”而规定大总统的调遣权，则是为防止地方割据的危险。②在人数上，一般主张省警备队的总额不得超过万人。③

也有少数议员提出省不得设置省军案。杜华认为这样做一是避免武人割据，省与省之间的战争；二是减轻人民的痛苦，战争“以致商民交困，十室九空”。三是欲达人民自治之目的。审议会通过各省自由制定宪法。自治是以人民为主体，不是军人的自治。“若不废除省军，推其所极势，不致酿成武人割剧。”四是保全国库的收入。全省收入尽供军费，“于是将应解之款，悉数截留，以致中央借款度日。”④不过，即使赞同省军事权的议员也强调“省与省之间发生武力冲突，或反抗中央，经国会议决中央政府可以动用国军平息。⑤

（四）保障机制

解决中央与省权力冲突的保障机制，主要是由特设机构来裁决。关于特设机构，有议员主张新设立中央国事裁决所，即关于宪法上解释的争执、省与中央的争执、省与省的争执、行政厅与裁判

① 《地方制度修正案》，李贵连主编：《民国北京政府时期制宪史料》第11册，线装书局2008年版，第258、269页。

② 《省制大纲增入宪法专章案》，李贵连主编：《民国北京政府时期制宪史料》第5册，线装书局2008年版，第141页。

③ 《众议院议员朱胜芬提出宪法第十一章地方制度修正案》，李贵连主编：《民国北京政府时期制宪史料》第14册，第160页。

④ 《众议院议员杜华提出省不得设置省军案》，李贵连主编：《民国北京政府时期制宪史料》第13册，第266–268页

⑤ 《众议院议员徐际恒提出地方制度全章修正案》，李贵连主编：《民国北京政府时期制宪史料》第13册，第157页。

所的争执、国会省议会议员选举的争执，其裁决权属于中央国事裁决所。而平政院受理行政机关违法裁决引发的行政诉讼。[①]也有人认为可以由参议院与最高法院组成的联合委员会担当，“省与国家发生法律之解释或权限之争议时，由参议院、国家最高法院各选同数委员若干人裁决之。”[②]

至于宪法解释的运用，有议员认为应该由国会行使司法审查权。省与中央争议，关于法律者可以咨请国会裁决，关于宪法上疑义，可请求国会组织宪法会议解释。也有议员主张专门机构为最高法院，“最高法院裁决国与省、省与省、公私法之争。”国宪与省宪的解释权也由最高法院行使。[③]还有议员强调省有修正国宪提议权，“必要时得由一全省法定团体发起修正动议，俟有七省以上之赞成连署，提出修正案请愿于国会，要求组织宪法会议议决之。”省有权派出代表出席宪法会议说明理由，但不得表决。[④]

此外，省与省有争执事件时，考虑到参议院是代表地方的立法机构，吕复提出可以由一方省长或省议会提请参议院裁定。[⑤]骆继汉则认为两省省长之间的争议由大总统解决，两省议会间的争议由参议院解决。[⑥]

---

① 《众议院议员朱胜芬提出宪法第十一章地方制度修正案》，李贵连主编：《民国北京政府时期制宪史料》第 14 册，第 162 页。

② 《众议院议员王源瀚提出省与国家及省与省之间关系案》，李贵连主编：《民国北京政府时期制宪史料》第 13 册，第 145 页。

③ 《参议院议员丁佛言对于通过二读草案应追补国权一章提出条文案》，李贵连主编：《民国北京政府时期制宪史料》第 12 册，第 306 页。

④ 《众议院议员骆继汉提出地方制度全章条文案》，李贵连主编：《民国北京政府时期制宪史料》第 12 册，第 473 页。

⑤ 《省制专章及其条文》，李贵连主编：《民国北京政府时期制宪史料》第 5 册，第 59 页。

⑥ 《宪法上省制大纲修正案之条文》，李贵连主编：《民国北京政府时期制宪史料》第 5 册，第 245 页。

三、省行政、立法权力与央地关系

在地方政制运作规划中，省行政、立法权力与央地关系成为讨论的焦点。主要包括省长产生方式与中央关系、省行政与立法权力关系与中央两个方面。

（一）省长产生方式与中央

关于省长产生方式主要有三种意见，一是主张省议会或省长选举会选举省长候选人，然后提请总统任命；二是力主总统直接任命省长；三是调和以上两种主张，建议总统与省议会共同决定省长人选。

关于省议会选举省长候选人，焦易堂的方案是："省长由省议会选举三人，呈由大总统择一任之。"这种作法"既可以纾议会之选举竞争，且使中央绰有选择任命之余地耳"。[①]省长由省议会选举产生候选人，再呈请大总统任命的方式，在吕复看来，可以让省长一方面接受中央政府的节制，管理省内国家行政事务，另一方面受到省议会的监督，管理省的地方行政事务。省长职位"实为中央地方机关之枢纽，亦国家与地方调和之中心。今欲求调和之实效，则省长一职必由中央地方共同出之，始不至偏重一方"。[②]至于省长候选人的范围，程修鲁进一步细化为省内1人、省外1人，呈请大总统择一任命。[③]

除建议省议会选举省长候选人外，另有主张组织成立专门的省长选举会。省长执行国家行政并监督地方自治，对大总统与省议会负责，"省长之选任，由省议会备选五人提交省长选举会，就被选

① 《宪法草案第十一章宜规定省制修正案》，李贵连主编：《民国北京政府时期制宪史料》第4册，第293页。

② 《省制专章及其条文》，李贵连主编：《民国北京政府时期制宪史料》第5册，第60页。

③ 《宪法增加省制修正案》，李贵连主编：《民国北京政府时期制宪史料》第5册，第146页。

举人各选三人，省议会汇列票额多数之三人，呈请大总统择一任命。”省长选举会是由县议会、县农工商、教育会等组成，“各县法团距政潮稍选，且散而不聚，不易受金钱势力之诱迫。”[①]

汤漪、丁世峄力主省长由大总统直接任命，其理由是认为省长代表中央政府监督地方行政，岁俸由国库支出。国家行政有委任各省者，由省长督令省行政机关执行。当前省长同时处理国家与地方行政，其实弊端不少，“酿成各省之官僚团体藏身于中央地方之间，蒙蔽政府，贻害人民，而与新发生之省代议制尤不相容。”省长完全民选也与现行制度相距太远，“骤与中央脱离关系，施行不无疑问，且与省议会之冲突无调和法。”[②]他们强调省长由总统任命，是与中国的历史传统相符合的，“中央简任省长，省长任命司长，统系一贯不背历史习惯及现制，无骤进分裂之虞。”[③]不过，龚焕辰、白常洁虽然同意省长由大总统任命，但又提出省议会选举省董事会，执行省议会的各项决议，负责省内事务，包括国家委托委任事项。[④]省议会选举负责日常行政事务的机构的省董事会，则是起到弱化省长任命的效果。

强调总统与省议会共同决定省长人选的提案，则表现出一定的灵活性。骆继汉认为省长代表中央为一省行政长官，“省长由大总统简任，但遇该省议会议员过半数决议反对时，应由大总统另选他人。”[⑤]骆认为这种制度设计的理由是省长的双重角色，“既出于官治行政事务，以并及自治行政事务。是对于自治行政事务，则为

① 《众议院议员徐际恒提出地方制度全章修正案》，李贵连主编：《民国北京政府时期制宪史料》第13册，第162页。

② 《地方制度修正案》，李贵连主编：《民国北京政府时期制宪史料》第11册，第271页。

③ 《参议院议员汤漪丁佛言提出地方制度修正案》，李贵连主编：《民国北京政府时期制宪史料》第13册，第186页。

④ 《地方制大纲草案》，李贵连主编：《民国北京政府时期制宪史料》第6册，线装书局2008年版，第284页。

⑤ 《宪法上省制大纲修正案之条文》，李贵连主编：《民国北京政府时期制宪史料》第5册，第244页。

政务官的资格。对于官治行政事务，则为事务官的资格。”[1]

（二）省行政、立法权力关系与中央

关于省议会对省长的弹劾权行使，多数提案是突出国会参议院的弹劾审查权。主要是建议省议会有权弹劾省长，但必须呈请参议院审查，通过后由大总统行使省长罢免权。吕复主张省长对中央负责，“然中央监督不免有所不及之处，故省长对于国家法律上之责任，亦宜一面容省议会之就近监督。”同时考虑到弹劾省长，“其上若无审查机关，恐轻率弹劾地方行政长官，易于动摇。定为经参议院之审查者，亦慎重之道也。”[2]

也有人建议省议会通过弹劾省长案，可先呈请大总统查办。如果省议会认为查办结果不当时，可再呈请大总统提交参议院审查，如果通过，大总统必须免去省长职务。[3]秦广礼声称：“弹劾又必须即时由总统停职，是亦应有之事实，不如此不足以昭郑重，则省议会之弹劾等如虚设矣。”[4]张浩考虑到省长执行中央事务违法溺职，有时对省民不但无害甚至有利，此时必须由大总统行使惩戒权，“否则中央政令不逾于都门矣。”[5]只有少数主张是中央政府国务会议拥有弹劾决定权，即省议会弹劾省长案通过后，必须由内务总长提交国务会议处理。[6]

至于省长解散权的规定，仍然强调参议院的解散审查权。焦易堂指出，省议会如有违背法律逾越权限的行为，省长也可呈请大总

① 《宪法上加入地方制纲专章十二条修正案及理由书》，李贵连主编：《民国北京政府时期制宪史料》第 11 册，第 368 页。

② 《省制专章及其条文》，李贵连主编：《民国北京政府时期制宪史料》第 5 册，第 58、59 页。

③ 《省制大纲增入宪法专章案》，李贵连主编：《民国北京政府时期制宪史料》第 5 册，第 142 页。

④ 《修正宪法上地方制度条文理由书》，李贵连主编：《民国北京政府时期制宪史料》第 12 册，第 89 页。

⑤ 《省制》，李贵连主编：《民国北京政府时期制宪史料》第 5 册，第 370 页。

⑥ 《地方制度》，李贵连主编：《民国北京政府时期制宪史料》第 7 册，线装书局 2008 年版，第 40 页。

统提交参议院审查解散省议会案，如果通过即可解散省议会。[①]还有人建议解散案在经过省参事会审查后，再提交参议院审查。“省长认省议会有违法时，得省参事会之同意，提出解散案。呈大总统咨交参议院议决之。”[②]关于省参事会的组织，一般主张由省议会选举6人（省议员至多2人）、省长推任6人组成，赞襄省长，省长为省参事会会长。[③]省长解散权的表决通过标准，则是“省长认省议会有违法行为时，得省参事会总会员出席三分之二以上之同意，提出解散案呈大总统咨交参议院议决之，但同一会期不得为两次之解散。”[④]对弹劾权与解散权之所以作出限制性规定，主要原因是“议会与省长皆无绝对之解散权及弹劾权，所以保中央行政权之统一，而为地方争执之救济也。”[⑤]

省长与省议会一般性的争议，通常建议由参议院或大总统协调解决，但参议院还是拥有最终决定权。省长与省议会有争议时，双方均可呈交大总统解决，但省议会不服解决时，可再咨交参议院审查解决。关于参议院的仲裁角色，主要有三点支持理由：“（一）参议院完全之合议制机关，于解决争议事件比较慎重。（二）参议院分子多地方代表，不至慑于威势而有所偏袒于省长。（三）参议院机关为国会支部，不至流于感情而有所偏袒于省议会。”[⑥]还有人认为参议院在省级弹劾案、解散案、争执案上的审查权，其法理

① 《宪法草案第十一章宜规定省制修正案》，李贵连主编：《民国北京政府时期制宪史料》第4册，第294页。

② 《地方制度》，李贵连主编：《民国北京政府时期制宪史料》第7册，第41页。

③ 《对于地方制度草案第十一条修正案》，李贵连主编：《民国北京政府时期制宪史料》第11册，第348页。

④ 《对于地方制度草案第十一条修正案》，李贵连主编：《民国北京政府时期制宪史料》第11册，第347页。

⑤ 《宪法草案第十一章宜规定省制修正案》，李贵连主编：《民国北京政府时期制宪史料》第4册，第291–295页。

⑥ 《宪法上加入地方制纲专章十二条修正案及理由书》，李贵连主编：《民国北京政府时期制宪史料》第11册，第394页。

来源则是“以参议院代表地方团体，且立于调剂之位置也。”[①]

四、央地权力关系设计的制度特色

梳理国会议员关于央地关系设计的制度建言，不难看出，在国权与省权的规定方式、央地关系的分权与制约关系等方面，均具有一定的制度特色，而不仅仅是对外国宪法条款的简单效仿与移植。

（一）国权与省权的列举式规定

联邦制国家通常有两种分权模式，一类国家是列举国权，概括规定州（邦）权，如美国、澳大利亚等国。另一类国家对国权与州（邦）权均采取列举方式，其他未明白列举的权力保留给某一方。民国国会制宪议员们对国家权力与地方权力采取各自列举方法，这种规定与同时代的加拿大宪法与魏玛德国宪法的类似规定相似。1867年加拿大宪法第六部分为立法权力分配，分别列举中央国会立法权力29项（第91条）与省立法权力16项（第92条），中央立法权力包括公债发行、商业贸易、税收、邮政、户口统计、防务、航运、币制、度量衡等，省立法权力涵盖省宪修正、省税、省财政、省行政、省司法、省内自治事项等领域。[②]与此相似的是，1919年魏玛德国宪法也是采用列举式规定，其中联邦专有立法权包括外交、殖民制度、国籍、自由移住移民及引渡、兵役法、货币制度、关税制度、并税及贸易区域划一及货物流通自由、邮政、电报及电话制度；联邦立法权包括民法、刑法、诉讼法及刑罚执行、护照制度及外事警察、救贫制度及游民救护、出版、结社及集会制度、人口政策、公共卫生、劳工保护、国家职业代表机关设立、公用征收法、营业法、矿业法、保险制度、航海法、铁路航运交通等。而联

① 《宪法草案第十一章宜规定省制修正案》，李贵连主编：《民国北京政府时期制宪史料》第 4 册，第 293–294 页。

② 储建国：《当代各国政治体制—加拿大》，兰州大学出版社，1998 年，第 309–312 页。

邦立法权，在联邦不行使其立法权时，各邦可以保留。[①]

对中央与省的权力采取各自列举的方式，“凡中央事权，无论中央行使与否，各省不得行使；反之，各省事权中央亦绝不能行使。”[②]这种制度设计易于操作，避免产生权力纠纷，在处理中央与地方权力争执时更加灵活。地方权力在宪法中列举式规定，其实是一种地方自治的宪法化，“从权力的法律关系上来说，联邦制无非是地方自治的宪法化。通过允许各州和联邦分享‘主权’，联邦制为地方自治提供了宪法性保障。”[③]

此外，在有关国权规定的提案中，均表现出中央集权的特征。不仅有常见的外交、财政、内政、军事等权力，而且还包括水利、航运、工矿业、发明专利保护、国家官员录用、军官任用、省际纠纷裁决、涉外诉讼、国宪省宪解释等权力规定。这种扩大中央权力的做法也与德国魏玛宪法相似，“德国虽仍是个联邦国，但是中央政府在宪法上的权力，却较美国的中央政府大得多了。”[④]

（二）国家对省权力的制约

国家对省权力的制约，一方面表现在立法、军事、财政、行政权力关系设计上，偏重于国权对省权的限制，而对国权限制较少。

对反对省宪与联邦制的反省宪派议员来说，他们特别强调省对于国家的义务，具体表现在五个方面：一是国家预算不足或应对紧急财政时，“应依各省收入之多寡，用累进率分配其负担。”二是奉行国家法律与中央政府为发展国力所定的政策。三是省有内河、航路、铁道支线及其他营造物，国家有需要时可使用。四是“凡有妨害国家均一发达之情事，经国会之议决，须听受中央政府督促或纠正。”五是不得发布与国家法令有抵触的法令。省有不尽义务或

---

① 魏玛宪法第 6、7、12 条，参见夏泽祥主编：《宪法学》，山东人民出版社，2011 年，第 412–413 页。

② 王世杰、钱端升：《比较宪法》，商务印书馆，1999 年，第 362 页。

③ 张千帆：《主权与分权—中央与地方关系的基本理论》，《国家检察官学院学报》2011 年第 2 期，第 79 页。

④ 程学愉：《德意志之新宪法》，《东方杂志》第 19 卷第 22 号，第 3 页。

违法，大总统得撤换省长。如果违法行为来自省议会，大总统可提请参议院议决解散省议会。中央政府滥用职权或不尽职责时，省政府经省议会议决可不上交应负担的国税。[①]

支持省宪与联邦制的省宪派议员，其提案也是明确国权对省权的制约要求。如骆继汉强调，各省在遵奉中央政府法令直辖办理及委任事务办理以外，可以议决省内各种行政事务，“各种行政事务皆以一省区域为界，若其事务有关系全国者，中央政府得以法律限制之。”[②]汤漪、丁世峄更是明确提出12项省义务的条款：1、各省对于国家预算不足或面临紧急财政处分时，有按各省收入比例分担的义务；2、省有奉行国家法令的义务；3、省受中央政府委任执行政策的义务，费用由国库负担；4、省法令与国家法令发生抵触时，大总统依照国会议决取消或变更；5、省的航路、铁路、电报当国家有必要时征用；6、省的事权放弃或紊乱有妨害国家均一发达时，经参议院议决有改正的义务；7、省不得制定关于专卖特许版权等法律，不得发行钞票、制造货币度量衡、不得以地方银行代理国库、不得与外国订立买卖土地以及以矿山铁路田赋作抵押的契约、不得建造军港兵工厂；8、各省制定的单行法、预算案以及其他一切事项，必须随时向大总统提出报告书；9、无论何种事权，当中央政府认为有必要时，经参议院议决得收回；10、省与中央政府的争议，以及省与省的争议，由参议院裁决；11、省有不尽其义务或违法，经大总统告诫仍不悔改，大总统经参议院议决应立即撤换省长，其情形若出于省议会者，并得解散省议会；12、省有反抗中央行为时，大总统经国会议决可以武力征服。[③]

省宪派代表人物吕复也提出省权的限制性规定11项，以规范省

---

① 《众议院议员徐际恒提出地方制度全章修正案》，李贵连主编：《民国北京政府时期制宪史料》第13册，第155–157页。

② 《宪法上省制大纲修正案之条文》，李贵连主编：《民国北京政府时期制宪史料》第5册，第243页。

③ 《地方制度修正案》，李贵连主编：《民国北京政府时期制宪史料》第11册，第259–260页。

的自治权力。“一、办理交通水利，不得对于他省或地方为妨害之处置；二、对于他省或地方入境之货物，不得赋课通过税或落地税；三、对于他省或地方所需之货物，不得抑留或禁止出境；四、本省产出或由他省导入之米粮及切要民食，不得许其运往国外；五、本省有关历史学艺美术之古书古物，须加以保护，不得运往国外，其旧有古迹须时加修葺不得毁废；六、对于本省以外人民之入籍或侨居，不得歧视或征收入境税；七、对于本省以外人民之营业或作工于本省者，不得加以与本省人民异等待遇或加以特别负担；八、逃亡罪犯潜入本省，经该管官署请求交出时不得隐匿；九、对于驰入本省口岸之船舶，非依国家法律之规定不得征收吨税；十、办理交通事项，非设施实在之工事，不得对于通过人物征收公费；十一、不得以省有财产为国外借债之抵押品。”①

（三）省行政与立法关系的失衡

省行政与立法关系的失衡特征，主要体现在省长解散省议会权力的限制性规定。一种意见是省长认为省议会有违法议决时，得呈请大总统咨交参议院审查，确定后才能解散。从表面上看，“而加以咨交参议院审查之限制，为防省长滥用呈请解散之权。”②但是考虑到参议员是由各省议会选举产生，出于自身的利害考虑，参议院很难做出解散自己“母会”的决定。另一种看法是省长认为省议会有违法时，经省参事会同意提出解散案，呈大总统咨交参议院议决。不过，从省参事会的构成来看，省议会选举的人数占到一半，加上三分之二的议决要求，仅在省的层面，这种解散权提案通过的机率是非常低的。

与省长解散权相对应的是省议会弹劾省长的权力，虽然多数议员主张也需要经过参议院审查。然而从维护省议会的利益出发，参

① 《众议院议员吕复提出地方制度条文案》，李贵连主编：《民国北京政府时期制宪史料》第 12 册，第 300–301 页。

② 《宪法上加入地方制纲专章十二条修正案及理由书》，李贵连主编：《民国北京政府时期制宪史料》第 11 册，第 373 页。

议院审查通过的概率还较高的。这样在省议会与省长之间，表现出一种失衡的行政与立法权力关系，从而违背了立法与行政权力互相制衡的原则。“解散议会成为内阁责任的对应物。这样就建立起行政与议会之间的制衡，因为如果议会解散政府，政府也可以解散议会作为回敬。这就使内阁能够避免完全屈从于议会。而使两个相互反对的力量多少旗鼓相当，这才会造成两者之间可能和必要的合作。”①

这种突出省议会权力，形成立法至上的制度设计，如果付诸实践的话，对省政局的稳定与发展是不利的。当省长与省议会发生政争时，作为省长的一方不能及时合法地解散省议会、重新举行省议会选举，以此来解决政治冲突。最后可能就会采取体制外非法的解散议会方式，造成省级政治的混乱与失控。所以，参议院审查权的设置，不仅不能起到平衡省行政与立法权力的作用，而且还会带来新的困扰，影响省长解散权的正常行使。

五、结束语

晚清以来随着地方主义的兴起，省作为最重要的地方单位，在20世纪初中国政治中的重要性是不能低估的。辛亥革命中“独立”各省不仅拥有立法、财政、内政权力，而且还据有属于全国性政府的外交、军事权力。湖北省军政府成立时，就设有军令部、军备部、参谋部、政事部，其中政事部又下设外交、财政、司法各局。江苏省军政府颁布的《临时官制总纲》中也明确规定都督“统辖军政一切事宜”。其他各省情况基本相似。南京临时政府时期国家的军事、财政重心实际上在地方，而不是在中央。各省拥有完整的国家权力，“俨然具一独立国家之形象。”②当时的中国其实正处于

① 施雪华：《当代各国政治制度—英国》，兰州大学出版社，1998年，第148页。

② 《裁汰冗员论》，《亚细亚报》，秦孝仪主编：《民国汇报》第2册，台北中国国民党中央委员会党史委员会，1976年，第11页。

一个类似于美国独立战争时期的邦联状态。

地方主义在经历袁世凯中央集权统治的短暂沉寂后，在1916年袁世凯逝世后又迅速地发展起来。其中以1920年代联省自治运动兴起最为典型。在当时国家处于分裂状态下，人们希望在地方高度自治的基础上，以联邦制度的模式实现国家的统一。省宪制定是联省自治运动的重要标志。湖南省是第一个开始制定省宪法的省份。在1920–1925年期间，浙江、云南、四川、广东先后制定出省宪，广西、贵州、陕西、江苏、江西、湖北、福建等省，或由当局宣言制宪自治，或由人民积极运动制宪“省宪运动的潮流，可谓激荡全国”。[①]

从某种意义上讲，民初中国的国家结构，面临着从传统中央集权向现代地方分权的转变趋势。“国家结构形式的确立，是革命后新国家构建一个当然的政治主题，辛亥革命的中国，恰值构建新的民族国家的伊始，当然也不能例外。”[②]正如曾任第一届国会众议院议长汤化龙所言：“试查最近二十年来政治变迁之陈迹，便知省之地位在事实上有不可侮之势力，非中央所能任意存废。”[③]国会制宪进程中关于中央与地方分权制度的思考，就是对地方主义政治现实的回应。

从制宪结果来说，议员们关于央地关系的建言对1923年民国宪法产生了积极的影响。如民国宪法对国家权力与地方权力各自采取列举方法，“中华民国之国权，属于国家事项，依本宪法之规定行使之；属于地方事项，依本宪法及各省自治法之规定行使之。”其中国家立法并执行的事项，计有外交、国防、国籍法、刑事、民事及商事之法律、监狱制度、度量衡、币制及国立银行、关税、盐

① 李剑农：《中国近百年政治史》，复旦大学出版社，2002 年，第 491 页。

② 王续添：《地方主义、联邦主义与新国家构建中的制度选择》，中国社科院近史所民国史研究室、四川师范大学历史文化学院编：《一九一〇年代的中国》，社科文献出版社，2007 年，第 136 页。

③ 《汤济武先生之省制谈》，《晨钟报》1916 年 10 月 29 日。

税、印花税、烟酒税其他消费税、邮政、电报及航空、国有铁道及国道、国有财产、国债、专卖及特许、国家文武官吏之铨试、任用、纠察及保障等事项。省立法并执行或令县执行的事项共有11项：省教育、实业及交通；省财产之经营处分；省市政；省水利及工程；田赋、契税，及其他省税；省债；省银行；省警察及保安事项；省慈善及公益事项；下级自治；其他依国家法律赋予事项。[①]

而在保障省权的同时，1923年民国宪法借鉴制宪议员关于省权与国权关系的建议，在立法、军事、财政、行政等方面对省权又做出了许多限制性规定，而对国家权力限制性规定较少。这种处理央地关系时的限制性规定，其实是一种地方过度分权矫正体制。“地方过度分权是中央与地方权限划分的一种变态形式或‘矫枉过正’现象。这种现象如果长期存在，必然导致国家的衰亡。”[②]

“政治制度在很大程度上是一种人为的创造。当然，它们当中的大多数经过了长时期的演化，但在一个国家历史的关键时刻人们有选择制度的机会。这给政治带来了创造的因素。”[③]民初国会议员们在制宪过程中的制度设计主张，尽管存在种种不足之处，但仍然体现出一种制度创新精神，在处理国家与地方关系上采取调和的立场，适当地保持了国家与省的权力平衡，为国家保持高度统一奠定了法理基础。

---

① 《中华民国宪法》第23、25条，夏新华、胡旭晟整理：《近代中国宪政历程：史料荟萃》，中国政法大学出版社，2004年，第522–524页。

② 薄贵利：《集权分权与国家兴衰》，经济科学出版社，2000年，第78页。

③ 迈克尔·罗斯金等《政治科学》，林震等译，华夏出版社，2001年，第278页。

民初国会的省宪论争与国家认同

在1922–1923年第一届国会制宪过程中，国会各政党在省宪法问题上出现分歧。政学会、研究系等反直与中间派政党是支持省宪的主要力量。他们不仅希望在宪法中划分国家与省的权限，而且坚持省有制宪权。亲直派政党与直系保持一致，反对省宪立场非常鲜明，多数反省宪派议员认为中国的国情宜于分权，但不宜于联邦。

在制度建构层面，省宪论争不可避免地涉及到国家认同的问题。“国家认同是一个人认为自己归属于哪一个政治共同体的辨识活动，并对自己所属的政治共同体的期待，或甚至对所欲归属的政治共同体的选择。”[①]有论者曾经探讨联省自治运动时期的国家认同问题，认为“省籍意识的理性层面与国家认同的理性层面具有价值统一性，然而由于制度选择的制约性和互动体制的缺失，使得此次互动归于失败。”[②]

与过去重视对联省自治思潮分析的研究路径不同的是，本文以国会制宪为视角，探讨在宪制层面，制宪议员们是如何看待制度选择与国家认同的关系，特别是对统一或分裂认同的认知与评估。

---

① 江宜桦：《自由主义、民族主义与国家认同》，台湾扬智文化事业月份有限公司，1998年，第9页。

② 杨妍：《地域主义与国家认同：民国初期省籍意识的政治文化分析》，天津人民出版社，2007年，第273页。

一、国家结构：省宪与联省自治

省宪制定是联省自治运动的重要标志，意味着国家结构形式的重大变革，即从单一制转变为联邦制。这种国家结构形式的变革与国家认同的关系，成为制宪议员们争论的焦点。

省宪派议员认为省宪制定、联省自治与国家统一的认同并不矛盾，相反还能够促进国家统一与宪法实施。兼任宪法起草委员会委员长的汤漪强调，统一为一种国家制度的认同，省宪运动与统一并不矛盾，“统一”名词来自日本，中国历史上并无“统一”名词，只有春秋的大一统，所谓一统主义者即“普天之下莫非王土，率土之滨莫非王臣”，臣即是民，唯君之命是从。统一与一统是不同的，“而现在一般人所希望之统一，即系国家行政有一个统系。”[①]丁佛言（丁世峄）虽然承认“先邦后国”与“先省宪后国宪”是一种倒逆手段，制定省宪是一种过当的要求。但是从现实考虑，“当国政府一权不存，与各省争攘无厌之时，第一着手即不能不先借国家宪法之威灵，命令各省将彼盗僭国家之事权逐件点交，其他一面即不能不将省事权为概括的保留，以闭其口而平其气。”这样做的真实目的不是地方分裂，而是完成真正的统一。制宪一线生机能否延续，“实不在宪法之有无，而在制宪时国与省事权之分配名实之审量是否得当。”[②]刘彦称联邦制并不妨碍统一，“此中关键，端在于人民之爱国心如何耳！”各省制定的宪法，如不与国宪抵触，即可允许实行。[③]张树森认为省宪自治不至于破坏统一。省宪自治是国家对于地方自治权力所允许范围内的一种，“因而渐以法律的手段使军阀所侵占之省权渐移归于省会与省住民

① 吴宗慈：《中华民国宪法史》，于明等点校，法律出版社，2013年，第932–933页。

② 《参议院议员丁佛言说明省权提案理由书》，《宪法会议公报第55册》，李贵连主编：《民国北京政府制宪史料》第13册，线装书局，2008年，第328–330页。

③ 吴宗慈：《中华民国宪法史》，第943页。

之手。”湖南赵恒惕的事例说明，赵恒惕从总司令变为省长，说明省权重心有发生转移的可能。这种权力移转“其势不能不任法律的力量逐渐扩大也。”①骆继汉甚至提出省有提出修正国宪之权、批准国宪的权力。当一省的法定团体发出修宪倡议，得到七省以上赞成连署，得以提出修正案，请愿于国会，要求国会组织宪法会议议决之。“不知在今日制定国宪，非得各省之同意，事实上不易见诸实行。”②

但是反省宪派议员的看法正好相反，许多人强调国家结构形式的变革，会导致各省独立与国家分裂。蒋凤梧认为联省自治条件不成熟，会引发纷乱，应实行地方自治，并规定于国宪之中，“中央行政既有国宪为保障，自可收统一之效。地方权限既有国宪所赋予，亦可尽推行之利。”③王敬芳忧虑对少数民族地区国家认同的负面影响，“三特别区、汉蒙杂处之地、甘肃新疆汉回杂处之地，其政治上、种族上生如何之扰乱？外蒙青海西藏各地因政治上之不平，又将生如何剧烈之变动？”④徐际恒直言，如果我们容忍省宪，“直是由宪法造成独立，特与各省军阀加一重保障。”⑤还有议员甚至认为联省自治不啻为宣布独立，“夫中华民国，本合五族以共和约法之所规定，列强之所承认，均为完全无缺之单一国家。岂得借自治之名义，而自分自裂。”⑥

省宪不仅不利于国家认同的巩固，而且会造成国家认同的瓦解。刘盥训称：“全国明了宪法之美善，而生统一之心理，人心已

---

① 张树森：“省宪自治释论”，吴宗慈：《中华民国宪法史》，第951页。

② 《宪法审议会第46次会议录（1922年8月12日）》，《宪法会议公报第52册》，李贵连主编：《民国北京政府制宪史料》第12册，线装书局，2008年，第260页。

③ 众议院议员蒋凤梧提出地方制度意见书》，《宪法会议公报第52册》，李贵连主编：《民国北京政府时期制宪史料》第12册，第332、335页。

④ 吴宗慈：《中华民国宪法史》，第1010页。

⑤ 《宪法审议会第52次会议录（1922年8月26日）》，《宪法会议公报》第53册，李贵连主编：《民国北京政府时期制宪史料》第12册，第454页。

⑥ 《众议院议员余棨对于地方自治意见书》，《宪法会议公报第52册》，李贵连主编：《民国北京政府时期制宪史料》第12册，第344页。

统一，而地方尚有不统一者乎？统一者分之其难，更甚于不统一者合之也。省宪规定一般心理，必生不统一之感想，即此一念，已足造无量劫。”[①]王敬芳认为“中国单一国也，单一国而采取联邦国之制度，所以制造离心力者也。我之精神既与德（国）异，推其迁流，势必至于土崩瓦解。”[②]金兆棪虽然承认省在国宪范围内有自定省宪法之权，但是制定省宪的各大原则，应该在国宪内有明确统一的规定，“吾国历史本是永久的统一，今后岂容支离破碎，反由统一而分邦乎？故联邦二字殊无存在之余。”[③]毕维垣认为“盖现在倡省宪之说者，不过终为少数独立之省份，倘因此少数独立之省份而即谓为潮流所趋，遂造成中华民国二十二种之宪法，倘将来各县亦藉口于潮流所趋，势必造成中华民国一千余种之宪法。申言之，异日城镇乡亦籍口于潮流所趋，岂非将造成数十万种之宪法？”[④]

还有议员强调省宪主张与主张统一的主流民意不相符合。王泽邠指出，民意希望统一，是指国家的统一，而不是省宪可以实现统一，“致欲发挥自治之精神其最大最强之保障，孰有过于国宪？”[⑤]李景龢表示省宪运动只是一时的现象，并非真实民意的表示，“试令二十二行省实行投票，以卜民意之背向，恐其结果，赞成制省宪者究占多数乎，抑为少数乎？”李断言必是少数，“今日之人心，绝对不敢据以为信期之。”[⑥]裴清源指出：1、省宪与国民心理相违；2、国权分配与中国国情不合。“中国为单一国，地方

① 吴宗慈：《中华民国宪法史》，第985页。

② 吴宗慈：《中华民国宪法史》，第1009页。

③ 《宪法审议会第50次会议录（1922年8月22日）》，《宪法会议公报》第53册，李贵连主编：《民国北京政府时期制宪史料》第12册，第399页。

④ 《宪法审议会第52次会议录（1922年8月26日）》，《宪法会议公报》第53册，李贵连主编：《民国北京政府时期制宪史料》第12册，第460页。

⑤ 《参议院议员王泽攽与主张省宪说者商榷书》，《宪法会议公报》第55册，李贵连主编：《民国北京政府时期制宪史料》第13册，第397页。

⑥ 《宪法审议会第46次会议录（1922年8月12日）》，《宪法会议公报》第52册，李贵连主编：《民国北京政府时期制宪史料》第12册，第251页。

为中央支体，地方之权即中央赋予之权，本无规定宪法之必要。”地方事权应该列举，而不是草案中国权列举，地方事权概括规定。这种做法势必造成各省权力无限与地方割据，国家统一无望。[①]

其实争论省宪与国家认同的关系，关键不在于省宪名称，而是省权与国权的地位，是分别来自于宪法规定，还是省权来自于国权的授予。前者是一种平等的法律关系，后者则是自上而下的法律关系，这也是联邦制与单一制的区别所在。国会宪法起草委员会就认为：“省得制定省宪法，即是国权一章规定之结果。盖必由宪法将一种基本权力赋予地方之后，而地方始能制定宪法。并不是地方自行制定宪法。”[②]

二、地方主义：省宪与省自治权

省宪主张其实也是清末民初地方主义的一种表现，是省自治权的一种集中反映，在争论过程中反映的地方主义与国家认同的关系，同样值得重视。

省宪派议员强调省自治权与地方认同的合法性，否认与国家认同的冲突性，并从政治参与的角度强调地方认同的正当性。吕复宣称，从民国建立及其后的历史来看，“省确然有一种人格，对于国家确有对抗能力。既有人格，复有对抗国家不法行为之能力，故本席认为省事权为省所固有，而非国家所赋予者。”[③]彭学浚认为：“盖民主政治之精神，在使全国人民感参政之兴会，使国家与人民感关系之密切，今以制定省宪之事分之于各省人民，以扩大其研究讨论之范围，其中既含有宣传的作用，于提高人民参政程度不无

---

① 吴宗慈：《中华民国宪法史》，第986页。

② 《宪法会议速记录第57号（1922年12月30日）》，《宪法会议公报第59册》，李贵连主编：《民国北京政府时期制宪史料》第14册，线装书局，2008年，第380页。

③ 吴宗慈：《中华民国宪法史》，第938页。

裨补。”[①]林长民提到省宪与省民的政治参与，“省宪既取分权主义，故省宪法之制定，省内之地方及人民参与之。”[②]汤漪指出省自制省宪有两种目的，“第一不欲使中华民国人民在开价势力之下而讲有名无实之自治；第二系授予中华民国人民打破军阀一种武器，即是省之制宪。”[③]

反省宪派议员对省自治权的合法性提出质疑。徐际恒认为省宪与中国历史国情不合，过去省完全为国家行政区域，一直到清末预备立宪时期，省的地位才具备双重意义，一为国家行政区域，一为最高自治团体，但是没有明确保障。[④]蒋凤梧谈到从省的历史来看，中国的省只是地理名称，“其与美（国）之各州、加（拿大）之各省、奥（地利）之各邦，各自独立，而后为一大联合以建国者，根本不同。”“我国省之地位，实为单一国之领土，并非联邦国之一小邦。”[⑤]王恒同样认为：“美国原本为十三国而合为一国，德国原本为二十余国而合为一国，瑞士原本为二十余国合为一国，而中国则原本为一国，实无法使之分为二十余国而再与之讲联邦或联省也。”[⑥]一些反省宪派议员还认为省宪主张是过分强调地方认同，对国家统一是不利的。杜师业在意见书中指出：“以今日人心权利中毒之深，团体思想之不发达，而又加以区域观念之不易破除，变而加厉，势必至联道、联府、联县之说，应时杂起，以演变分崩离析之局。”[⑦]郭涵亦有同感，“省宪之说如果成立，则各

① 吴宗慈：《中华民国宪法史》，第957页。

② 吴宗慈：《中华民国宪法史》，第934–935页。

③ 《宪法审议会第52次会议录（1922年8月26日）》，《宪法会议公报》第53册，李贵连主编：《民国北京政府时期制宪史料》第12册，第453页。

④ 《众议院议员徐际恒对于讨论宪法是否有规定省宪之必要意见书》，《宪法会议公报第55册》，李贵连主编：《民国北京政府时期制宪史料》第13册，第342页。

⑤ 《众议院议员蒋凤梧提出地方制度意见书》，《宪法会议公报第52册》，李贵连主编：《民国北京政府时期制宪史料》第12册，第332页。

⑥ 吴宗慈：《中华民国宪法史》，第993页。

⑦ 《众议院议员杜师业提出析省宪意见书》，《宪法会议公报第55册》，李贵连主编：《民国北京政府时期制宪史料》第13册，第356页。

省即当从事于二重国家之组织，而人民自治尚不知在何时？”[①]彭邦栋声称：“若省宪乃各省军阀谋割据之堡壁，方且凭藉省宪以构成其二重政府之省集权，而为吾民实行自治之大障碍。”德、美联邦国是历史的产物，与中国单一传统不同。在彭看来，“湖南省宪者乃湖南少数军人一种割据地盘之主张，所云民意纯为强奸伪造之产物。”[②]

甚至还有议员对于宪法是否有规定省宪的必要性也提出强烈质疑。徐际恒举出三个理由反对国家与省二重宪法。一是有推翻二读会通过草案之嫌。与前面条文互相矛盾；二是有立法革命之嫌。统一民主的国体是不能修正的；三是与中国历史国情不合。因为两重宪法的国家，都是先有地方宪法，后有国宪，“由分而合，绝无先有国宪，后有地方宪法。”[③]徐进一步指出联省自治是各省武人攻守同盟之约，容忍省宪就是宪法造成独立状态，为军阀提供合法保障。分权不应该集中于省，应该下放到县，体现主权在民，直接民意。[④]

省自治权最为要紧的内容是省制宪权。骆继汉提出地方制度全章条文案，提出省是民国最高自治团体，并有制定省宪的权力。[⑤]丁佛言认为在当前省宪盛行时代，取折中主义，先国宪后省宪，但是仍然要求“省依国家宪法之赋予于不抵触国宪之范围内得自制定省宪法”。[⑥]褚辅成强调：“以宪法会议之先议国宪，而后再以宪法之赋予，许各省自定省宪，显见非联邦制度之所宜然。”只要是先国宪后省宪，省虽然有制定省宪之权，但仍然不出于国宪范围，

① 《众议院议员郭涵提出省于不抵触国宪范围得制定省自治法案》，《宪法会议公报第55册》，李贵连主编：《民国北京政府时期制宪史料》第13册，第260页。

② 吴宗慈：《中华民国宪法史》，第988–989页。

③ 《众议院议员徐际恒对于宪法是否有规定省宪之必要意见书》，《宪法会议公报第55册》，李贵连主编：《民国北京政府时期制宪史料》第13册，第342页。

④ 《众议院议员徐际恒对于宪法容认省宪问题意见书》，《宪法会议公报第56册》，李贵连主编：《民国北京政府时期制宪史料》第13册，第522页。

⑤ 吴宗慈：《中华民国宪法史》，第799页。

⑥ 吴宗慈：《中华民国宪法史》，第931页。

中国仍不失为统一国。[①]

反省宪派方面，蒋义明反对省制宪权，赞成由统一的机关国会来制定省宪，“此种机关既系统一的，则制成之省宪，断不致使国家成为联邦制度也。”[②]关于省的自治事项，“省与国家之关系，一对于地方自治行政，省有自动制定法律之权；二对于国家行政事件有被动执行之义务。”如果允许各省自行制定省宪，唯恐国家将有分裂的现象。[③]蒋认为德国是联邦国家，中国是单一国家，中国宪法没有采取联邦国家规定的必要。[④]李素在商榷书中认为承认省宪是错误的，一是违背约法，约法没有规定宪法起草权分别行使；二是破坏统一，“若国宪既成，省宪未定，其中稍有不便利之处，必多方设法使其搁置。省宪一日不成，即保持一日之现状。省宪数年不成，即保持数年之现状。”[⑤]

三、央地关系：国权与省权的分立与制约

与国家结构、地方主义论争不同的是，制宪议员们支持在宪法中明确中央与地方关系的立场是一致的，即需要构建国家与省权力的分立与制约关系，这种制度安排与国家统一的认同其实是一致的。

以省宪派议员汤漪与丁世峄的提案为例。汤、丁提案中省权与国权的关系是遵循分立与制约关系原则的，其要点包括：1、各省

---

① 《宪法审议会第 52 次会议录（1922 年 8 月 26 日）》，《宪法会议公报第 53 册》，李贵连主编：《民国北京政府时期制宪史料》第 12 册，第 445-446 页。

② 《宪法审议会第 52 次会议录（1922 年 8 月 26 日）》《宪法会议公报第 53 册》，李贵连主编：《民国北京政府时期制宪史料》第 12 册，第 450 页。

③ 《宪法审议会第 50 次会议录（1922 年 8 月 22 日）》，《宪法会议公报第 53 册》，李贵连主编：《民国北京政府时期制宪史料》第 12 册，第 404 页。

④ 《宪法审议会第 51 次会议录（1922 年 8 月 24 日）》，《宪法会议公报第 53 册》，李贵连主编：《民国北京政府时期制宪史料》第 12 册，第 436 页。

⑤ 《参议院议员李素对于省宪与两院同人商榷书》，吴宗慈：《中华民国宪法史》，第 981 页。

对于国家预算不足或面临紧急财政处分时，有按各省收入比例分担的义务。2、有奉行国家法令的义务。3、受中央政府委任执行政策的义务，费用由国库负担。3、省法令与国家法令发生抵触时，大总统依照国会议决取消或变更。5、省的航路、铁路、电报当国家有必要时征用。6、省的事权放弃或紊乱有妨害国家均一发达时，经参议院议决有改正的义务。7、省不得制定关于专卖特许版权等法律，不得发行钞票、制造货币度量衡、不得以地方银行代理国库、不得与外国订立买卖土地以及以矿山铁路田赋作抵押的契约、不得建造军港兵工厂。8、各省制定的单行法、预算案以及其他一切事项，必须随时向大总统提出报告书。9、无论何种事权，当中央政府认为有必要时，经参议院议决得收回。10、省与中央政府的争议，以及省与省的争议，由参议院裁决。11、省有不尽其义务或违法，经大总统告诫仍不悔改，大总统经参议院议决应立即撤换省长，其情形若出于省议会者，并得解散省议会。12、省有反抗中央行为时，大总统经国会议决可以武力征服。[①]

双方分歧之处主要在于，一些省宪派议员主张明确国权与省权的关系原则，以减少国权对省权的限制。反省宪派则偏重于对省权的制约，强调省对国家的义务。

在省宪派方面，汤漪提出划分国家与地方权力的四条标准。1、事权属于国家者，应由国会立法，政府直接执行。2、事权属于中央及省者，由国会立法由政府直接行使或任命各省执行。3、事权属于各省者，可由省议会自行立法，省政府自行执行，不过中央以宪法或法律规定其大原则，以求各省整齐与平均。4、省权取概括主义，对国宪概括范围内事权以省宪法规定。[②]而在吕复的提案中，对省权的限制是非常有限的，主要是在经济社会文化领域，

---

① 参议院议员汤漪、丁世峄提出地方制度修正案，《宪法会议公报第47册》，李贵连主编《民国北京政府时期制宪史料》第11册，线装书局，2008年，第259-260页。

② 《宪法审议会第50次会议录（1922年8月22日）》，《宪法会议公报第53册》，李贵连主编《民国北京政府时期制宪史料》第12册，第420-421页。

“一、办理交通水利，不得对于他省或地方为妨害之处置；二、对于他省或地方入境之货物，不得赋课通过税或落地税；三、对于他省或地方所需之货物，不得抑留或禁止出境；四、本省产出或由他省运入之米粮及切要民食，不得许其运往国外；五、本省有关历史学艺美术之古书古物，须加保护不得运往国外，其旧有古迹时加修葺不得毁废；六、对于本省以外人民之入籍或侨居，不得歧视或征收入境税；七、对于本省以外人民之营业或作工于本省者，不得加以与本省人民异等待遇，或加以特别负担；八、逃亡罪犯潜入本省，经该管官署请求交出时不得隐匿；九、对于驶入本省口岸之船舶，非依国家法律规定不得征收吨税；十、办理交通事项非设施实在之工事，不得对于通过人物征收公费；十一、不得以省有财产为国外借债之抵押品。”[①]王源瀚非常强调省的自主权，包括省对于国家法令委任事件有执行的义务，但经费由国库支付；省除国防要塞外不得屯驻国军；省除内乱不能平止，经省议会议决请援或紧急请援外，不得请求国军入境，国军平乱仍退回原防。[②]

为制约省权，反省宪派议员强调国家对于省的权责。徐际恒在修正案中声称：“一、遇有非常灾变或向受协之地方，其收入不敷支出时，经国会议决得国库补助之。二、关于教育、实业、交通、水利、工程有须二省以共同办理者，其经费不足时经国会议决得由国库补助之。三、邮电、航权、铁道干线及军港兵工厂之建筑制造皆为国有。四、其他矿山、森林及一切造端宏大与统治有关事项，政府认为应归国有，经国会议决得划归中央。”[③]

而更多的反省宪派议员则是主张省分权于县，以制约省的集权。蒋义明、吴莲炬宣称世界潮流重于全民政治，“地方分权不应

① 《众议院议员吕复提出地方制度条文案》，《宪法会议公报第 52 册》，李贵连主编：《民国北京政府时期制宪史料》第 12 册，第 299–300 页。

② 吴宗慈：《中华民国宪法史后编》，第 1051–1052 页。

③ 《众议院议员徐际恒提出地方制度全章修正案》，《宪法会议公报第 54 册》，李贵连主编《民国北京政府时期制宪史料》第 13 册，第 156 页。

单分于省，而应平分于县。”因为省集权为害于民甚于中央集权。主张已设省的地方为省县两级制。最好还是废省为道县两级制，列举省县事权。[①]而蒋义明一直坚持地方制度案的指导思想，“不但省制必须规定，即县制亦应连及。诚以县为直接发展民力之行政机关，务必基本强固，权限明了乃能为强有力之行政。”[②]黄佩兰认为现在讨论的是县制度如何规定，而不是应否规定，这与民国六年的表决并无冲突。黄认为主要有两种不同看法：一是主张在国宪中详细规定县制度；一是主张在国宪中只规定县制度大纲。中国是单一制国家，不能说县非国家地方行政区域，所以不能由省宪规定县制度。[③]在县制度意见书中，黄佩兰强调“吾国革改错误之点皆在于革上级不革下级”。“大军阀凭借数省尤作中央集权之梦，以统一国家为标帜。小军阀凭借一隅则欲变中央集权为省集权，以联省自治为号召”，所以县的事权必须完全规定在国宪中。[④]

四、结论：联邦制与国家认同

关于宪制选择与国家认同的重要性，正如许纪霖先生所指出，现代民族国家本身就是一个文化与政治的结合，是在民族的基础上形成的国家共同体。不仅要有基于民族本身的历史宗教语言的文化认同，也要有对法律和政治制度的政治认同。从制宪的意义来说，“如何建构一个以宪法认同为核心的国家制度与政治文化，而不是仅仅靠政府来代表，或由祖国的自然属性来凝聚人心，无疑是现代

---

① 《众议院议员蒋义明吴莲炬提出地方制度修正案并说明书》，《宪法会议公报第55册》，李贵连主编：《民国北京政府时期制宪史料》第13册，第306页。

② 《对于宪法草案增加地方制修正案》，参议院议员蒋义明提出，《宪法会议公报第6册》，李贵连主编：《民国北京政府时期制宪史料》第4册，线装书局，2008年，第482页。

③ 《宪法审议会续议县制》，《申报》1922年9月15日。

④ 《参议院议员黄佩兰提出县制意见书》，《宪法会议公报第56册》，李贵连主编：《民国北京政府时期制宪史料》第13册，第527页。

中国国家认同的关键所在。”

从省宪论争中不难看出，无论是国家结构、地方主义，还是央地关系，焦点还是关于联邦制与国家认同的关系。晚清以来随着地方主义的兴起，省作为最重要的地方单位，在20世纪初中国政治中的重要性是不能低估的。当时的中国国家结构面临着从传统中央集权向现代地方分权的转变趋势。民国时期对联邦制讨论的高潮是在1920年前后。人们围绕联邦制，广泛讨论自治问题、宪法问题、省区问题、地方制度与联省政府等问题。学界以章太炎、李剑农为标准的联邦主义者。章太炎强调实行各省自治，“内以自卫土著之人民，外以共保全国之领土，卫人民则无害于统一，保领土则且足以维持统一矣。”[①]李剑农则指出袁世凯死后的中国要想统一，必须“以制定联邦宪法为起点，以废去督军为止境。”而且“欲废督必先裁兵，欲裁兵必先统一，欲统一必先确定联邦制。”[②]而反对联省自治者，如直系首领吴佩孚，却至多容忍有限的地方自治，“须以单一之形式，贯彻分权之精神，若以一时之政象，特殊之幻状，遂不惜分崩割裂以立法。”[③]康有为亦认为联省自治是一种国家分裂，“分裂则必争而大乱，统一则必治而修明，物之理也，人道所不能外者也。”[④]

关于联邦制度的现代研究表明，“联邦制既是一种观念又是一种制度。作为观念形态的联邦制主张建立统一国家，强调一定程度的权力集中，实际上是一种特殊形态的民族主义，建立统一的民族国家是其目的。在建立民族国家这一根本目标上，联邦制与单一制是一致的。”[⑤]并且“权力的相对集中才是联邦制的根本目的，分

① 章太炎：《各省自治共保全国领土说》，汤志钧编《章太炎政论选集》，中华书局，1977年，第755页。

② 李剑农：《民国统一问题》，《太平洋》第3卷第7号。

③ 《吴佩孚请议员专意制宪》，《申报》1922年8月7日。

④ 康有为：《斥赵恒惕联省自治电》，汤志钧编《康有为政论集》下，中华书局，1981年，第1077页。

⑤ 王丽萍：《联邦制与世界秩序》，北京大学出版社，2000年，第3-4页。

权只是实现民族国家统一的一种手段。”[①]虽然联邦国家中央权力可能被削弱，形成地方分离的倾向。但是从二战后多数联邦国家实践来看，中央政府的权力并没有减弱，反而加强了。只要处理得当，地方分裂主义倾向就会逐渐克服。[②]“联邦制通过宪法保障中央与地方之间的分权，既保证国家的统一性，也保证地方政府的地域性。联邦被认为是介于极端的中央集权和松散的邦联之间的一种中间形式。”[③]

省宪派议员强调联邦制与国家认同的一致性，承认国家法律效力高于各省法律。而在央地关系处理上，认为属于中央及各省的事务，可以由中央政府直接行使或任命各省执行，财政方面亦有中央与地方互相配合与支持的规定。显然，这种合作体制特点的分权主张比较类似于当代德国的“合作联邦制（Cooperation Federation）”，而不是美国式“二元联邦制（Duality Federation）”。德国式合作联邦制，即联邦与各州均忠于合作与信任的原则。在此原则下，德国联邦与各州并不相互独立，而是在联邦与州以及州与州之间建立起彼此合作的政治关系。[④]

而反省宪派关于地方过度分权的警惕，亦有积极的作用。“地方过度分权是中央与地方权限划分的一种变态形式或‘矫枉过正’现象。这种现象如果长期存在，必然导致国家的衰亡。”[⑤]1920年代在湖南等省省宪中，就存在类似问题。如省权中的军事、外交权的规定明显违反联邦制原则，当时即使是联邦论者也承认外交军事权绝对属于国家。[⑥]省的立法、财政与经济权力也有不少地方侵夺

---

① 王丽萍：《联邦制与世界秩序》，北京大学出版社，2000年，第3页。

② 赵全胜：《论联邦制和民主化与中国统一之关系》，赵全胜编著：《分裂与统一：中国、韩国、德国、越南经验之比较研究》，台湾桂冠图书公司，1994年，第42页。

③ 周民锋主编：《西方国家政治制度比较》，华东理工大学出版社，2001年，第208-209页。

④ 同上，第219页。美国式二元联邦制即联邦和州拥有各自的职权范围，二者分离，彼此相互独立，州权是纵向分权并制约联邦的一种手段。

⑤ 薄贵利：《集权分权与国家兴衰》，经济科学出版社，2000年，第78页。

⑥ 《省宪概论》，愚厂：《省宪辑览》甲编，上海自治学会，1921年。

国家权力，事实上企图架空中央政府的权威，“而且省宪中将原应属于中央政府的事权划归各省所有，在省宪制定者而言，虽认为是国宪未制定前的过渡办法，却颇予人以割据分裂的疑虑。”①其功能与作用也是明显的，“联邦秩序的意义与任务在于，既要构建与维护政治统一体，同时又不牺牲其成员所具有的独特性，将多样性与整体性协调起来发挥作用。”②

在1920年代初中国兴起的联省自治运动中，要求地方分权、省长民选的联邦制省宪主张是顺应潮流，同时也是符合当时国内反直实力派维持分治的利益格局。主张中央集权的直系北京政府最后作出妥协，同意省制入宪与地方分权，“省的法律地位，以及纠正过分中央集权的观念，却成功地在中国宪政思想上，第一次被肯定下来”，③最后的制宪结果—1923年民国宪法，完成了一次从分治的邦联中国到统一的联邦中国的制度创新。“但就该宪法本身而言，它综合体现了西方近代宪法理论和宪制原则以及中华民国十年共和历史的政治实践和立法经验。”④民国宪法遵循联邦制度原则，设计出一种体现中国特色的国家结构形式，其核心是在确保国家统一的原则下，创立合理的联邦分权制度模式，彰显联邦制度的优越功能。不过遗憾的是，国民革命兴起后，在我们这个缺乏分权宪法文化传统的国家里，联邦制的选择不再具有任何实质作用与意义，中央集权再次成为国民党人新的制度选择。

---

① 李达嘉：《民国初年的联省自治运动》，台湾弘文馆出版社，1986年，第204页。

② 康拉德·黑塞著：《联邦德国宪法纲要》，李辉译，商务印书馆2007年版，第174页。

③ 胡春惠：《民初的地方主义与联省自治》，中国社会科学出版社，2001年，第341页。

④ 朱勇：《中华民国立法史序言》，谢振民编著《中华民国立法史》上册，中国政法大学出版社，2000年。

制宪模式与民国时期的国家建构

宪法是现代国家的标志之一，制定宪法则是建设现代国家的起始，“制宪是一个决策过程，政治精英在这个过程中将决定新政府与政体运作规范（政治规则），以及公民权利与义务。”①近代以来，除英美国家外，多数国家制宪历程坎坷曲折，宪法命运多舛，中国概不例外。仅民国时期，除了各类宪法草案外，完成制宪程序的全国与地方性正式宪法文本就有9种之多。②就宪法寿命来说，每部全国性宪法平均仅6年有余。就制宪时间而言，最具代表性的两部《中华民国宪法》，却是历时达10年以上。③

为什么民国时期宪法寿命如此之短而制宪时间又如此之长？长期以来，人们对与此有关的近代中国宪制失败的原因解读不一。④

---

① Andrea Bonime-Blanc，Spain’s Transition To Democracy，The Politics of Constitution-making（Boulder and London，Westview Press，1987），p.13.

② 其中6部全国性宪法文本分别是《中华民国临时政府组织大纲》（1911年）、《中华民国临时约法》（1912年）、《中华民国约法》（1914年）、《中华民国宪法》（1923年）、《中华民国训政时期约法》（1931年）、《中华民国宪法》（1947年），3部地方性宪法文本则为1920年代联省自治运动中的《湖南省宪法》、《浙江省宪法》与《福建省宪法》。

③ 分别是指1923年《中华民国宪法》与1947年《中华民国宪法》。前者是从1913年7月第一届国会制订“天坛宪法草案”开始，至1923年10月完成。后者是从1933年2月立法院制订“五五宪法草案”开始，至1946年12月完成。

④ 参见严泉：《失败的遗产：中华首届国会制宪1913-1923》，广西师范大学出版社，2007，第8-11页。

在笔者看来，制宪模式是关于制宪过程的制度安排，而制宪过程则是构建宪制共识的过程，正如有论者所言："制宪的成败与否，往往取决于社会各方的共识能否达成一个公约数。"[①]关于制宪模式的类型，民国初年就有论者提出美国式与法国式制宪两种模式，"美之制定宪法，特设机关，不惟无改政之繁难，且藉以收统一之效果。法之制定宪法，由国会起草，盈庭聚讼，党见纷歧，亘百年而未定。"[②]民国时期的一些宪法学著作也作了类似划分。如清华大学法学家程树德在《宪法历史及比较研究》一书中将当时各国宪法制定类型分为3种：意大利、日本等国宪法的君主制定、法国宪法的国会制定、美国宪法的宪法会议制定。[③]曾任第一届国会宪法起草委员会委员的众议员吕复，同时也是民国时期的法学家，亦将民国国会制宪与法国制宪相联系，承认国会制宪"不免有偏重己身所在机关之意耳，故以法国宪法及民国十二年吾国之旧宪法观之，诚不免此弊也"。[④]文中民国十二年中国之旧宪法，就是指1923年《中华民国宪法》。

根据民国时期一些学者的论述，以及民国时期制宪政治的实践，笔者大体将制宪模式分为3类：法国式制宪议会、美国式制宪会议与民国式制宪国大。本文认为关注制宪模式对制宪过程的影响，可以成为观察民国时期宪制运动成败的一个新视角。

一、法国式制宪议会模式与1923年《中华民国宪法》

法国式制宪议会模式，是指宪法草案由选举产生的制宪议会成立起草委员会负责制定，经议会议决后或是直接生效，或是经公民投票通过后生效。法国第五共和国之前正式实施的13部宪法中，共

① 谢政道:《中华民国修宪史》,台北扬智文化事业股份有限公司,2001,第479页。
② 《制定宪法宜设特别机关》,《宪史》,《宪法新闻》第6期,1913年5月18日。
③ 程树德：《宪法历史及比较研究》，北京朝阳学院出版部，1933，第73页。
④ 吕复：《比较宪法论》，中华印书局，1933，第19页。

有10部宪法采用此种模式。其中1791年宪法、1802年宪法（共和10年宪法）、1830年宪章、1848年宪法、1875年宪法是在议会议决后直接生效。1793年宪法（共和元年宪法）、1795年宪法（共和3年宪法）、1804年宪法（共和12年宪法）、1815年宪法（《帝国宪法补充法令》）、1946年宪法均是在议会议决后，经公民投票通过后生效。[①]

法国式制宪议会模式在民国的立法实践，包括1914年《中华民国约法》、1923年《中华民国宪法》、联省自治运动中的浙江、福建省宪法，其中最具代表性的是1923年《中华民国宪法》。1911年《中华民国临时政府组织大纲》、1912《中华民国临时约法》的制宪机关因不是正式选举产生，起草与议决过程较为简单，仅是宪法生效程序上与法国式制宪议会模式相同。[②]

1923年《中华民国宪法》的制订历经10年，是在1913年的《天坛宪法草案》的基础上制订完成的。[③]根据《中华民国国会组织法》（简称《国会组织法》）与国会有关议事规则规定，民国宪法制定必须经过起草、审议与表决三个阶段。其中国会宪法起草委员会负责起草宪法，草案完成后再经过国会宪法审议会审议，最后由国会宪法会议表决通过。每个阶段都要经过议案说明、逐条议决、文字修正并交付表决的三读会程序。宪法审议会与宪法会议同时也

---

① 关于法国宪法制定的概况，参见洪波：《法国政治制度变迁：从大革命到第五共和国》（中国社会科学出版社，1993），第54-112页。在法国制宪史上，1799年宪法（共和八年宪法）、1814年宪章与1852年宪法是例外。1799年宪法原本在议会议决后既已生效，但是在拿破仑·波拿巴的要求下，又举行公民投票进行表决。1814年宪法与1852年宪法比较相似，均不由选举产生的议会制定。前者是复辟的路易十八任命的宪法起草委员会制定，经国王批准后生效。后者是当时的总统路易·波拿巴授权一个专门委员会负责起草，经总统批准后生效。

② 《中华民国临时政府组织大纲》、《中华民国临时约法》分别由各省都督府代表联合会、南京临时参议院制定并颁布。这两个机构是由辛亥革命中各省都督府所派代表或参议员组织。

③ 因宪法起草委员会会议地点在天坛祈年殿，1913年《中华民国宪法草案》通称为《天坛宪法草案》。

是参众两院合会，但出席人数标准要求不同，前者是议员人数过半就可以开议，后者则需要三分之二以上的出席人数。

关于国会宪法起草委员会，《国会组织法》第20条规定："民国宪法案之起草，由两院各于议员内，选出同数之委员行之。"[①]1913年6月30日、7月2日，第一届民国国会参众两院各自选出正式委员30人，共60人，另外候补委员33人（参议院15人，众议院18人），共同组成国会宪法起草委员会。宪法起草委员会正式会议从7月21日开始，至10月31日会议结束宪法草案的三读，共开会33次，历时近三个半月。[②]

宪法起草委员会并没有采取闭门会议，内容也没有对外界保密。新闻界常常跟踪报道会议进行情况，包括每次会议讨论的基本内容。1913年"二次革命"失败后制宪工作继续进行。9月12日，国会参众两院召开联合会，决定将关于宪法中选举总统的部分先行完成。宪法起草委员会于是在9月15、16日完成《大总统选举法》草案。草案经过9月29日、30日宪法审议会审议，以及9月26日、10月1日、2日、3日、4日宪法会议三读会程序，10月4日表决通过并公布。"二次革命"失败后制宪工作继续进行。10月31日，草案最后在全场鼓掌声中全部通过。会议结束前，主席声明准备在近日整理好送交国会审议。

在宪法草案即将完成阶段，宪法起草委员会先后拒绝了总统袁世凯提出的增修《临时约法》部分条文、政府派员列席会议等要求。为阻止宪法草案提交国会正式审议，袁世凯在11月4日下令取缔国民党议员资格，国会两院议员共438人被取消议员资格，其中包括28名制宪议员。剩余议员因不足法定人数，国会与宪法起草委员会均被迫停止工作。1914年1月10日袁世凯下令取消国会残存议员职务，并非法宣布解散国会。至此，民初国会制宪活动完全

① 《中华民国国会组织法》第20条，载《政府公报》，1912年8月11日。
② 严泉：《失败的遗产：中华首届国会制宪1913–1923》，第53页。

失败。

1916年6月袁世凯去世，同年8月第一届国会复会，三年前被迫中断的制宪工作再次启动。9月5、8、13日国会宪法会议召开一读会，由宪法起草委员会说明旨趣。宪法草案在一读会通过后，遂交付宪法审议会审议。从9月22日至1917年1月10日，“审议会自上年九月二十二日开第一次会议始，共开会二十四次，讨论草案题目计十四大问题，八个成立，一个删去，五个无结果，尚有四大问题。审议会认为应加入宪法须提交起草委员会者一主权二查办权三地方制度四宪法保障。”[①]1月26日至4月20日召开宪法会议二读会，开始逐条议决的程序。议决通过国会开会期、国务总理同意权、国会不信任权、总统复议权、宪法修正解释权等重要内容。最后仍然讨论无结果的一是总统解散国会权，二是省制，又称地方制度。后者更是“争执尤烈，甚至各相斗殴，并招致武人干宪”。[②]一直到1917年6月国会再次被非法解散，围绕省制的争执仍然没有结果。

1922年6月第一次直奉战争后，取得北京政权的直系军人以拥护第一届国会与《临时约法》为标榜，号召南北实现统一。历经磨难的第一届国会再次复会，并重新开始制宪。本次制宪又持续一年多时间。国会反直派与亲直派围绕省宪又爆发了激烈的制宪斗争，相继经历了宪法审议、停顿与草案协商、国会分裂与宪法会议中断、各派妥协与宪法完成等阶段。1923年10月4日宪法会议到会议员达到550多人，地方制度修正案通过二读。10月6日，在第201次宪法会议上，国权章“因此案与地方制度案有关联，早经各党协商而修正条文者”，[③]于是与第75条总统解散权等民国六年悬案全部通过二读。10月8日，第202次宪法会议召开，三读会通过宪法草案，并于10月10日国庆日正式公布。历经10年困厄的《中华民国宪

① 《宪法会议之一段落》，《申报》1917年1月26日。

② 杨幼炯：《近代中国立法史》，商务印书馆，1937年，《民国丛书第二编》，上海书店影印本，1990年，第234页。

③ 吴宗慈：《中华民国宪法史后编》，东方印刷局，1923年，第436页。

法》虽然最后终于完成，但却反映出法国制宪议会模式的弊端与问题，概括而言主要有三点。

一是多方利益问题难以协调。这种模式以议会为主导，排斥其他政治利益集团参与，存在着严重的封闭性与狭隘性。其制宪结果往往流于形式与空谈，并不能被各个利益集团所接受。在民国初年，革命时代产生的第一届国会，其代表性狭隘单一，基本上只是一群中下层士绅、知识分子、职业革命家的代表。北洋军人、保守派官僚、地方军绅、资产阶级等一些举足轻重的利益集团，在国会与宪法起草委员会中几乎都没有自己的利益代表，国会以外的政治势力的利益要求在制宪过程中获得表达的机会是很小的，体现在宪法草案条文中的困难就更大了。

因此，1913年《天坛宪法草案》在处理行政与立法权力关系时，设计出一种“立法至上”的政治制度。在这种制度安排下，国会权力极大，完全不受行政、司法权力制约。特别是国会可以行使“倒阁权”，而政府却没有“解散权”。这种制度设计显然违背了权力制衡的原则。[①]更重要的是这种“立法至上”的政体模式，完全没有承认当时左右中国政坛的北洋集团的政治利益。在民国初年的政治格局中，北洋派无疑是力量最强大的政治集团，袁世凯政权得到军队、官僚、立宪派与商人阶层的支持。考虑到这种政治现实，让政治强人袁世凯放弃实权，甘当虚位元首的想法绝对是不切实际的。宪法草案内容与国会的执着立场终于激发北洋派与拥袁力量的强烈不满，导致民初制宪与宪制改革的失败。

二是议事程序影响立法效率。《国会组织法》第21条规定宪法会议非两院各有总议员三分之二多数出席，不得开议，非出席议员四分之三多数同意，不得议决。第一届国会在1922年8月第三次启动制宪工作后，从1923年1月份以后，宪法会议因常常不足法定人

① 关于《天坛宪法草案》的政体设计分析，参见严泉《天坛宪法草案与民初宪政选择的失败》，《开放时代》2003 年第 5 期，第 49-50 页。

数而流会，于是有国会议员提议修改《国会组织法》，以减少宪法会议出席人数的限制。1923年4月，国会将《国会组织法》条文修正为五分之三出席，三分之二以上同意。[①]这样，原来出席人数标准为580人以上，现在改为520人以上出席。即便如此，宪法会议仍然难以成会，1923年7月至9月底，原本每周召开3次的宪法会议，竟然一直流会44次，3个月没有结果。[②]

三是权力斗争干扰制宪进程。法国式制宪议会虽然声称其使命就是制宪，但是因为选举产生的制宪议会立法程序与普通议会并无二致，在实践中往往扮演制宪与立法的双重角色，容易陷入政治权力之争。1917年6月第一届国会在继续制宪时，由于卷入黎元洪与段祺瑞的府院之争，在随后的张勋复辟事变中被非法解散，制宪事业再次中断。历经10年艰辛完成的宪法，仅过一年就因第二次直奉战争直系北京政府的崩溃而被废除。1930年代有学者在总结民国初年的制宪经验时指出："每经一次政变，国会停顿好几年，宪法也随同搁浅好几年，国会受宪法之累，宪法也遭国会之殃。"民国以来宪法未成的最大原因"还是立法制宪之权，归并于同一机关"。[③]

1920年代初人们已经认识到国会不宜制宪。章士钊曾撰文指出宪法不能由国会制定，而应由专家制宪。因为国会本身的权力应当是由宪法规定，由国会制宪则国会极力扩张自己的权力，不可能公正地在各权力机关之间分配权力。而且宪法事关百年大计，必须避免党见参与其间，而国会又是党派斗争的权力中心。此外，制宪工作需要丰富的政治常识经验，不是来自田间的国会议员所能胜

① 王世杰、钱端升：《比较宪法》，商务印书馆，1999 年，第 439-440 页。

② 刘楚湘：《癸亥政变纪略》，载荣孟源、章伯锋主编《近代稗海第 7 辑》（四川人民出版社，1987），第 318 页。

③ 汪馥炎：《立法院起草宪法之根本疑问》，载民治协会编《民国宪法问题》，上海民治协会，1933 年，第 13 页。

任的。[①]

二、美国式制宪会议模式与1922年《湖南省宪法》

在美国式制宪会议模式中，起草宪法的制宪会议代表不是普选产生，在联邦制结构国家，是由各州议会选派代表组织制宪会议，草案完成后经过选举产生的各州宪法大会批准后生效。而在单一制结构国家，则是政府首脑任命代表组织制宪委员会，草案完成后直接通过全国公民投票后生效。

1787年美国制宪会议的55名制宪代表来自各州，不仅有国会议员、州议员，还有州长、法官、律师和军人等许多利益集团的代表。1787年制宪会议不同于一般意义上的立法会议，实质上是一种中央与地方各种政治利益集团参与制定宪法的政治会议。宪法草案制定出来后，虽然是直接交由各州人民批准，但不是交各州人民直接表决，也不是交各州议会表决，而是交由各州人民选举产生的州宪法大会表决。在当时总共13个州的情况下，规定只要9个州获得批准通过，即可成为正式宪法，产生法律效力。

法国第五共和国宪法的制订也是一种美国式制宪会议模式。1958年6月，时任法国总理的戴高乐任命司法部长米歇尔.德布雷（Michel Debr é ）主持宪法草案制定工作，并从最高行政法院抽调一批法律专家，组成18人的宪法起草专家委员会。宪法起草专家委员会在7月中旬完成了宪法草案文本的工作。在综合各方面意见后又经过多次讨论，于9月3日国务会议通过最终的定稿。同年9月28日全民投票表决高票通过，投票率高达85%，赞成率接近80%，创造了法国政治生活新的纪录。

在民国时期，美国式制宪会议模式仅有的一次实践，是联省自

① 邹小站:《章士钊社会政治思想研究（1903–1927）》，湖南教育出版社，2001年，第176页。

治运动中《湖南省宪法》的制订。制宪的第一步是，1921年1月，在湘军总司令赵恒惕的支持下，“湖南制定省自治根本法筹备处”（简称“省制宪筹备处”）成立。3月，湖南省政府正式聘请专家学者李剑农、王毓祥、王正廷、蒋方震、彭允彝、石陶钧、向绍辑、陈嘉勋、皮宗石、黄士衡、董维键、唐德昌、张声树等13人为省自治根本法起草委员，从3月20日开始，起草委员会在岳麓书院研拟宪法性文件，1个月内完成6种草案：《湖南省宪法草案附说明书》《湖南省议会组织法草案》《湖南省省议会议员选举法草案》《湖南省省长选举法草案》《湖南省法院编制法草案》《湖南省县议会议员选举法草案》，其中省宪法草案成为后来正式省宪法的蓝本。各种草案完成后，4月20日起草委员会主席李剑农代表呈送“省制宪筹备处”，由该处筹备主任将宪法等草案正式公告。

依照制宪程序，第二步为宪法草案的审查程序。此项审查由各县人民选出审查委员组成审查委员会，负责审查宪法草案并提出修正案。至1921年3月20日，全省共推举审查员155人。“省制宪筹备处”于4月25日先行召开审查委员会谈话会，讨论审查规则。考虑到审查任务繁重，而正式审查时间依照规定仅有20天，于是审查会决定先行召开预备会议。5月13日预备会正式开始，一直到8月3日方才结束。8月20日召开正式审查会，至8月29日审查完毕。

第三步为公民投票，依照程序只可将全案作可决与否决的投票，没有修改增删的权力。11月1日，公民投票开始，历时10天。投票结果是同意票为18158875张，否决票为575230张，省宪草案获绝大多数民众的支持通过。[①]这样在1922年1月1日，《湖南省宪法》正式公布施行。《湖南省宪法》的制定特色主要有两点。

一是制宪效率便于构建宪制共识。湖南省的专家制宪委员会，因人数较少，议事容易协调，立法效率较高。而且起草时采取了封

① 陈建平：《湖南省宪研究》，法律出版社，2009年，第190页。

闭的策略，使得草案能够迅速出台。赵恒惕也遵守自己的诺言，在省宪起草期间，没有对宪草内容及起草人员进行任何干扰。以致有人说他，省宪起草期间“未曾一至起草之地，且未曾一索阅其稿，以示大公”。[①]从制宪时间来看，《湖南省宪法》的完成历时近9个月，而美国宪法从1787年5月起草，到翌年6月在9个州批准后生效，也是长达13个月。[②]特别是与当时北京第一届国会制宪时间相比较，制宪效率之高是不言而喻的。此外，制宪学者“可以说无一不是社会的精英，既具备制宪的知识，同时又具有丰富的社会经验，对中国社会有着深刻的理解”，[③]所以宪法文本的质量较高，容易获得社会共识。当时多数社会舆论对此次草案的制定比较令人满意，“自省宪草案发表了以后，一般舆论，多以满意表示欢迎，可见草案甚合国民心理”。[④]

二是宪法合法性易于实施宪制。省宪草案经过学者制订、通过公民总投票以后，宪法就具备了合法性与正当性。正式省宪公布后，在1922年1–3月，湖南省举行了省议会选举，9月举行了省长选举，赵恒惕以压倒性高票当选湖南行宪的正式省长。一些学者对湖南省制宪成就给予很高的评价。胡春惠指出：“民国11年的湖南省宪，非但是联省自治运动中，第一个制定成功而被实行的省宪，也是我国破天荒出现的第一部被使用的宪法。”[⑤]李达嘉也认为：“联省自治运动中，各自治省份所推行最力的是省宪的制定，所获致的唯一成果，也是省宪的制定。”[⑥]一直到1926年7月14日，迎接广东国民政府北伐的湘军将领唐生智宣布废除省宪，解散省议会，

① 朱传誉：《赵恒惕传记资料》（一），第40–41页，引自何文辉：《历史拐点处的记忆：1920年代湖南的立宪自治运动》，湖南人民出版社，2008年，第83页。

② 詹姆斯·麦格雷·戈伯恩斯（James MacGregor Burns）等著，吴爱民、李亚梅译：《民治政府》，中国人民大学出版社，2007年，第25页。

③ 陈建平：《湖南省宪研究》，第95页。

④ 《独任制与合议制》，《大公报》（长沙），1921年4月28日。

⑤ 胡春惠：《民初的地方主义与联省自治》，中国社会科学出版社，2001年，第201页。

⑥ 李达嘉：《民国初年的联省自治运动》，台北弘文馆出版社，1986年，第202页。

历时5年的湖南宪制才宣告结束。

当然，湖南省宪法的制订程序也存在问题与不足，主要是宪法草案在提交公民投票前，多增加了一道程序，即由各县推举审查员进行审查，并且赋予审查员有修改宪法之权。在审查过程中，各方出于利益考虑，不断提出修正案，特别是关于省议员的分配问题、省行政体制问题，使得审查会意见分歧加深，拖延3个多月也没有结果。后来在湘军援鄂战争失败，北洋大军压境的紧急情况下，才仓促地于8月29日审查完毕。“湖南省宪之得以通过审查，可以说是受湘军援鄂失败之赐，否则派系间各就利害争论到何时尚难预料。”[①]虽然有学者肯定审查程序的必要性，认为当时民权运动高涨，激进者要求全民制宪的情况下，要取得人民的支持，首先要取得士绅的支持。[②]但是审查会制度不利于宪法的通过却是一个不争的事实。正如当年美国制宪者们反对将宪法草案提交州议会表决，就是认识到草案中限制州议会权力、加强联邦权力的宪法不可能获得支持，“我们很难指望州议会会自愿从事自杀。”[③]美国宪法批准程序不仅倍受反对派攻击，而且也违背当时《邦联条例》关于宪法修正必须由国会提出并经各州议会认可的规定。显然制宪会议是为了保证宪法能够被通过而更改程序，绕开了不利于宪法通过的种种因素，“抛弃了他们现在所寄托的法律制度。”[④]

总的来说，美国式制宪会议模式更易于实行，并达成宪法共识。所以有论者在民国初年制宪时就强调：“以事实上之便利言，舍仿美之外，无他策矣。”[⑤]

---

① 胡春惠：《民初的地方主义与联省自治》，第191页。

② 陈建平：《湖南省宪研究》，第142页。

③ 查尔斯.A.比尔德（Charles.A.Beard）著，何希齐译：《美国宪法的经济观》，商务印书馆，1984年，第151页。

④ 查尔斯.A.比尔德著，何希齐译：《美国宪法的经济观》，第153页。

⑤ 《制定宪法宜设特别机关》，《宪史》，《宪法新闻》第6期，1913年5月18日，第5页。

三、民国式制宪国大模式与1947年《中华民国宪法》

民国式制宪国大模式，其内容要点有二：一是起草宪法的制宪委员会不是普选或任命产生，而是各党派协商产生；二是宪法生效的方式通过间接民意，即选举产生的全国性制宪国民大会议决生效。民国式制宪国大模式集中体现为1947年《中华民国宪法》的制订，而1931年《中华民国训政时期约法》仅是生效方式较为相似。[①]

1936年《国民大会组织法》第1条规定："国民大会制定宪法，及行使宪法所赋予之职权。"关于制宪国大代表的产生，依据1936年《国民大会代表选举法》规定："国民大会代表之总额为一千二百名，依下列各款分配之：一、依区域选举方法选出者，六百六十五名；二、依职业选举方法选出者，三百八十名；三、依特种选举方法选出者，一百五十五名。"关于区域选举，该法第11条规定"由该区内各县之乡长、镇长联合推选候选人"。而且"省政府对于各选举区所推选之候选人，在呈报国民政府指定前，得签注意见。"关于职业选举，第20条规定"各省职业团体，由各该团体之机关职员推选候选人"。"各省职业团体所推选之候选人，由国民政府就中指定二倍于各该团体应出代表之名额为候选人。"关于特种选举，是指辽宁、吉林、黑龙江、热河省国民大会代表、蒙古、西藏代表、海外侨民代表、军队代表选举，特种选举不分区域与职业。[②]此外"中国国民党中央执行委员、中央监察委员为国民

① 《中华民国训政时期约法》是由国民党中央常务委员会组织约法起草委员会制订，后提交国民会议议决通过。1931年1月《国民会议代表选举法》规定，国民会议由各省市职业团体、国民党及蒙、藏、华侨所选出之代表组织之。

② 《国民大会代表选举法》，第2、11、14、20、22、27、31、35、38条，夏新华等整理：《近代中国宪政历程：史料荟萃》，中国政治大学出版社，2004年，第1001–1005页。

大会当然代表。”[①]

制宪国大代表的选举，在1913年国民党控制的区域已经举行，而日本控制的东北与华北部分地区未能办理选举，“不过国民党所控制的区域，选举也等于形式，只是由县长和国民党地方党部包办而已，人民并未投票，甚至不知有这一回事。”[②]抗战胜利后，国内民主化呼声日趋高涨。1946年1月10日至31日，国共两党与中间党派等38位代表在重庆召开政治协商会议。各方经过两旬的艰苦谈判，以制度性妥协的方式，通过了政治民主化具体实施步骤的五项协议。其中宪法草案决议要求国共两党共同商议新宪草，制订各党协商的民主宪法草案；国民大会决议承认1936年所选的1200名国大代表有效，台湾东北等地新增国大代表150名，此外增选700名代表名额，以容纳国民党以外其他各党派人士。

政协会议闭幕后，负责起草工作的宪法草案审议委员会成立，“即依照既有的决定，由参加政协的五方面各推五人，另公推会外专家十人组织成立，以参酌宪政期成会修正案，宪政实施协进会研究结果，及各方面所提出之意见，汇综整理，制成五五宪草修正案，提供国民大会采纳。”[③]5人小组由各党派各派1人，分别是王云五、王宠惠、陈启天、张君劢与周恩来。经国共两党推荐，民社党的张君劢主持起草《中华民国宪法草案》（政协宪法草案）。政协宪草版本在1946年4月底完成，后因国共纷争不断，政协宪法草案审议工作陷入停顿，“直到十一月十八、十九两日，政府再度与中国青年党、民主社会党及社会贤达两次会商，根据政协的修改原则，再加审订整理和补充，成为完整的草案。”[④]政协宪草定稿之

---

① 《国民大会组织法》第3条，载夏新华等整理：《近代中国宪政历程：史料荟萃》，第999页。

② 雷震著，薛化元主编：《中华民国制宪史：政治协商会议草案》，台北稻乡出版社，2010年，第69页。

③ 荆知仁：《中国立宪史》，台北联经出版事业公司，1985年，第442页。

④ 谷正纲：《中华民国宪法之制定》，胡春惠编《民国宪政运动》，台北正中书局，1978年，第1109页。

后，经国民党中央、“立法院”议决通过后提交制宪国大。

1946年11月15日制宪国大开幕，实际到会代表除1936年民选代表及部分遴选产生的无党派代表外，另有国民党，青年党和民社党的政党代表，共计1701人。国民大会关于宪法的审议，采三读会程序。“第一读会首先由代表对草案广泛发表意见，继即交付审查，至审查报告提出讨论为止。第二读会则依据一读会之修正案，作逐条讨论通过。第三读会，则为文字之更正与整理。若非发现条文之间互有抵触，仅就全案作可否之表决。”[①]

11月29日，国民大会开始一读会程序。首先由各代表就草案广泛发表意见而不作决定。此项程序历时6天，有关意见及提案共有27件，依照宪草条文次序，汇合整理后，分别送交各委员会审查。关于宪法草案及各提案的审查，共设有9个委员会。第一审查委员会审查关于“前言总纲人民之权利义务及选举”；第二审查委员会审查关于“国民大会及宪法之施行修正及解释”；第三审查委员会审查关于“总统行政及立法”；第四审查委员会审查关于“司法考试及监察”；第五审查委员会审查关于“中央与地方之权限”；第六审查委员会审查关于“省县制度”；第七审查委员会审查关于“基本国策”；第八审查委员会审查关于“蒙藏地方制度”；综合审查委员会综合审查各组相互有关之事项及全案章节与文字之整理。[②]

审查工作从12月6日至17日，历时12天，争执非常激烈，最后国民党作出妥协，“从各审查会的报告及审查的结果来看，在一五一条草案中，经审查而维持原草案者，达一〇四条之多，经修改而性质重要者，在讨论时，少数党的意见而合于政协所协定之原则者，仍然受到大会多数代表之尊重。”在审查会中争论最激烈者，如国体及国大职权范围问题者，在青年党与民社党的坚持下，

① 荆知仁：《中国立宪史》，第457页。

② 谷正纲：《中华民国宪法之制定》，载胡春惠编：《民国宪政运动》，第1114–1115页。

最后以维持原案而解决。“关于增列国民大会为政权机关一条，原有很多争执，嗣经有关方面解释，认为增列此条，实质上并不影响国大之职权而告平息。”[①]

第一读会在12月21日完成后，同日举行二读审议。由于宪法中的重要问题，多数已经在第一读会中获得解决，所以在第二读会中，虽有一些小的修改，但进行非常顺利。第二读会历时4天，至24日结束。25日举行第三读会，为文字之更正整理，并一致表决通过。制宪国大开会41天，共举行预备会议4次，宪草审查会12次，大会20次，至12月25日通过中华民国宪法，并决定1947年12月25日施行。

与法国式制宪议会模式相似的是，制宪国大模式的最大问题也是制宪进程易受权力斗争的影响，各方难以达成实质性的宪制共识。1946年制宪国大受到中共与民盟的抵制，虽然出席代表超过法定人数，然而制宪国大本质上是一次政治会议，不同于一般的立法会议，“制宪的成败与否，往往取决于社会各方的共识能否达成一个公约数。”[②]进一步而言，“宪政的一个基本精神在于把多元的政治力量容纳、整合到一定系统，使之在该系统之内进行和平竞争，其竞争的规则就是宪法。因此，容纳与整合，是实施宪政中的一个非常重要的内容。如果离开这一点去追求制订、通过宪法，实施宪政，则必然与宪政的基本精神相违背。”[③]所以即使程序合法，但由于缺乏主要在野党派的参加，仍然标志着宪制共识的破裂。

① 荆知仁：《中国立宪史》，第458、460页。

② 谢政道：《中华民国修宪史》，第479页。

③ 刘山鹰：《从认可到放弃：政协宪政方案失败原因探析—基于1946年的历史》，中国战略与管理研究会网站，http：//www.cssm.gov.cn/view.php?id=7420

四、结论：比较视野中的制宪模式

制宪模式的重要性近年来也得到了一些研究民主化问题的学者的关注。美国政治学者胡安.J.林茨（Juan J. Linz）、阿尔弗莱德·斯泰潘（Alfred Stepan）认为，对制宪来说，“最好的方案是，对可能存在的重大分歧和集中关注的问题，以共识的方式而不是多数主义的方式来形成决议，通过全体公民投票同意，使制宪会议取得更进一步的合法性。”[①]二战后大国的制宪政治实践，以德国经验最为成功，而德国采用的正是典型的美国式制宪会议模式。1948年9月1日，制宪会议在波恩正式组成，各州议会共派出65名代表参加，至1949年5月8日，制宪会议多数通过《基本法草案》，23日《基本法草案》获得西部11州批准后正式生效。《基本法》（GG）虽然历经多次修改，但一直到德国统一后，仍然保持正式宪法的地位不变，并深受好评，“德国人民之绝大多数不仅尊重且接受基本法。”[②]

与德国相反，俄罗斯在苏联解体后的制宪历程却是相当坎坷。从1992年开始，政府与议会分别制定了宪法草案，特别是议会方面“反复强调新宪法最终应由人民代表大会通过或根据人民代表大会决定提交全民公决。”[③]虽然双方一度达成妥协，同意召开各方代表参加的制宪会议讨论宪法草案，但是不久议会代表因不满草案内容而缺席抵制制宪会议，双方矛盾再次升温，最终演变为流血的1993年“十月事件”。叶利钦总统在战胜议会之后，采用了类似美国式制宪会议模式，即由政府主导的制宪会议通过政府提出的新宪

① 胡安.J.林茨（Juan.J. Linz）、阿尔弗莱德·斯泰潘（Alfred Stepan）著，孙龙等译：《民主转型与巩固的问题：南欧、南美和后共产主义欧洲》，浙江人民出版社，2008年，第88页。

② 韩大元主编：《外国宪法》，中国人民大学出版社，2005年，第110页。

③ 海运主编：《叶利钦时代的俄罗斯（政治卷）》，人民出版社，2001年，第49页。

法草案，然后采用公民投票的方式于同年12月生效。

长期以来，法国式制宪议会模式被认为是制宪模式的主流，其主要依据是其符合西耶斯（Sieyes）的人民制宪权法理。西耶斯认为，主权属于国民，一切公共权力来自国民意志，国民意志永远是合法的，它是一切合法性的根源。制定宪法不是已组成的权力机构的事，而是由国民委托的、拥有特别权力的代表组成的制宪机构的事。从根本上说，国民不屈从于宪法，宪法从属于国民，只有国民有权改变宪法，判断宪法引起的争端。西耶斯强调“如果我们没有宪法，那就必须制定一部：唯有国民拥有制宪权。”[①]按照人民制宪权的法理，制宪议会作为全民的代表，其地位是神圣的，其合法性来自多数民意，只能通过选举产生。

但是从立法意义上讲，“通过立法程序而制定的宪法实际上并不具有比其他任何法规更高的权威。从理论上讲，任何后续的立法机构都可以随意修改、增加、否定，甚至违反宪法。”[②]而且，从第三波民主化的实践来看，“制宪会议在理念上应该避免只为‘暂时的大多数人’同意的党派性宪法，因为这会使一个数量巨大的少数派将宪法修改提上议程，因而使得民主制度的巩固更加困难。”[③]民国时期的实践也表明此种模式存在较多的问题与不足，不易达成宪制共识。而且出于实际政治斗争的需要，即使是按照人民制宪理论完成的宪法，也会被摒弃不用。在法国制宪史上，“1792年8月至1793年10月，政治制度经受了两场悲剧，这就是孔多塞宪法草案由国民公会部分通过后弃之不用与1793年宪法获得全民投票批准后的束之高阁。难道这就是主权在于人民？！”[④]甚至

① 西耶斯（Sieyes）著，冯棠译，张芝联校：《论特权第三等级是什么？》，商务印书馆，1991年，第56页。

② 杰克.N.雷克夫（Jack.N. Rakove），王晔、柏亚琴等译：《宪法的原始含义：美国制宪中的政治与理念》，江苏人民出版社，2008年，第102页。

③ 胡安.J.林茨、阿尔弗莱德·斯泰潘著，孙龙等译：《民主转型与巩固的问题：南欧、南美和后共产主义欧洲》，第87-88页。

④ 郭华榕：《法国政治制度史》，人民出版社，2005年，第128-129页。

还会出现制宪议会的宪制共识与人民的宪制共识并不一致。如法国第四共和国的宪法，虽然是由1945年10月普选产生的第一届制宪议会起草的，但由于翌年4月完成的“四月宪法草案”主要体现了左派的政治主张，结果在5月5日的公民投票中被否决，最后只能重新制宪。[①]

制宪模式的合法性决定宪法的正当性，“宪法是否具有正当性是宪法发挥功能的前提和基础”。[②]美国式制宪会议模式与人民制宪权理论并不抵触，也具有合法性。制宪会议不同于制宪议会，它只是宪法的起草机构，并不需要选举产生。正如麦迪逊（Madison）所强调的，制宪会议的权力只是顾问和建议的权力，“因此制宪会议设计并提出的宪法，除非经接受者正式批准，否则只不过是一纸空文。”[③]民国时期法学家吴经熊也指出：“批评法律的良窳，应就法律的内容如何而批评之，不宜以立法的手续作批评的主要对象。苟法律的内容为妥善，则虽由一人的手笔而成，亦无甚关系。”[④]

更为重要的是，正如麦迪逊所说的“宪法的权威取决于颁布的形式”。“全民批准”不仅仅是对人民主权的一种象征性的确认，它还确保了宪法在法律地位上高于那些也通过代表机制体现了公众认同的政府法规。[⑤]全民批准的宪法将具有更高的权威性，“宪法应该建立在美国人民同意和批准的基础上，由为此特定目前的而选

① 李晓兵：《法国第五共和宪法与宪法委员会》，知识产权出版社，2008年，第11页。

② 韩大元:《亚洲立宪主义研究》，中国人民公安大学出版社，2008年，第106页。

③ 汉密尔顿（Hamilton）、杰伊（Jay）、麦迪逊（Madison）著，程逢如、在汉、舒逊译：《联邦党人文集》，商务印书馆，1995年，第202页。

④ 吴经熊、黄公觉:《中国制宪史》，商务印书馆，1937年，《民国丛书第四编》，上海书店影印本，1992年，第256页。

⑤ 杰克.N.雷克夫:《宪法的原始含义：美国制宪中的政治与理念》，第105–107页。

出的民意代表批准。”[①]有学者在评价法国第五共和国制宪模式时指出，通过政府起草宪法草案，但最终还是交由法国人民来表决，这反映了法国人民主权实践理念的重大变化，“第五共和国宪法是以绝大多数赞成票获得通过的，可见它的政治基础和社会基础相当广泛和坚实。”[②]正如高全喜所言，“是采取独立的制宪会议来单独制定宪法，还是由议会制定宪法，也并没有一定之规，制定宪法的组织形式可以是多样的，只要妥当与合宜均可。”[③]

民国从1912年末出现关于制宪模式的讨论，一开始就是美国式制宪会议模式与法国式制宪议会模式的争论。章士钊在当时就提出仿效美国1787年费城制宪会议的先例，由各省都督派遣代表组织宪法起草委员会，以制定宪法。紧接着在12月22日，在章的策划下，江苏都督程德全通电各省都督，建议：“仿美国各州推举代表之例，由各省都督各举学高行修识宏才俊之士二人，一为本省者，一为非本省者，集为宪法起草委员会。草案既立，然后提交国会再行议决。”[④]北洋派与拥袁派对此迅速作出积极反应，不少地方都督纷纷致电表示赞成。

但是北洋派与地方都督提出的美国式制宪会议模式被国民党、临时参议院与国会坚决拒绝。宋教仁就强烈批评制宪会议模式，明确指出：“宪法问题，当然属于国会自订，毋庸纷扰。”[⑤]美国式制宪会议模式最后被否决是在1913年4月正式国会召开之后。由于国民党籍议员占优势，“宪法应由国会制定”的主张获得胜利，政府打算由各省都督推举的委员入政府所派的代表组织宪法起草委员

① 亚历山大·汉密尔顿（Alexander Hamilton）、詹姆斯·麦迪逊（James Madison）、约翰·杰伊（John Jay）著，尹宣译：《联邦论：美国宪法述评》，译林出版社，2010年，第263页。

② 吴国庆：《战后法国政治史1945–2000》，社会科学文献出版社，2004年，第131页。

③ 高全喜：《立宪时刻》，广西师范大学出版社，第2011年，第49页。

④ 《申报》1912年12月27日。

⑤ 陈旭麓编：《宋教仁集》下册，中华书局，1981年，第467页。

会的议案被国会否决。[①]

合适的制宪模式选择是重要的，“民主转型过程中的制宪由一系列至关重要的决策组成，它们在很大程度上将影响未来政体的稳定性。制宪模式也表明未来国内政治关系的态势。”而且“制宪过程与结果的一般特点，都会暗示未来政体的稳定或动荡。”[②]从来没有一种最好的制宪模式，只有最合适的。从民国时期制宪政治实践来看，美国式制宪会议模式与民国式制宪国大模式的结合也许更为合适。起草宪法的制宪委员会不必由普选产生，可以经各党派协商产生。“参与立宪的利益（或利益集团）是多元的，立宪的过程必然是一个协商和妥协的过程，由此产生的宪法也必然是一个多元利益相互妥协的产物。”[③]只有让各种政治利益集团参与制宪工作，才能有效遏制任何单一性的利益诉求。而宪法生效的方式直接通过全国公民投票，这也是人民制宪权的体现，对单一制国家来说更是如此。合适的制宪模式有助于达成宪制共识，可以避免更多的政治冲突与纷争，确保宪制能够尽早实施，加快民主转型的进程。

① 张玉法：《民国初年的政党》，岳麓书社，2004年，第403页。

② Andrea Bonime-Blanc, Spain' s Transition To Democracy, The Politics of Constitution-making, p.13.

③ 王希：《原则与妥协：美国宪法的精神与实践》，北京大学出版社，2000年，第7页。

制度变迁视角下的国会选举制度

在民国早期（1912–1927年），全国性的国会选举共举行过三次。[①]为有效推进国会选举活动的正常开展，北京政府通过制定一系列指导选举活动的选举法规，构建了初具规模的选举制度。本文以民国早期国会选举法律与法令为研究对象，从政治变迁的视角入手，通过与当时欧美、日本选举制度的比较，探求民国国会选举制度的特色，并进一步分析其进步与缺失之处。

一、众议院议员选举制度

选举制度的基本要素是选举方式与选举方法。选举方式分为直接选举与间接选举两种。而选举方法则是有关投票方法的制度设计。根据众、参两院议员选举法的规定，众、参两院议员的选举制度各有不同。

《众议院议员选举法》规定，第一届国会各省众议院议员选举为间接方式，分为初选举、复选举两步。初选举以县为选区，选出

① 分别指第一届国会、第二届国会（又称新国会、安福国会）、第三届国会（又称新新国会）议员选举。其中第二届国会在选举时，受到粤、桂、滇、黔、川等西南5省抵制，湘、鄂、陕又因战乱未选，实际完成选举的仅有14省与蒙、青、藏地区。第三届国会选举时，只有苏、皖、鲁、晋、甘、陕、奉、吉、黑、新、蒙等11省区完成选举，其他各省区多因反对而未选。详情参见谢振民编著：《中华民国立法史》上册，张知本校订，中国政法大学出版社2000年版，第149页。

初选当选人。凡地方行政区划和名称（如州、厅等）还未改定的，均以县论。复选举合若干初选区为复选区，由初选当选人选举复选当选人，即该复选区众议员。[①] 在初选当选人名额规定上，各省先确定选举商数，即以全省选举人总数除以法定众议员名额。选举商数确定后，再以各复选区的选举人数除以选举商数，结果就是各复选区众议员的当选名额。各复选区按照众议员当选名额的50倍，作为初选当选人名额，再以同样的办法分配到各初选区。[②]当时各省所辖初选区最多为四川省，共计175个。最少为黑龙江省，共计20个。[③]根据《中华民国国会组织法》的规定，四川省众议院议员定额为35人，按照上文计算方法，初选当选人名额应为1750人，平均每个初选区为10 人。黑龙江省众议院议员定额为10人，初选当选人名额应为500人，平均每个初选区为25人。因此，各初选区当选名额均是复数。

《众议院议员选举法》在第二届国会选举前经过修正，虽然将议员名额减少约三分之一，复选举改以道或特别行政区为选举区，但是初复选举的间接方式并未改变。[④]而且初选区仍为复数选区，“当选区中应选名额大于一时，便是所谓‘复数选区’。习惯上，应选名额为二至五名者，称为‘中选区’；应选名额为六名或六名以上者，则是属于‘大选区’。选举时，视应选名额的多寡，候

① 根据众议院议员选举法规定，蒙古、西藏、青海众议员选举方法为直接选举制。此外，选举法第68条规定复选当选人不以初选当选人为限。参见《众议院议员选举法》第108、68条，《政府公报》第103号，1912年8月11日。

② 第二届国会选举的计算方法不变。关于复选区、初选区“零数”处理问题，初选区有选举人数不够选出当选人一名，或者选出若干名之外，仍有零数导致当选人不足定额时，比较各初选区零数多少，将余额依次归零数较多的选区。如果两区以上零数相同，则以抽签方法决定名额归属。参见《众议院议员选举法》第31条，《政府公报》第103号，1912年8月11日。

③ 各省复选区划分的详细情况参见《众议院议员各省复选区表》，《政府公报》第103号，1912年8月14日。

④ 《修正众议院议员选举法》第9条，《政府公报》第744号，1918年2月18日。

选人以票数的高低依次当选。”[①]众议院议员初选区应属大选区。民国时期就有学者认为众议院议员初复选举，“俱系采用大选举区制。”[②]

两届国会众议院议员选举在投票方法规定方面均相同。如要求投票人在选举期内应该亲自赴投票所自行投票；投票人在领投票纸时应先在投票簿所载本人姓名下签字；投票人每名只领投票纸一张；投票采用无记名投票法，每票只书被选举人1名，不得自书本人姓名。[③]众议院议员初选举以本区投票人总数除以当选人名额的三分之一为当选票额；凡是不满当选票额致无人当选或当选人不足额时，由初选监督就得票较多者按照所缺当选人名额加倍开列，即行张榜公示，于开票后第三天在原投票所就公示姓名再行投票至足额为止；当选人名次以选出的先后为序，同次选出的以得票多少为序，票数相同的以抽签决定。[④]此种投票方式属于“单记非让渡投票”。“所谓‘单记非让渡投票’系指在复数选区中，不论应选名额为若干，每位选民均只能投一票的选举规则。之所以被称为‘非让渡投票’，主要系指不管候选人得到多少选票，均不能将多余的选票移转或让渡给其他的候选人。”[⑤]

复选举以本区投票人总数除以众议员名额的半数为当选标准；凡因不满当选票额致无人当选，或当选人不足定额时由复选监督在原投票所重新选举至足额为止。[⑥]显然复选举采用的是绝对多数多轮投票法，这一制度的核心要素是当选者的票数超过有效选票的半数。

---

① 王业立：《比较选举制度》，台北五南图书出版公司 1999 年版，第 17 页。

② 王世杰、钱端升：《比较宪法》，商务印书馆 1999 年版，第 174 页。

③ 《众议院议员选举法》第 44、45、46、47 条，《政府公报》第 103 号，1912 年 8 月 11 日。

④ 《众议院议员选举法》第 56、57、58 条，《政府公报》第 103 号，1912 年 8 月 11 日。

⑤ 王业立：《比较选举制度》，第 19 页。

⑥ 《众议院议员选举法》第 75、76 条，《政府公报》第 103 号，1912 年 8 月 11 日。

二、参议院议员选举制度

《中华民国国会组织法》规定，第一届国会参议院议员分别由各省省议会、蒙古、青海、西藏选举会、中央学会、华侨选举会选举产生。因选举机关不同，选举方式也不尽相同。[①]各省省议会选举参议员为间接选举，“民元《国会组织法》规定参议员由各省省议会议员选举，但各省省议会议员原亦由间接选举而来；所以参议员的选举，不仅为间接选举，且为三层选举的间接选举。”[②]第二届国会参议员除人数减少外，选举方式虽然仍为间接选举制，但是内容完全改变，而是仿照众议员选举方式，采用初复选举。各省区地方选举会以县为初选区，各县初选人每30人互选初选当选人1名，少于30人的县也可选出初选当选人1名。复选区则为各省区，复选举在各省区最高行政长官驻在地举行，由初选当选人选出复选当选人，即该省区参议员。[③]

在选举方法上，第一、二届国会参议员选举仍然采用无记名单记投票法；选举举行时，至少须有选举人总数三分之二以上到会；得票满投票人总数三分之一者为当选，当选人不足额时，应再行投票至足额为止；当选人足额后并依议员定额，选定同数之候补当选人，凡得票满当选票额，因当选人足额不能当选者即为候补当选人；当选人及候补当选人名次以选出之先后为序，同次选出者以得票多少为序，票数相同者抽签决定；当选人及候补当选人的姓名与

---

① 第一、二届国会参议院议员选举法均规定，蒙古、西藏、青海、中央学会的参议员选举采用的是直接选举制，华侨参议员选举采用的间接选举制，由侨居地各商会、中华会馆、中华公所、书报社等各选出选举人，在京师组成华侨选举会，再互选产生参议员。不过因中央学会在第一届国会选举期间并未成立，所以实际选举并未举行。第二届国会才开始有中央学会参议员选举。参见钱端升等：《民国政制史》上册，第49、130–131页。

② 王世杰、钱端升：《比较宪法》，第178页。

③ 《修正参议院议员选举法》第21、22、35、36、37条，《政府公报》第744号，1918年2月18日。

所得票数，由选举监督当场榜示，同时通知各当选人。[①]

第一届国会参议员任期六年，每两年改选三分之一。在改选方法上，第一届选出的参议院议员于开会后分为27部，各省省议会选出者为一部，蒙古、西藏、青海、中央学会、华侨选举会各为一部。每部以抽签法平均分为三班，第一部满二年改选，第二部满四年改选，第三班任满改选。以后每二年任满议员就改选。议员名额不能三分时以较多或较少之数为第三班；议员退任再被选者可以连任。[②]第二届国会参议院议员任期六年，每三年改选二分之一。改选方法不变。[③]

三、国会选举的投开票程序

为确保第一届国会选举过程的公开透明，北京政府单独制定了有关投开票程序的选举法令。以后在制定第二届国会选举法令时，则将相关规定列入选举法细则的附录中，并增加了一些新的内容。

在投票程序上，法令要求投票所须有相当设备使投票人不能互相窥视及交换传观与其他不正当行为。投票人有以下行为时，管理员与监察员可命令退出选举：冒名顶替者、在投票所内劝诱喧哗骚乱不服管理员与监察员或巡警制止者、在投票所内互相窥视及交换传观不服管理员及监察员或巡警制止者、携带凶器进入投票所者、犯刑律妨害选举各罪的嫌犯者、在投票所内有其他不正当行为不服管理员及监察员或巡警制止者。[④]投票纸分别送交各投票所后，投票管理员查明数目即须严密封存，不到选举日期当众验明封识后不

① 《参议院议员选举法》第5、6、7、8、9、10条，《政府公报》第103号，1912年8月11日。

② 《参议院议员选举法》第16、17条，《政府公报》第103号，1912年8月11日。

③ 《修正国会组织法第六条》、《修正参议院议员选举法第十七条》，《政府公报》第1071号，1919年1月26日。

④ 《众议院议员选举法施行细则》第17条、第21条，《政府公报》第103号，1912年9月21日。

得开启。投票入匦时，投票管理员须选派两人列席投票匦旁边，逐一记明投入票数。投票匦在投票完毕后应即时当众严加封锁。投票匦在封锁后与移交开票所时，可派巡警守护或护送。投票匦在移交开票所时不得超过所需路途时间二小时以上。[①]第二届国会选举投票程序上又有新规定，如要求地方选举会初选监督与中央选举会选举监督应在办理选举事务所委派调查员若干人；到会选举人不满总数三分之二时，由选举监督宣告于次日投票，但选举人过多，选举场所不能容纳时，得由选举监督考虑情形，可以随时投票。[②]

在开票程序上，关于开票时间，法令规定初选监督以不超过各投票匦送齐的翌日午前10时为限；初选开票从初选监督所定时刻起至午后6时为止；如果超时没有完成，未开票数在三分之一以下者，开票管理员可以考虑延长时间，其数在三分之一以上者，从翌日午前8时起继续开票；在复选开票时，复选监督应该亲临开票所，在当日开票，时间以至开票完毕并宣示为限；在初复选开票时，如果进入开票所参观的选举人认为有疑义时，10人以上可以请求开票监察员即时当众检查。[③]凡是开票投票均于选举场所内进行；投票开票时间由各选举监督在选举期10天前商定张榜公示于选举场所；投票开票时间不得安排在上午8时前下午6时后；到会选举人不满总数三分之二时，由选举监督宣告在次日继续进行；凡当选人不足额时应再行投票，超过投票时间的，应在次日继续进行；被选举人在被选前已经当选为众议院议员或在被选后又当选为众议院议员的，如果愿意应选，众议员应选在前，则必须辞职；如果当选时身份是现任官吏或公吏时，同法办理。选举人已经当选，而当选

---

① 《众议院议员选举投票纸投票匦管理规则》第4、6、7、8、10条，《政府公报》第183号，1912年10月31日。

② 《修正参议院议员选举法施行细则》第3、10条，《政府公报》第758号，1918年3月4日。

③ 《众议院议员选举开票规则》第1、2、3、6条，《政府公报》第206号，1912年11月23日。

人尚不足额时，已当选人不得再行投票。[①]

四、上海地区议员选举实践

根据《众议院议员各省复选区表》的规定，上海县属于江苏省国会众议院议员第二复选区，而《省议会议员各省复选区表》则将上海县划入江苏省省议员第四复选区。另又按照《众议院议员选举法》与《省议会议员选举法》的规定，上海县作为初选区，只能举办国会众议员与江苏省议员的初选举。众议员的复选举，即众议员的产生，以及江苏省省议会选举产生的国会参议员，不在上海区域内进行。

选民登记是选举中确认合格选民的法定程序。上海县在办理国会众议员与省议员选举时是同步进行，分别造册。选民登记首先需要统计选民人数，这主要是通过调查户籍人口的方式来进行，“今户籍法虽未经参议院议决通行，而选举公民自以户口之约数为根据”，[②]并且参照过去咨议局选举的章程办理。

按照《众议院议员选举法施行细则》与《省议会议员选举法施行细则》的规定，上海县也成立了筹备众议院议员与省议会议员初选举事务所，因两次选举程序相似，所以是同一机构。初选举事务所负责监督初选举一切事宜，配置有调查委员、投票管理员、开票管理员、投票监察员、开票监察员等选务人员，上海县民政长（后改为县知事）吴馨兼任初选监督。负责选民登记的主要是各市乡的调查委员。《申报》曾登载1912年10月8日上海县初选监督呈送复选监督的公文，据此推断，第一次完成选民登记的工作时间是在10月8日前。而选举人名册的制作方法，则是各市乡调查委员先后将选举人名单分别汇送到初选举事务所，然后再按照投票区域制作众

① 《参议院议员选举法施行细则》第6、7、8、9、12、13、14条，《政府公报》第222号，1912年12月9日。

② 《编查户籍》，上海《申报》，1912年10月4日，第7版。

议院议员初选举人名册一份。第一次统计的符合选举资格的选民共有16375人，省议会议员选举人总数与之相符，“除一面赶造名册另文呈报总监督外，合行备文将已造就之众议院议员初选举人名册一份依限呈送。”[①]

由于内务部筹备国会事务局又对选民财产资格作出新的解释，即选民纳税及不动产可不限于本区，但仍以在国内而又可以证明者为限。[②]于是上海县又进行了补查选民的工作。10月13日，上海县筹备众议院、省议会议员初选举事务所通告各市乡公所补查选举人，“现查本县入册选举人仅有一万六千三百余人，遗漏必多，本应补查，除先行宣示外，为此飞速通告，即请贵公所即日分知各调查员按照青电事理，赶速将前项住民补查，于国税不动产项下开明区域”，要求在10月20日完成补查工作。[③]

10月16日，上海县初选监督发出公告称，众议院议员初选举人名册从本月十六日起开始向公众宣示，省议会议员初选举人名册名数，因与众议院议员选举人名数相同，按规定可以同时宣示，一律以五日为限，“如本人以为错误遗漏，得于本月二十日以前，取具证凭一并呈请更正。”[④]第二次选民登记工作完成后，最后选举人名册记载总数为20751人。[⑤]

根据内务部制定的众议员选举日程规定，10月10日前，各地应该制订完成各初选区选举人名册。初选监督在各投票所颁发选举人名册，向公众宣示，并分别呈报复选监督与总监督。10月20日前，初选监督判定更正选举人名册。上海县的选民登记工作基本上是按时完成的。

在选民登记时，主要出现关于非户籍人口选举权与选举人财产

① 《呈送选举人名册》，上海《申报》，1912年10月10日，第7版。

② 《筹备国会事务局复湖南都督电》，《公电》，《政府公报》，1912年9月11日。

③ 《补查选举人之通告》，上海《申报》，1912年10月14日，第6版。

④ 《初选监督之宣示》，上海《申报》，1912年10月17日，第6版。

⑤ 《选举众议院上海第一区开票所纪事》，上海《时报》，1912年12月20日，第5版。

资格等问题。1912年11月10日下午，镇江旅沪同乡会专门开会讨论选举权问题。主持人袁恒之称镇江同乡在沪者约有二万余人，“此次国会省会选举既不能同时回籍投票，又不能在沪参与，凡我公民势必放弃权利。”会议决定先行调查合格选民人数，然后“俟调查告竣，即行备具公呈，送往议会情愿。”[①]

而选举人财产资格问题，涉及到商人的选举权，不仅在上海，而且在全国也是引发很大的争议。上海商会在9月30日致电国务院、临时参议院与临时大总统袁世凯，认为不动产500元与年纳直接税2元的选举财产资格的规定，对商人是不公平的，因商人侨居各地，未必都会购置不动产，所纳货物税也不是直接税，“是商人合于选举资格者甚少。”要求对选举法重新解释。[②]上海商会还派人到京，与北京工商界人士一起，“一面上请愿书于国务院及参议院；一面约参议员开谈话会；一面通电各省工商会，如参议院不听，今后全国工商界无论国家地方各捐税一概不纳。”[③]但是所谓“不出代议士不纳税”的主张只是说说而已，并没有诉诸实施，自然对立法活动无甚影响。资产阶级在第一届国会议员所占席位极少，大约不超过总数的百分之三。[④]

按照北京政府内务部的要求，1912年12月10日前，复选监督向初选举区颁发复选举通告，举行初选举。12月31日前，初选投票所、开票所一律裁撤，确定初选当选人。初选监督通知初选当选人，发给初选当选证书，张榜公布当选人姓名，并呈报复选监督。1月10日前，初选当选人名册一律到达各复选监督驻在地。初选当选人一律齐集各复选监督驻在地，举行复选举。[⑤]

---

① 《镇江人不愿放弃选举权》，上海《申报》，1912年11月11日，第6版。

② 《上海总商会等来电（9月30日）》，天津历史博物馆编：《天津历史博物馆馆藏北洋军阀史料：袁世凯卷一》，天津古籍出版社1996年版，第720页。

③ 《工商界之要求选举权热》，上海《申报》，1912年10月31日，第3版。

④ 张亦工：《第一届国会建立及阶级结构》，《历史研究》1984年第6期。

⑤ 《众议院议员第一届选举筹备日期令》，《命令》，《政府公报》，1912年9月9日。

在上海，初选举事务所11月27日发布公告称，全县设置10个投票所，分别设在市政厅、乡公所、学校与庙宇内。[①]在初选举时间安排上，省议员初选举安排在众议员初选举之前，间隔4天。12月5日，上海县筹备众议院、省议会议员初选举第一区投票所发出通告称：上海市中区、东区、南区选民在此投票时间，每日上午八时起，六时止。"省议会选举十二月初六日，即旧历十月二十八日举行，如当选人不足额，于十二月初十日，旧历十一月初二日，在原投票所投票决选足额。众议院选举十二月初十日，旧历十一月初二日举行，如当选人不足额，于十二月十四日，旧历十一月初六日，在原投票所再行投票，如仍不足额，临时通告再选至足额为止。"[②]

12月6日是上海县省议会议员初选举投票日，沪南市政厅是上海第一区投票所，城内中区及城外东、南两区选民都在此就近投票。上午6点，投票所职员均已到位。据报载，当天选民投票热情高涨，但秩序稍乱，"闻该三区选民约达二万余名，故自晨至暮，甚为拥挤，签名簿桌子设至十余处之多，犹应接不暇。"[③]

因12月6日省议会初选投票时人多拥挤，秩序稍乱，为保证投票秩序，12月9日上海初选监督吴馨特地邀请商学各界人士，在市政厅召开预备会，分别委任代表担任选务工作，并设计出新的投票路线，"故议在市政厅第一区投票所，装设栏杆，多备签名桌子，令投票人从正门入内，缴验证书，签名领票，从第二进登楼，绕入厅室之二层楼上，写被选举人姓名，复从后面下楼至大厅上投票毕，转向毛家弄畔之大门退出。"如果有冒替及其他违法举动，就由管理监察等员当场令其退出。[④]吴馨还在选前发出投票须知，其要点一是入门须验通告单，领取号票，未携通告单者不得入内。二

---

① 《初选举注意》，上海《时报》，1912年11月28日，第5版。

② 《筹备选举之通告》，上海《申报》，1912年12月6日，第7版。

③ 《初选举投票之盛况》，上海《申报》，192年12月7日，第7版。

④ 《再志众议院初选之预备》，上海《申报》，1912年12月10日，第6版。

是入门须依号鱼贯而进，不得争先。三是入门后须先至签名处领票，报姓名，在名册上签字后领取选举票。四是写票处座位须经指导人指定。五是入门后不要喧哗，投票完毕后立即退出。①

12月10日是众议院议员初选举投票日，在沪南市政厅第一区投票所，由于初选监督提前安排120多人维持秩序，所以毫不挤乱，“闻担任职务者共有一百二十余人，至所投票者自晨至暮，约有一万余人云。”②

省议员选举结果在12月9日公布，“本月六日省议会议员初选投票，按规定在本月八日在开票所当众开票，计实到投票人数一万二千三百二十九人，依省议会选举法第五十六条之规定，以应出当选人名额八十三名除投票人总数，得数三分之一为当选票额，即满五十票为当选票额。”初选当选人共有56人，其中最高得票数为213票，最低得票数为80票。③

众议院议员选举结果在12月13日公布，“本届众议院议员初选举遵章于十二月初十日投票，计实到人数一万二千八百七十六人，依选举法第五十六条之规定，以本区应选出初选当选人五十名除之，得数三分之一应以满八十六票为当选票额，兹于十二日上午当众开票，得足额者五十名外，其余满法定票额者二十名，按照选举法第五十九条之规定，作为初选候补当选人。”初选当选人共有50人。④

最后值得一提的是，由于《众议院议员选举法》第68条与《省议会议员选举法》第68条均规定“复选当选人不以初选当选人为限”，而《参议院议员选举法》第21条也规定“各省选举参议院议员，该省省议会议员被选者不得逾定额之半。”所以最后当选的4

① 《众议院初选秩序之整饬》，上海《时报》，1912年12月11日，第5版。
② 《众议院初选投票》，上海《申报》，1912年12月11日，第7版。
③ 《省议会初选投票揭晓》，上海《申报》，1912年12月10日，第6版。
④ 《众议院初选揭晓》，上海《申报》，1912年12月14日，第7版。

位上海籍省议员中有三位是初选当选人，[①]而众议员姚文枏、参议员秦锡圭却不是初选当选人。

在选举过程中，全国各地均发生选举舞弊事件。仅1913年1月份，筹备国会事务局就收到各地投诉选举问题的电文46件。涉及的选举舞弊问题种类繁多，如包括虚报选民人数、私自代写选票、恫吓选民投票、冒名当选、选务人员做票、武力干涉选举、买卖选票、拖延选举案件审判、监视选民写票。在以上投诉中，没有来自上海选区。不过，选民登记时的虚报与漏报现象在上海也发生过，这是当时江苏省各复选区的普遍现象，其中以第三区虚报数最多，结果分得众议员名额数也最多，为13人，超过第一区的8人、第二区（含上海县）的9人与第四区的10人。[②]不过，值得一提的是没有发生过选举暴力事件，当时在全国也未发生过严重的流血事件，这实属不易。

在选后，主要是在计票时曾出现当选人同名同姓现象。上海初选监督通告称，12月8日省议会初选开票第八区当选人王佐才，得票79票，但是虹桥、法华、陆行三区共有同姓名者3人，“其票数是分是合，无从制定。已奉大总统制定众议院初选举同姓名者被选决定令，被选举人有二人以上同姓名，除另有方法能证明其当选应属何人外，依决选投票方法决定之，前项证明于三日内有本投票区选举人二人以上确为不实者仍行决选，又第七条本令规定于省议会议员之初选举准用之。”上海初选监督决定先采用规定中证明的方法，“查省议会初选投票同姓名被选王佐才一名，其票均系第八区票柜内开出，为此示仰第八区省议会初选举人一体知悉，各于三日内每日下午亲至本署事务所签字证明，证明人以列名该区投票簿前经签到者为限。”[③]

① 4位上海籍省议员当选人分别是黄申锡、沈周、顾镜清、秦锡田。《江苏省议会第二区复选举揭晓》，《申报》，1913年1月14日，第6版。

② 张东荪：《国会选举法商榷》，北京《庸言》第1卷第14期，1913年6月16日。

③ 《证明当选人之通告》，上海《申报》，1912年12月20日，第7版。

上海地区议员选举的特色，一方面表现为政治参与意识的高涨。当时闸北分属上海、宝山县，上海县辖境内公民均已办理选民登记与投票，但是住居闸北宝山县辖境内各公民，由于宝山民政长没有派人调查并列入选举人名册，以至本届选举无法投票，人心大为愤懑，“爰请都督暨省民政长责令重行调查，定期补选，誓达目的而后已。”[①]在上海的中华全国商会联合会各干事，还援引中央学会与华侨商会选举参议员的方式，请求政府专门划定商界参议员名额，允许商界单独选举参议员，“宽订商界议员额数，克日宣布，由联合会通行全国商会遵章选举赴会。”[②]

另一方面体现政治参与程度的加深。由于选举条件的放宽，民初上海选民人数急剧增长，达到2万人之多，选民人数超过清末咨议局人数，当时包括上海在内的整个松江府选民只有13018人。[③]周松青教授的研究也表明，在1912年之前上海历次地方选举，选民人数最多时也仅有4269人，投票率在20–25%，有时甚至更低。[④]而上海第一届省议员初选举投票率为59.4%，众议员初选举投票率达到62.1%，当时全国投票率较高的地方，如奉天省奉天府与江苏省江宁县两地，其投票率分别达到百分之六十及七十，[⑤]上海与之相比也是不低的。《时报》在1912年12月7日刊文报道选举时，标题就是“上海人选举之踊跃。”有论者认为第一届国会选举，“投票有热烈与冷落之分；有的地区显得热烈，有的地区甚为冷落。大体言之，沿海沿江得风气之先，趋向于热心，内地省份，风气闭塞，反

---

① 《闸北公民力争公权》，上海《申报》，1912 年 12 月 12 日，第 6 版。

② 《商界另选国会议员之要求》，上海《申报》，1913 年 1 月 23 日，第 7 版。

③ 王树槐：《中国现代化的区域研究：江苏省（1860–1916）》，台北中研院近史所 1984 年版，第 177 页。

④ 周松青：《上海地方自治研究（1905–1927）》，上海社会科学院出版社 2005 年版，第 114 页。

⑤ 张朋园：《从民初国会选举看政治参与—兼论蜕变中的政治优异分子》，张玉法主编《中国现代史论集（第四辑：民初政局）》，台北联经出版事业公司 1980 年版，第 96 页。

应冷落。”[①]应该说，上海作为得风气之先的地方，是全国投票率较高的地方。

就上海地区众议员与省议员初选举过程而言，与清末江苏咨议局选举相似的是，“选举的主流还是好的”，[②]选举舞弊现象并没有大规模地出现，也未见到媒体的批评性报道。而且由于商学界市民团体的介入，政治参与质量较有保证。总之，第一届国会众议员与省议员在上海的初选举，在总体上来看，还是比较成功的。“各选民则充分地运用法赋权利，自由地投票或弃权，以自己的意志为意志，保留对政治发展的最终决定权，并以选票来表达自己的选择。这都是中国历史上前所未有的新鲜现象。”[③]选票与民意的重要性得到彰显，选票的价值受到了重视，民意的分量至少在形式上是不容忽略的。

五、结束语

评价民国国会选举制度的成效，来自纵向层面的思考是，经过短暂的选举实践，是否存在一届比一届更完善的趋势？在横向层面，与当时各主要民主国家相比较，民国国会选举制度的进步与不足之处是什么？

关于纵向层面的比较，以三届国会选举法规为例。在选举制度设计方面，与第一届国会相比较，第二届国会减少了两院议员名额。参议员从274名减少为168名，众议员从596名减少为406名，两

① 张朋园：《清末民初的两次议会选举》，《中国近代现代史论集第十九编民初政治》（一），第 10 页。

② 侯宜杰：《二十世纪初中国政治改革风潮：清末立宪运动史》，中国人民大学出版社 2009 年版，第 183 页。

③ 刘劲松：《第一届国会选举再论》，《安徽史学》2003 年第 3 期。

院议员共574人。[①]“议会规模大小一般都同国家的人口数目相关，在人口数大致相等的情况下，规模较大的议会其代表的普遍性、广泛性无疑大于那些规模相对小一些的议会。但是议会规模过于庞大，不仅加重国家财政负担，而且减少议员深入参与立法的机会，难以在议会中充分参加辩论和讨论，给议会的运作带来实际困难。”[②]所以与第一届国会法定议员人数870名相比，第二届国会的规模较为适中。在选举资格规定方面，除保留第一届国会有关性别、财产、教育文化的限制性规定以外，还提高了财产、教育文化等选举资格的标准。显然，这种提高选举资格的做法对于普选原则而言是一个退步。

在选举施行方面，有关细则规定呈现出逐渐完善的趋势。如第二届国会众议员选举法施行细则为完善复选举程序，增加了复选举规定，要求复选选举人应在复选期前亲赴复选区办理选举事务所报到，检验初选当选证书；投票时复选选举人须将初选当选证书持赴投票所由管理员监察员查验相符，方得交付投票纸；在初选举程序方面，特别增加投票管理员在投票以前应将投票匭当众开验；选举票由投票人自行投入票匭等条文。[③]在第三届国会众议员选举前夕，政府通过修正选举法施行细则，进一步改进了选举程序设计。在初选举程序方面，规定调查员造具选举资格调查表，由该调查员签名盖章，对表内所列选举人资格负完全责任；初选监督督察调查员调查，明确核实造册与各调查员负共同责任；开票管理员在开票完毕后，必须会同监察员决定有效票若干，无效票若干，分别记载在开票录并宣示公众；在复选举程序方面，规定复选举选票除依法书写被选举人姓名外，还必须在姓名字样下面记载被选举

① 由于受到支持孙文护法的西南五省的抵制，实际选出国会议员472人，张朋园：《中国民主政治的困境，1909-1949：晚清以来历届议会选举述评》，吉林出版集团有限责任公司2008年版，第148页。

② 田穗生等：《中外代议制度比较》，商务印书馆2001年版，第114-115页。

③ 《修正众议院议员选举法施行细则》第59、60、31、32条，《政府公报》第758号，1918年3月4日。

人的籍贯；复选监督制成开票入场券，在投票入匭后发给复选选举人；投票完毕后，复选选举人有10人以上之同意，可以公推5人并准备各人签名盖章的封条，请求管理员、监察员加封于投票匭；开票所必须经过复选选举人三分之一以上入所监视验明封识后才能开匭；开票所驻守的巡警只负责维持秩序，不能干涉复选选举人监视开票。[①]

选务资料准备等细节工作也值得一提。与1912年众议员选举施行细则附录部分只有5种选务工作表格相比较，1918年修改后的细则共附有选务工作表格21种，使选务资料更加齐备。其中第一表“初选举选举人名册式”、第二表“初选举投票簿式”、第三表“众议院投票纸及封筒定式”、第四表“众议院议员选举投票匭式”、第五表“投票录式”、第六表“开票录式”、第七表“选举录式”、第八表“初选当选证书式”、第九表“复选人名册式”、第十表“复选投票簿式”、第十一表“众议院议员证书式”、第十二表“众议院议员递补证书式”、第十三表“蒙古西藏青海选举人名册式”、第十四表“蒙古西藏青海选举投票簿式”、第十五表“蒙古西藏青海选举投票纸投票封筒式”、第十六表“蒙古西藏青海选举投票匭式”、第十七表“蒙古西藏青海选举投票录式”、第十八表“蒙古西藏青海选举开票录式”、第十九表“蒙古西藏青海选举录式”、第二十表“蒙古西藏青海众议院议员证书式”、第二十一表“蒙古西藏青海众议院议员递补证书式”。[②]

在横向层面，虽然“民初选举法所体现的自由原则、平等原则、秘密投票原则、差额选举原则充分体现了近代选举制度的民主精神”。[③]但是即使如此，与当时的主要民主国家相比较，民国国

① 《修正众议院议员选举法施行细则》第16、17、44、64、65、66、67、68条，《政府公报》第1741号，1920年12月20日。

② 《修正众议院议员选举法施行细则》附录，《政府公报》第758号，1918年3月4日。

③ 熊秋良：《论民国初年的选举法》，《社会科学辑刊》2005年第1期。

会在选举方式、选举方法等制度建设方面仍存在一定的差距。[①]

与当时世界各国下院多有采用直接选举制不同的是，民国国会众议员选举方式是间接选举制。有论者认为这种方式主要有两大弊端。“其一，在使选举制度对于一般选民的政治知识，不能发生重大的教育作用；因为初选目的，既只在决定执行最终选举职务之人，而非选定最终当选的人员，则初选时各政党的选举竞争，或不免将政策的宣传与讨论置诸次要之列，而一般选民对于各方面的政治意见，或亦不能得着相当的了解。其二，在使选举贿赂与选举恫吓的情事较易发生；因为最终选举时，选举人数既较初选人数大减，贿赂与恫吓等情弊，自然较易实行。”[②]

这种间接选举制，因参加复选举的初选人数百至千余人不等，人数较少，而且《众议院议员选举法》第68条与《省议会议员选举法》第68条均规定“复选当选人不以初选当选人为限”，《参议院议员选举法》第21条也规定“各省选举参议院议员，该省省议会议员被选者不得逾定额之半。”所以在复选阶段，特别容易产生贿选等举腐败，选举投票时的舞弊现象在上海初选举时未见媒体报道，主要还是在众议员与省议员复选举阶段，“各地市井无赖之觊觎省议会议员，而以金钱购买选举票者，实繁有夥，一选票有值至百元外者，一人有购至二十票者，私囊不敷购，则称贷以益之。”[③]“故欲为议员者其收买初选当选人之费多者三四千元，少亦二千余元，且必付现金，不容赊欠。”[④]“后者（众议员）则因采复选制度，‘普选’之可能流弊，亦可减少，但代表民意之程度，亦因之降低。”[⑤]但当时在讨论选举方式时，北京临时参议

① 北京临时参议院在起草选举法大纲时曾经参照各国选举法，如起草人谷钟秀提到参议员年龄必较众议院议员稍高，法国元老院议员初选年龄为40岁。参见《参议院第二十八次会议速记录》，《政府公报》第71号，1912年7月10日。

② 王世杰、钱端升：《比较宪法》，第178页。

③ 《呜呼江苏省议会之前途》，上海《申报》，1913年1月6日，第6版。

④ 《自由谈话会》，上海《申报》，1913年1月7日，第10版。

⑤ 钱端升等：《民国政制史》上册，第55页。

院议员们却普遍认为“复选举制易于选出优秀人才，较直接选举为良”。[①]

在选举方法上，与英美国家不同的是，众议院议员初选举虽然采用的是“复数选区单记非让渡投票法”。但是从严格意义上来说，并不属于相对多数选举制。因为虽然没有要求当选者票数过半，但是仍然规定了最低当选票数门槛。这种初选举制的出现并不是偶然的，日本早在1900年就采用了“单记非让渡投票法”。当时日本众议院议员选举法规定“投票限一人一票”，并采用无记名投票方法，“选举人应在投票所将被选举人一人之姓名，亲自记载于投票用纸投函，投票用纸不得记载选举人姓名。”在投票纸上记载二人以上被选举人姓名是无效的。关于当选者票数同样没有要求过半，“以得有效投票之最多数者为当选人。但须以该选举区内之议员定数除载于选举人名簿者之总数，所得之数有五分之一以上之得票。”[②]事实也是如此，民国初年立法者对日本选举制度尤为关注，选举法起草人对日本的选举制度不仅熟悉，而且推崇备至。选举法大纲起草人张耀曾是日本帝国大学法律专业留学生出身的法学家，非常熟悉日本选举制度，他在立法会议上谈到选举区制时，就引述日本的选制，“如日本之选举成绩，普通言之，选出一人或二三人者为小选举区，举五六人以上者为大选举区。在日本初定选举法时，小选举区亦非只定选出一人，是选出至少一人，至多三人之数者，为小选举区。选出五六人以上者即为大选举区。如此办法庶可与中国情形相合。”[③]所以日本选举制度对民国国会选举法的影响是不言而喻的。

关于“复数选区单记非让渡投票法”的成效，一般认为是弊远

① 临时参议院议员谷钟秀等人的发言，参见《参议院第二十八次会议速记录》，《政府公报》第71号，1912年7月10日。

② 《众议院议员选举法》第29条、36条、70条，商务印书馆编:《日本议会法规》，商务印书馆1908年版，第81–82、87页。

③ 《参议院第三十次会议速记录》，《政府公报》第74号，1912年7月13日。

大于利，“复数选区下的提名过程虽然有利于各政党内部派系的席位分配，但也使得各政党藉由选举甄拔政治人才的管道为派系所垄断。”[①]按照这一投票规则，如果选区中有人高票当选或出现众多有实力的候选人瓜分票源的话，则实际所需的当选票数会很低。这样在复数选区中，仅需要掌握一定比例的选票，第三党及无党籍人士就有可能当选。候选人所要努力争取的，并非多数选民的认同，而是少数足以使其当选的选民的衷心支持。因此凸现个人色彩或高举鲜明旗帜就成为相当一部分候选人巩固铁票或争取游离票的重要手段。为争取特定少数，候选人一般不会向中间靠拢，而强调地方服务绩效、走偏、买票甚至贿选成为常见手段。一直到20世纪30年代，日本选举中买票盛行，“即基于其投票方法为单记非移让式方法。”[②]

与当时主要民主国家选区制度相比较，民国国会选举制度的缺陷并不在于大选区制，而是未能相应地改革选举方式，采用比例代表制度。一战后法国在1919年采用完全的大选举区制，英国从1918年下院选举法颁布后，各地选区有的采用单选区制，有的采用大选区制。30年代有学者认为单选区“（一）选区小，人才必少，故不易有真正的人才出现。（二）小选区制所选之人是代表本区的自身利益，而不顾全国的利益。（三）小选区制往往使议会内的多数党为本身利益，而划分选举区，有以党派利益分区的危险。”[③]但是与民国选举方式不同的是，英法在一战后采用大选举区制的同时，也实行比例代表制度。所以考虑到复数选区的特点，采用比例代表制应是一种较为合适的制度选择。“比例代表制必须在复数选区下施行，并且在一般情形下，选区应选名额愈多，比例代表性愈

① 王业立：《比较选举制度》，第134页。王著中并提到当代我国台湾地区的选举制度也是“复数选区单记非让渡投票法”，其实践结果同样表明是弊远大于利。

② 森口繁治：《选举制度论》，刘光华译，廖初民校，中国政法大学出版社2005年版，第219页。

③ 赵纯孝：《选举制度的研究》，何勤华、李秀清编：《民国法学论文精萃（宪政法律篇）》，法律出版社2002年版，第653页。

佳。”[①]比例代表制的制度特色是其代表性，“只要一个政党能够跨过政党门槛，就能进入议会。接下来，各个政党根据选票分配议席，使得各种意识形态、政见、阶层利益能够在议会中拥有表达的机会。”[②]在民国初年多党制环境中，“比例代表制比其他任何一种投票方式更能最大地满足民主多党制的需要。”[③]

作为代表地方的参议院，其选举方式为间接选举制，在当时具有合理性，“参议员名额之分配，各省占绝对多数，而各省则系平均分配（即不顾地域之大小，人口之多寡，而有相同之名额）。而且除中央学会之外，其他殆全系地域代表性质。因之，参议员选举之第二特征，可以认为地域代表之意义，甚为浓厚，实与若干联邦国家之上议院组织，不无相似。”[④]当时各国的上院或参议院也多采用间接选举制，美国在1913年参议员亦是各州议会选举产生。但是在选举方法上，与欧洲国家不同的是，中国采用独特的多数多轮投票法，既不属于相对多数选举制，也不属于绝对多数选举制。[⑤]从理论上来说，由于对投票次数未做限制性规定，这种选举方法较难化解选举僵局，付出的制度成本较高。

总之，民国早期的国会选举规程与选举技术，“虽较前清有所改进，但缺点仍多”。[⑥]与当时国外的发达国家相比较，差距与不足之处也很显著。不过在短暂的北京政府时期，国会选举制度能够与时俱进，不断修正，这种革新精神无疑仍然是值得肯定的。

---

① 谢复生：《政党比例代表制》，台北市理论与政策杂志社 1992 年版，第 25 页。

② 聂露：《论英国选举制度》，中国政法大学出版社 2006 年版，第 252 页。

③ 让－马里·科特雷、克洛德·埃梅里：《选举制度》，张新木译，商务印书馆 1996 年版，第 78 页。

④ 钱端升等：《民国政制史》上册，第 50 页。

⑤ 当时欧洲国家与英美的相对多数选举制不同，采用的是绝对多数两轮决选制。参见王业立：《比较选举制度》，第 22 页。

⑥ 张朋园：《从民初国会选举看政治参与—兼论蜕变中的政治优异分子》，《中国近现代史论集第 19 编民初政治一》，台北商务印书馆 1986 年版，第 89 页。

民初《众议院规则》的中日比较

1913年4月8日，第一届民国国会第一期常会在北京开会。同年9月10日众议院议决通过《众议院规则》。之后在第二届国会第一期常会时期，1918年10月7日议决通过《修正众议院规则》。

一般学界在研究民初国会制度时，会提及《众议院规则》关于众议院组织制度的要点。但是关于《众议院规则》的内容却鲜有分析，特别是其在法律移植方面的特色。笔者近年来在研究中发现，在清末新政时期，商务印书馆于1908年曾翻译出版《日本议会法规》，其中就收录有介绍日本明治时期国会立法制度的《众议院规则》。通过比较，笔者发现民国众议院在立法审议、发言与表决制度方面，对日本明治时期众议院的立法制度多有借鉴。

一、立法制度的中日比较

（一）立法审议制度

日本《众议院规则》在立法审议上采用三读会制度。

第一读会在议案分送各议员后，必须隔两日开会，但紧急事件不在此限。第一读会将议案朗诵后，国务大臣政府委员及发议者，得辩明其旨趣。议员如对议案有疑义者，得请国务大臣政府委员及发议者说明。议长得从便宜省略议案的朗诵。前条手续结束，当将政府或贵族院提出的议案付托给委员。议院待委员的报告，就大体讨论之后，当决应开第二读会与否。议院提出的议案，就大体讨论之后，当决应开第二读会与否。如有付托于委员的动议，已可决交。当待其报告，然后再决应开第二读会与否。如果决定不召开第二读会，议案即作废。

第二读会在第一读会结束后，必须隔两日开会。但议长得咨询议院，减短时刻，或与第一读会同日举行。第二读会当将议案逐条朗诵而议决之。议长得从便使省略议案的朗读。在第二读会对议案得提出修正的动议。议员得在读会之前，预将修正案提出于议长。关于委员报告的修正，不待赞成可作为议题。议长得更改逐条审议的次序，或连合数条，或分割一条付之讨论。但议员有提出异议者，待有赞成的人，不用讨论决定。第二读会结束，议院得从便将议案付托委员，使整理修正决议的条项及字句。

第三读会在第二读会后，必须隔两日开会。但议长得咨议院，减短时刻或与第二读会同日举行。第三读会当将议案全体可否议决。第三读会除更正文字外，不得作修正动议。但发现议案中有互相窒碍事项，或与现行法律窒碍事项，动议必须修正者不在此限。[①] 民国众议院三读会的立法审议制度与日本基本相同。[②]

（二）立法发言与表决制度

1、发言次序。日本《众议院规则》规定，准备对议案发表意见的议员，应在会前将席次号、赞成或反对的意见通告书记官，书记官依照通告的次序载录于发言表，向议长报告。议长依照发言表中的次序，指令反对者先发言，然后赞成者与反对者相间发言。未事先通告的议员只有等待已经通告的议员全数发言完毕后才能发言。已通告的甲方议员发言未完，但在乙方议员发言已毕的情况下，未通告的乙方议员可以请求发言。未通告而准备发言的议员必

---

① 日本《众议院规则》第 88–99 条，商务印书馆编译所《日本议会法规》，商务印书馆 1908 年版，第 115 页。

② 参见《众议院规则》（1913 年 9 月 10 日议决）第 67–79 条，李强选编：《北洋时期国会会议记录汇编》第 9 册，国家图书馆出版社 2010 年版，第 46–48 页。

须起立向议长报告自己的姓名，等到议长许可后开始发言。二人以上请求发言时，议长指定先起立者发言，同时起立依照议长所指定。在延会或议事中止时，发言未结束的议员，可以在再行讨论开始后继续前面的发言。①

民国众议院的发言次序的规定基本相同，仅有一处关于众议院议员发言的补充规定，即在无法辨别起立先后顺序时，未曾发言者先发言，如果均未发言或均已发言，则允许席次较后者发言。②

2、发言限制。日本《众议院规则》规定，凡是发言者必须登上演讲台，但是简单发言及经议长许可者不在此限。讨论不得超出议题之外。议长无论何时，得使在议席发言的议员登演讲台。议员对同一议题发言不得达到两次，但质疑、应答或唤起注意者不在此限。委员长与报告者，为说明议案报告的主旨，可以发言数次。国务大臣、政府委员及发议者动议者，为说明议案及发议动议的主旨，可以发言数次。会议时不得朗诵意见书及理由书。议长如果想参与讨论，应到议员议席，请副议长代理。议长既参与讨论问题，在问题未表决之前不得返回议长席。讨论终局由议长宣布。发言者虽然未结束，但是有议员提出讨论终局的动议，议长咨询议院可不用讨论即决定。议院规则如有疑义，议长决之，但议长得咨议院决之。③

民国国会众议院的发言限制除与日本规定相同外，另有补充性规定：发言者虽然未结束，但是有众议员提出讨论终局的动议，如有5人以上赞成，可不用讨论即决定。④

---

① 日本《众议院规则》第100–105条，商务印书馆编译所《日本议会法规》，第117页。

② 《众议院规则》（1913年9月10日议决）第84条，李强选编：《北洋时期国会会议记录汇编》第9页。

③ 日本《众议院规则》第106–117条，商务印书馆编译所《日本议会法规》，第118页。

④ 《众议院规则》（1913年9月10日议决）第95条，李强选编：《北洋时期国会会议记录汇编》第9册，第50页。

3、修正案要求。日本《众议院规则》规定，有提出修正议案的动议者，必须准备好修正案向议长提出。议员提出的修正案，应先于委员会提出的修正案进行表决。同一议题有数位议员各提出修正案时，由议长决定表决顺序，应以与原案相差最远者为先。议员如有异议，待有赞成的人，则不用讨论决之。议员提起修正案的动议业已成立者，非经本院允许不得撤销。修正案不得通过时，可就原案进行表决。修正案与原案均不得通过时，该议题为院议所不得废弃者，委员另行起草。① 民国国会众议院的修正案要求内容基本相同。②

4、表决制度。日本《众议院规则》规定表决之时，不在议场的议员，不得算作表决人数。议长打算行使表决权时，必须向议院宣告应行表决的问题，经宣告后，无论何人不得再就议题发言。表决时议长应该命令赞同者起立或举手，并检查人数的多少，宣告表决结果。如果议员对表决结果有疑义，或对议长宣告提起异议时，议长应该命令书记官点唱议员席次再行起立表决。议员对于点唱表决结果仍然提出异议并有20人以上赞成时，议长应命令使用记名投票表决。议长认为有必要，或有议员20人以上提出要求时，可以不用起立表决，而用记名或无记名投票方法表决。进行记名投票时，赞成者使用白色选票，反对者使用青色选票，各自记录本人姓名投入票匦。进行无记名投票，赞成者使用白色选票，反对者使用黑色选票，投入票箱，并将本人名刺（名片）投入名刺箱。如果票数与名刺数不符合，应再行投票。点唱席次，或记名投票表决时，应将议场入口封闭。投票结束后，议长当宣告其结果，议员不得申请更正自己的表决。③

---

① 日本《众议院规则》第118–123条，商务印书馆编译所《日本议会法规》，第119页。

② 参见《众议院规则》（1913年9月10日议决）第105–109条，李强选编：《北洋时期国会会议记录汇编》第9册，第51页。

③ 日本《众议院规则》第124–132条，商务印书馆编译所《日本议会法规》，第120–121页。

民国国会众议院的表决规定基本相同，只是在进行记名投票时，将原日本规则中反对者使用的青色选票改为蓝色选票。无记名投票时，则将原日本规则中反对者使用的黑色选票改为蓝色选票。①

二、立法会议规则的中日比较

民初《众议院规则》在立法会议规则内容方面，与当时日本国会的《众议院规则》亦有众多相似之处。

（一）集会、开会与议长、副议长选举

日本《众议院规则》规定，议员当于召集敕谕指定之日午前9时集会于众议院。集会议员应将当选证书及名刺交与事务局。书记官当将各员当选证书与当选人名簿对照。

至午前10时集会已满全院议员三分之一，议员当行选举候补议长。候补议长的选举以无名投票，连记候补者3名。议员应答点名，即将投票投入议长席前所设投票箱，并将名刺投入名刺箱。议员投票毕，书记官长宣告闭锁投票箱，宣告闭锁之后不许投票。投票毕，书记官长与书记官，在议员面前，计算投票数。如投票数过于名刺数，必须重新投票。投票检点毕，书记官长将各候补者得数报告议员，以得投票过半数者为当选人。无得投票过半数者，或得过半数者不满三人，则就得投票最多数者，依应选举的定员数，加倍取之。再举行决选投票，以得多数者为当选人。同数者如二人以上，则取年长者，同年月，则抽签定之。当选人有辞当选者，当再行选举。候补议长选举结束，举行候补副议长的选举。候补副议长的选举同候补议长选举。候补议长，得被选举为候补副议长。如因选举有疑义，书记官长谘已集会之议员决之。候补议长候补副议长

① 《众议院规则》（1913年9月10日议决）第100、101条，李强选编：《北洋时期国会会议记录汇编》第9册，第51页。

已定之后，书记官长当经由内阁总理大臣上奏。议长副议长任命之明日午前9时，议员当集会于议场。书记官长在议院为议长及副议长介绍，引议长临议长席。议长临议长席后，使书记官抽签，定议员的议席及部属。

议员的议席，每会期定之，各席俱编号数。议员之部属，每会期定之，各席俱编号数。总议员分为9部，如不能平均，自第一部以下，每部可加一员。议长、副议长不入部员之中。临时会可继续前会的议席及部属。议席及部属定后，议长将议院成立情况，通报政府及贵族院。议员一任期中之第二会期以下，至召集期日午前10时，议员已到总数三分之一，议席及部属已定，将议院成立情况，通行政府及贵族院。[①] 民初《众议院规则》第1–13条的内容基本相同。

（二）议员资格审查

日本《众议院规则》规定，议员有对他议员之资格，申立（申请之意）异议者，当作异议申立书及副本通，署名提出于议长。议长将申立书交付审查资格委员，将其副本送达被告议员，决定日期使其提出答辩书。被告议员如能证明因天灾事变及疾病，不能在规定期限内提出答辩书，议长得再定日期，使其提出答辩书。议长受被告议员的答辩书，则交付审查资格委员，期以时日使审查之。被告议员，如不于定期内提出答辩书，审查资格委员得行报告审查的结果。审查资格委员认为必要时，得经由议长将申立议员及被告议员，唤召讯问。委员既将审查报告，提出于议长。议长配付各议员之后，交付院议。被告议员在议院得自行辩明，或托其议员代为辩明。[②]

民国众议院议员资格审查的内容基本相同，而且进一步标明审查日期与审查会人数。议员对于他议员之资格，认有异议时，应作

---

① 日本《众议院规则》第1–18、23–24条，商务印书馆编译所《日本议会法规》，第103–105页。

② 日本《众议院规则》第67–72条，第112页。

成异议书两份提出于议长，由议长分交审查委员会及被议议员。被议议员受异议书后，应于5日内提出答辩书。[①] 1918年10月7日的《修正众议院规则》补充规定，到会议员应将当选证书送交本院由议长指定审查员9人组织审查会审查。[②]

（三）开议散会及延会

日本《众议院规则》规定，会议通常自午后1时起。议事日程所载议事结束，议长不咨议院宣告散会。议事虽未结束，已到午后6时，议长得宣告延会，但紧急议事不在此限。到议事开始时，议长临席报告一切来信，然后宣告开议。议长未宣告开议之间，无论何人不得就议事发言。出席议员倘不足数，议长使过相当之时间计算之。计算两次，仍不足数，可宣告延会。议长宣告散会延会及中止后，无论何人不得就议事发言。[③]民国众议院的相关规定基本相同，而且进一步明确每周开会时间，即本院议事每星期三次间日行之。[④]

（四）议事日程

日本《众议院规则》规定，会议终，议长当将下次议事日程报告议院。凡应付议院会议事件及其次序，并开议之日时，当载于议事日程。议事日程，当刊登在官报配付各议员。议事日程所定会议某议案的时刻已至，议长中止会议中议事，移于预定会议时刻的事件。纵有载于议事日程的事件，因紧急事件，有作开议的动议者，或议长自认为紧急事件，得不用讨论，咨议院更改议事日程。议事日程指定之日，如不能会议所载事件，或会议不能终局，议长当再

---

① 《众议院规则》（1913年9月10日议决）第47–48条，《众议院议决案汇编》，李强选编《北洋时期国会会议记录汇编》第9册，第43页。

② 《众议院规则》（1913年9月10日议决，1918年10月7日修正）第48条，李强选编《北洋时期国会会议记录汇编》第15册，第117页。

③ 日本《众议院规则》第73–77条，商务印书馆编译所《日本议会法规》，第113页。

④ 《众议院规则》（1913年9月10日议决）第50条，李强选编《北洋时期国会会议记录汇编》第9册，第43页。

决定日程。[①]民国众议院的议事日程规定相同。[②]

（五）记录

日本《众议院规则》规定，议事录记载左列事项。一、关于议院成立及开会闭会的事项，并其年月日时；二、开议延会中止及散会的月日时；三、出席国务大臣及政府委员姓名；四、敕语及敕旨。五、议长及委员长报告之件。六、已付会议的议案题目。七、已作为议题的动议及动议者姓名。八、决议的事件。九、已计算表决及可否之数，则其数若干。十、议院认为必要的事项。议员对议事录所载事实，如有异议，议长当使书记官长答辩，议员不服其答辩，或不服议长的处置，议长可不用讨论，取决于议院。议事录必须由议长及整理当日会议的副议长或代理议长，及书记官或代理书记官署名。议事速记录用速记法记载议事。议长已命取消的发言，不能记载于速记录。演说议员再配付速记录日午后7时以前，得请改正，但只准改正字句，不得更改演说旨趣。对速记录的改正，有申立异议者，议长待有赞成的人可不用讨论取决于议院。[③]

民国众议院议事录记载内容除与日本相同外，另外增加两项内容：每次会议议员到会之数及请假缺席议员姓名以及交付委员会审查事件。[④]

（六）请假缺席及辞职

日本《众议院规则》规定，议员有事故时，数日间不能出席议院者，当开具理由与时间，预先提出请假书，呈请许可。因公务或疾病或一时不得已事故，不能出席于议院之时，当开具理由，差出

---

① 日本《众议院规则》第78–83条，商务印书馆编译所《日本议会法规》，第113–114页。

② 《众议院规则》（1913年9月10日议决，1918年10月7日修正）第59–63条，李强选编：《北洋时期国会会议记录汇编》第15册，第118页。

③ 日本《众议院规则》第135–140条，商务印书馆编译所《日本议会法规》，第121–123页。

④ 《众议院议决案汇编》（1913年9月10日议决）第110条，李强选编：《北洋时期国会会议记录汇编》第9册，第48页。

缺席届书。得议院许可，离议院所在地者，于出发及归著之时，当届出于议长。议员至得请假许可之日限，因有事故，仍不能出席于议院者，当开具理由，定日数，再差出请假书，呈请许可，但因临时事变，不能行此手续者，日后当将其理由申告，请议院承认。已得请假许可的议员，请假期限内如出席于议院，则失请假许可之效。议员欲辞职，当差出辞表于议长。议长使朗读辞表，不用讨论，可议决许否，在闭会中议长得处分之，于次会期开始报告议院。辞表如有认为不敬或无礼之语，议长得禁止朗读，将其要领报告议院。在前条之时，得将其辞表交付惩罚委员使审查。[①] 民国众议院的相关规定基本相同。[②]

（七）警卫及纪律

日本《众议院规则》规定，议长指挥守卫警察官吏，施行议院内部的警察权。守卫司议事堂内警察，警察官吏司议事堂外警察，但议长有特命警察官吏，可行议事堂内警察。院内的防火、上灯、导水、暖炉及扫除等事，守卫监督之。议院内部如有重罪轻罪的现行犯人，守卫及警察官吏可请议长命令逮捕，但在议场，不候议长命令不得逮捕。议员入议场，除礼服羽织袴外，不得穿一切略服或作奇异服装。进入议场者不得携带外套伞杖等物，不得戴帽。议场内不得吸烟。议事时除为参考者外，不得阅读新闻纸及书籍。无论何人，议事中不得发赞声否声或喧噪，妨害他人的演说朗诵。当散会时，议员非议长退席后不得退席。议长鸣号铃声时，无论何人，俱当沉默。凡秩序问题，议长决之。但议长得咨议院决之。[③]民国

① 日本《众议院规则》第159–166条，商务印书馆编译所《日本议会法规》，第126–127页。

② 《众议院规则》（1913年9月10日议决）第128–132条，李强选编：《北洋时期国会会议记录汇编》第9册，第55页。

③ 日本《众议院规则》第167–178条，商务印书馆编译所《日本议会法规》，第127–128页。

众议院警卫及纪律的内容基本相同。[①]

（八）惩戒

日本《众议院规则》规定，在会议中，如有惩罚事犯的时，议长得中止会议，或使犯人退出议场。在委员会，如有惩罚事犯之时，委员长得中止委员会。各部有惩罚事犯之时，部长处分之，同委员长例。委员长及部长，不认为惩罚事犯事件，委员及部员，亦不失依议院法第98条提出惩罚的动议于议院之权。惩罚事犯的议事，采用秘密会议。议员对于自己惩罚事犯的会议，不得列席，但经议长许可，得自行辩明，或托他议员代为辩明。惩罚委员得经由议长，唤召询问本人及关系议员。有不从议长之制或及取消之命者，议长依议院法第87条处分之外，得作为惩罚事犯，交付惩罚委员。欲使在公开议场，自表谢词之时，惩罚委员当拟辞谢要领，并报告提出于议长。抵抗议院的命令或侮辱议长者，及一会期中被谴责三次，复犯应谴责之事犯，得停止其出席。停止出席不得过二周间。被停止出席者，如系委员，即作为已解任者。被停止出席者，在停止期内，如入议场，议长立命其退出。如不从命，当行必要处分，再交付惩罚委员。凡可醜议院的扰乱，或污议院体面的行为，其情重者，得停止出席，或除名。议院既议决惩罚，议长在公开议场宣告之。议长认为惩罚事犯之言论的一部或全部，得禁其宣告。议院已议决为惩罚事犯，议长的命令自归于消灭。[②] 民国众议院的相关规定基本相同，而且进一步明确停止出席及10日为限。[③]

（九）旁听

日本《众议院规则》规定，旁听席分为皇族席、外国交际官席、贵族院议员席、公众席及新闻记者席。外国交际官有请旁听

① 《众议院规则》（1913 年 9 月 10 日议决）第 140–149 条，李强选编：《北洋时期国会会议记录汇编》第 9 册，第 57–58 页。

② 日本《众议院规则》第 191–207 条，商务印书馆编译所《日本议会法规》，第 130–132 页。

③ 《众议院规则》（1913 年 9 月 10 日议决）第 159 条，李强选编：《北洋时期国会会议记录汇编》第 9 册，第 59 页。

者，依外务省照会，书记官长承议长指挥，限其员数。将旁听券送付该省。官吏有请旁听者，依所属官厅照会，书记官长承议长指挥，限其员数，将旁听券送付该官厅。公众请求旁听者，由议员介绍。书记官长承议长指挥，预定公众旁听券的员数，送付部长，部长配付各部员。在东京的日刊新闻社，每一会期给旁听券25张。在各地方的日刊新闻社，每一会期给旁听券10张，由各社协议分派。议事开始后，过一时间，旁听席如尚有空位，有请议员介绍者，书记官长承议长指挥得给以旁听券。议员介绍帝听人之时，旁听人、介绍人姓名，俱当记于旁听券。旁听人将旁听券示守卫，就守卫指示的席位。凡在旁听席者，当遵守左列各项：一、应着羽织若袴或洋服；二、不得戴帽著外套；三、不得携带伞杖等物；四、不得饮食或吸烟；五、对议员言论不得表可否；六、不得涉于喧扰妨害议事。携带兵器凶器及酒醉者不得入议场。无论有何事故，旁听人不得入议场。如决议开秘密会议，或因旁听席扰乱，使旁听人全行退去之时，议长可使守卫执行其命令。[①] 民国众议院旁听规定基本相同，只作了少许修改，如规定本院旁听券分一次及长期两种；旁听人非执有本院旁听券不得入席，但参议院议员佩有徽章者不在此限；旁听席分特别席、普通席、新闻记者席三种。[②]

三、立法委员会制度的中日比较

（一）委员会职权与种类

日本《众议院规则》规定，委员之审查不得涉于议院委托事件之外。委员在委员会于同一事件得数次发言。委员长整理委员会之会议，保持秩序。委员会议事，以出席委员过半数决定。可否同

① 日本《众议院规则》第179–190条，商务印书馆编译所《日本议会法规》，第128–130页。

② 《众议院规则》（1913年9月10日议决）第164–166条，李强选编：《北洋时期国会会议记录汇编》第9册，第59页。

数，则依议长所决。委员长如欲自与于讨议之列，可在委员中指出代理者，使临委员长的席位。日本众议院委员会分为全院、常任与特别委员会。[①]

民初《众议院规则》第14–19条关于委员会职权与种类，除与日本众议院内容相同外，另外还有所增加。如《修正众议院规则》（1918年10月7日议决）第16条加一条，委员会必须有委员过半数的列席，始得开议。新增第17条，全院委员会必须有三分之一以上的列席，常任及特别委员会须有委员过半数的列席，始得开会。

（二）全院委员会

日本《众议院规则》规定，全院委员长的选举，以无名投票行之。得过半数者为当选人。没有过半数者，则以得投票最多数者二人，再行决选投票。如同数者有二人以上则以抽签决定。如因选举有异议，议长咨议院定之。全院委员长有事时，则第一部长行其职务。第一部长亦有事时，顺次第二部长以下行之。全院委员会由议长或议员10人以上发议，不用讨论，以议院的决议召开。已议决开全院委员会应当即时开会。如议决即时不开会，议长当预定开会日期载入议事日程。召开全院委员会时，议长当退席。书记官长的席位充作委员长席。全院委员会的动议，有一人以上赞成，即可作为议题。全院委员会不得自行议决规则。全院委员会议事结束，委员长请议长复席，将其结果报告议院。全院委员会不得自行延会。倘议事不能终局，委员长当请议长复席，将议事经过报告议院。于此之时，议长当再定开会期日，载于议事日程。在全院委员会，如有违议院法或议院规则，紊乱议场秩序者，议长不待委员长的请求，得复席解散委员会。如有全院委员会不得议决的事件发生，委员长当退席，请议长复席。在全院委员会，则书记官担任书记官长职

① 日本《众议院规则》第25–29条，商务印书馆编译所《日本议会法规》，第106页。

务。[①] 民国众议院相关规定基本相同。[②]

（三）常任委员会

日本《众议院规则》规定，议院在每次会期开始时，选举常任委员如左：一、预算委员63人；二、惩罚委员27人；三、请愿委员36人。其他依议员的动议，议院认为必要者。常任委员由各部以无名投票，就总议员中选举之。得最多数者为当选人。同数者如有二人以上，则以抽签决定。选举各常任委员，依议院之命，各部于同一日时行之。各部当选既定，部长当报告于议长。当选数部之选举者，作为该所属部当选人，于所属部之外，当选数部之选举者，则按部号的次序作当选人。因前条或其他事故，导致委员有缺员的时候，由其选举之部行补缺选举。被选举为委员者，无正当事故不得辞任。委员长以无名投票互选之，得最多数者为当选人。同数者如有二人以上，则以抽签决定。委员会以无名投票，由委员中互选1名或数名为理事。使掌委员会会议录及其余文书之事，委员长有事故，则理事为其代表，但会议录及其他文书之事，得使书记官掌之。议院不指定委员会期日，则委员长决定。委员会不得于议院会议中召开。但得议院的许可，则不在此限。议员关于其受委托事件，如有意见，委员会得从其意见。议员请阅览委员会议录及其他的参考文书者，苟无碍委员会之审查，可许之。但不许携出议院之外。委员会审查结束，当制作报告书，由委员长提出于议长。依委员会的决议，委员长得以口述报告，但议院得请以文书报告。委员长经委员会之决议，得将其报告付托于他委员。除议长特认为机密者外，凡委员会的报告书，当印刷预行配付于议员。议院得定期限，使委员会完成审查报告。委员会无故迟延报告，议员得另行选任他委员。在委员会欲将以少数被弃的意见提出于议长者，如有出

① 日本《众议院规则》第30–41条，商务印书馆编译所《日本议会法规》，第106–108页。

② 《众议院规则》（1913年9月10日议决）第20–29条，李强选编：《北洋时期国会会议记录汇编》第9册，第39–40页。

席委员三分之一，得将其意见书与委员会报告，一起提出。委员会当作委员会议录，记载出席者姓名、表决数、决议要领及其余重要事件。委员会议录由委员长及理事署名，保存于事务局。除应行送还政府的文书，及有所有主者外，其他供委员使用的文书，俟其任务完毕后，保存于事务局。预算委员及请愿委员，为办事迅速起见，得分为数科，于此之时，各科互选主查。各科主查，得在议院补助委员长的报告。[①]

民国众议院常任委员会规定除基本相同内容外，还规定在每年会期开始选举左列各项常任委员：一、法典委员35人。二、预算委员71人。三、决算委员71人。四、外交委员21人。五、内务委员27人。六、财政委员35人。七、军政委员21人。八、教育委员21人。九、实业委员21人。十、交通委员25人。十一、请愿委员37人。十二、惩戒委员21人。十三、院内审计委员21人。常任委员用限制连记记名投票选举之，以得票比较多数者为当选，票同以抽签定之。限制人数照原额三分之一。常任委员会得于会内分设数科，各科互选审查主任一人，整理该科事务。凡一事件有联合审查的必要时，得联合二项以上的委员会审查之。其开会时以本规则第30条前列的委员长为主席。委员一个月内5次不出席会议者，委员长可以通知议长另行选举。常任委员会审查议案时，其他议员可到会陈述意见，但不得参与表决。[②] 1918年10月第二届国会又将各常任委员会委员人数修改为：一、法典委员25人。二、预算委员49人。三、决算委员49人。四、外交委员15人。五、内务委员19人。六、财政委员25人。七、军政委员15人。八、教育委员15人。九、实业委员15人。十、交通委员17人。十一、请愿委员25人。十二、惩戒委员15

---

① 日本《众议院规则》第42–61条，商务印书馆编译所《日本议会法规》，第108–111页。

② 《众议院规则》（1913年9月10日议决）第30、31、42、43、34、39条，李强选编：《北洋时期国会会议记录汇编》第9册，第40–42页。

人。十三、院内审计委员15人。[①]

（四）特别委员会

日本《众议院规则》规定，特别委员人数9名，但根据委托事件的种类，得以议院的决议增加。特别委员，在议院中以无名投票连记选举。得最多数者为当选人，同数者如有二人以上，则以抽签决定。议院付托特别委员的事情，如有系连于此的事件，得一并付托之。议院受特别委员报告之后，得再将该事件付托同一委员，或付托其他委员。[②] 民国众议院特别委员会的相关内容基本相同，但是特别委员的产生方法与日本众议院不同，民国众议院特别委员由议长指定，以首列者为委员长，但院法第八条所规定应以得票最多数的1人为委员长。[③]

四、结论

通过比较笔者还进一步发现，中日《众议院规则》在章节结构方面，几乎完全相同（详见下表）。不同之处仅是少数章节，如日本《众议院规则》第6章第6节“预算会议”、第8章“质问”、第9章“上奏建议及议案之奏上”、第15章“对贵族院之关系”。民国《众议院规则》的第10章“秘书厅”、第14章“附则”。

表二　中日《众议院规则》章节结构比较表

日本	民国
第一章成立	第一章集会及开会

① 《众议院规则》（1913 年 9 月 10 日议决，1918 年 10 月 7 日修正）第 31 条，李强选编：《北洋时期国会会议记录汇编》第 15 册，第 115–116 页。

② 日本《众议院规则》第 62–65 条，商务印书馆编译所《日本议会法规》，第 111–112 页。

③ 《众议院规则》（1913 年 9 月 10 日议决）第 45 条，李强选编：《北洋时期国会会议记录汇编》第 9 册，第 43 页。

续表

日本	民国
第二章议员	第二章委员会
第一节通则	第一节通则
第二节全院委员	第二节全院委员会
第三节常任委员	第三节常任委员会
第四节特别委员	第四节特别委员会
第三章议员资格之审查	第三章议员资格之审查
第四章开会散会及延会	第四章开议散会及延会
第五章议事日程	第五章议事日程
第六章议事	第六章议事
第一节动议及发议	第一节提案及动议
第二节读会	第二节读会
第三节讨论	第三节讨论
第四节修正	第四节表决
第五节表决	第五节修正
第七章议事录及速记录	第七章记录
第一节议事录	第一节议事录
第二节速记录	第二节速记录
第十章请愿	第八章请愿
第十一章请假及辞职	第九章请假缺席及辞职
第十二章警察及秩序	第十一章警察及纪律
第十三章旁听	第十三章旁听
第十四章惩罚	第十二章惩戒

在条文内容方面，上文比较也表明，民初《众议院规则》很多内容是直接引用日本，语句也基本相似。如议事日程录记载内容的规定，除有个别项目不同外，其他几乎完全相同（详见下表）。

表三　中日《众议院规则》议事日程条款内容比较表

日本《众议院规则》（第7章第1节）	民国《众议院规则》（第7章第1节）
一、关于议院成立及开会闭会之事项，并其年月日时。	一、关于本院集会及开会闭会之事项，并其年月日时。
二、开议延会中止及散会之月日时。	二、开议延会议事中止及散会之月日时。
三、出席国务大臣及政府委员姓名。	四、出席国务员及政府委员姓名。
四、敕语及敕旨。	
五、议长及委员长报告之件。	六、议长及委员长报告事件。
六、已付会议之议案题目。	七、已付会议之议案题目。
七、已作为议题之动议及动议者姓名。	八、已作为议题之动议及动议者姓名。
八、决议之事件。	九、决议事件。
九、已计算表决及可否之数，则其数若干。	十、表决可否之数。
十、议院认为必要之事项。	十一、本院认为必要之事项。

民国时期在晚清修律的基础上继续移植大陆法，中日《众议院规则》的比较更是进一步证实了这一点。在法律移植方面，民国国会的组织法规受日本的影响较大。这与立法者对日本法律制度的熟悉有关。如《众议院规则》的起草人之一张耀曾，就是日本东京帝国大学法律专业的留学生。日本法学家三宅正太郎在谈到民国法制的特色时说："就其法制之特色言之，颇有模仿日本之点。"①

① 三宅正太郎："中国民刑诉讼之实际"，载《法律评论》1924年第73、74期。

下篇

现代国家建构尝试与制度试验

转型视野中的民国早期政治发展

1912年中华民国的建立，不仅标志着近代中国国家体制革命性的变革，更重要的是加快了从晚清新政开始的传统政治社会变迁进程。在民国早期政治发展（1912–1925年）中，政治权力、政治合法性、政治参与、政治文化等结构性因素的变化速度，事实上超过了过去人们的判断与认知。正如列文森所说："君主制的种种象征已被如此彻底地消除了。这一事实的本身就提醒我们，新的共和国不仅是形式，而且也是内容。"①

从民主化的角度审视民国早期的政治发展，民国初年（1912–1913）与国会第一次复会时期（1916–1917），转型特色表现得相当明显，即一个专制政体开始解体，形成某种形式的民主政体，或回到某种形式的威权统治，或出现革命政权。特别是民国初年的民主转型，从《临时约法》的颁行、竞争性议会选举的开展、言论出版的自由，到国会政治的运作与宪法草案制定，经历了一个完整的过程。

民主转型是民主制度的创建过程，宪法的制定与宪制的实施是民主转型的主要内容，其中"制宪是一个决策过程，政治精英在这个过程中将决定新政府与政体运作规范（政治规则），以及公民权

① 列文森：《儒教中国及其现代命运》，郑大华、任菁译，中国社会科学出版社，2000年，第256页。

利与义务。”[①]经验表明，转型是民主化进程中最不稳定的阶段，时刻具有被旧政权颠覆的危险，“转型阶段受制于难以预言的偶然事件、尚未展开的变化过程和意料之外的各种后果。”[②]民主转型是民主政治建设的第一步，随后才是决定民主制度存续的民主巩固阶段。

一、民国初年的民主转型

民国早期制宪活动先声是武昌起义后鄂、浙、苏、湘等省的省约法制定。1912年3月，《中华民国临时约法》的制定成功，标志着现代中国第一部共和制国家宪法的诞生。南北统一后，制宪活动进入新的时期，正式宪法起草开始酝酿。围绕宪法的制定权与宪制模式，各种政治力量展开激烈的交锋。最后国会主导了正式宪法的制定。但是《天坛宪法草案》的完成，不但没有成为中国民主转型成功的象征，反而开启了民主化失败之门，1914年1月袁世凯政府非法解散第一届国会，制宪进程被迫中断，民国初年的民主转型完全失败。

1913年《天坛宪法草案》的制定是民国初年制宪活动发展的高潮，从这一年开始，历时十年的国会制宪正式揭开了序幕。在制宪工作刚刚开始的乐观氛围中，人们做梦也不会想到未来的制宪之路将会如此坎坷曲折、命运多舛。尤其是第一届国会中那些意气风发的年青议员们，对他们中的一些人来说，参加制宪会议，不过意味着多准备一些宪法学讲义，然后开始学理上的滔滔雄辩，力求“立法至上”的宪制设计完美无缺而已。新生的民国国会也力排众议，

① Andrea Bonime-Blanc，Spain’s Transition To Democracy，The Politics of Constitution-making，Boulder and London，Westview Press，1987，p.13.

② Terry Karl and Philippe Schmitter，Modes of Transition in Latin America，Southern and Eastern Europe，International Social Science Journal（May 1991），转引自谭晓梅《第三次民主化浪潮与当代民主理论的最新发展》，《政治学研究》，1998 年第 3 期。

先后拒绝了临时大总统袁世凯与地方军绅的制宪要求，依据北京临时参议院制定的《国会组织法》，独自开始了制宪工作。

民初的制宪环境也不同于以后的军阀干政、无法无天。虽然大量的论著都指责袁世凯对制宪活动的破坏，似乎当时国会宪法起草委员会的制宪环境是极其恶劣的。但事实并非如此。尽管1913年7月爆发了国民党人反抗袁政府的“二次革命”，袁政府也以镇压乱党之名，先后逮捕了5名制宪议员。但是袁此举的目的不同于在11月份采取的解散国民党、取消国民党议员身份的非法命令，后者的动机明显是为阻挠国会继续开会，并为最后解散国会制造借口。此时袁仍然希望尽可能地合法地对制宪工作施加自己的影响，还没有做出非法中断制宪进程的最后选择。

事实上，国会宪法起草委员会在“二次革命”以后的历次会议，并没有因为袁的反对而中断。制宪议员能够独立完成宪法草案，就是对制宪环境最好的说明。而且在三个半月的宪法起草期间，从来没有发生过军人团体滋事等恶性事件。地方都督、军人干宪风潮的发生是在10月25日宪法草案基本完成之后。宪法起草委员会所需的制宪经费也一直是北京政府财政部通过国会参议院提供。[①]所以制宪工作基本上还是在比较和平与稳定的环境中进行。

但是《天坛宪法草案》的完成却成为民国初年民主转型失败的标志。在宪法草案二读即将完成的10月25日，总统袁世凯通电各省军政长官，公开表示反对宪法草案，认为：“草案内谬点甚多”，“比较临时约法，弊害尤甚”。[②]北洋派与拥袁的各省军政长官也纷纷通电指斥宪法草案。11月4日，袁世凯第二次通电各省，再次表示拒绝接受宪法草案，并于同日宣布解散国民党，取缔国民党议

① 1913年9月27日，宪法起草委员会主席汤漪在第22次会议上曾提到制宪会议经费问题。“本会开办之际，所有用款原议不由本会直接向财政部支取，先由参议院代领，俟会期终作总报销。前由王副议长向财政部支洋3千元作为本会经费，现此款已用竣。”参见《宪法起草委员会第22次会议录》，北京：宪法起草议员会编，1913年12月。

② 电一，李根源：《中华民国宪法史案》，民国3年，国闻编译社。

员资格。在随后的两个月内，国会宪法会议因人数不足而停开，制宪工作陷于停顿。

政治权力在这一时期主要有两个重要的变化。首先是国家权力的变化。在横向关系中，过去以行政权力为核心的一元权力结构开始瓦解，出现立法、司法与行政三权初步分立的权力结构。民国初年南京、北京临时参议院与国会的相继成立，标志着完全意义上的立法机构开始在中国正式出现。[①]南京临时参议院成立于1912年1月28日，“参议院以各省都督府所派之参议员组织之”（《临时政府组织大纲》第七条）。参议员共有42人，来自全国17省区。[②]南京临时参议院任内最主要的成绩是《临时约法》的制定与颁行。同时，围绕国都、约法制定权等问题，参议院不顾临时政府的反对，有效地行使了立法权力。南京临时参议院存在时间仅有两个多月，由于议员多数是地方政府指派，民意代表性不强，在湖北省等地方议会的反对下，南北统一后随即进行了改选。同年4月29日，新一届临时参议院在北京成立，各地先后选出122名参议员，进行了将近一年卓有成效的立法活动。根据作者统计，南京与北京临时参议院总共通过各类议案188件，未议决、未审查、未提议案122件，共计310件。[③]参议院议长吴景濂在闭会仪式也称：“本院先后开会综二百二十次，经议决者凡二百三十余案，立国纲要，未始不于此稍稍植基础也。”[④]

1913年4月8日，第一届国会在北京成立。国会采用两院制，分为参议院与众议院。参议院由各省议会、蒙、藏、青海、华侨学会，按照《国会组织法》规定的名额，实际选出266名参议员。众议院按照每人口满80万选出议员1名的原则，共选出596名议员。两

① 晚清的资政院，由于一直到辛亥革命爆发后才获得《十九信条》承认的国家立法机构地位，因此在它实际存在的时间内，还不能算是法律意义上的立法机构。

② 平佚：《临时政府成立记》，《东方杂志》8卷11号（1912年5月1日）。

③ 严泉：《民国临时参议院研究，1912-1913》，硕士学位论文，华东师范大学历史系，1999年，附录二、三。

④ 孙曜编：《中华民国史料》，上海文明书局，民国18年，第114页。

院议员合计862人。[①]根据《临时约法》、《国会组织法》规定，国会主要有立法与行政监督两大权力。国会在短暂存在的半年多时间里，不少议员问政积极，宋教仁案、大借款案、俄蒙协约案、预算案等争执激烈，弹劾、质询案层出不穷，仅众议院就提出9件弹劾案，19件建议案与查办案，173件质问书，涉及政府工作的各个方面，[②]先后迫使国务总理赵秉均、财政总长周学熙辞职。此外，还制定出民国宪法草案，通过各类议案42件，[③]展现出一定的立法活力。国会初开的两个月，被后人称为“国会神圣时代”。[④]

地方议会政治在民国初年也非常活跃。1912年独立各省的谘议局纷纷改为临时省议会。1913年初，各省第一届省议会宣告成立。一些省份的县还成立县议会，不少乡镇也有议事会。[⑤]许多地方的省议会积极参与本省的政治活动，认真履行立法职权，立法活动有声有色。四川省议会在审议政府预算案活动中非常认真，一度曾经否决政府预算法案。[⑥]安徽省议会积极监督政府行政活动，并当场质问民政长柏文蔚行事违法。[⑦]湖北省临时议会与第一届议会，先后提出财政、教育、民生、弹劾等法案200多件，颇有成效。[⑧]江西

① 实际选出的议员人数各方统计不一。本文采用张玉法先生的统计数字，参见张玉法《民国初年的国会》［《（台北）中央研究院近代史研究所集刊第13期》］第113页。

② 《众议院议决案汇编》附编《质问书》、《众议院未决案一览表》。

③ 张玉法：《民国初年的国会》，第140、158页。

④ 张玉法：《民初对制宪问题的争论》，《（台北）中央研究院近代史研究所集刊第12期》，第124页。

⑤ 其中关于民初广西省县、镇议会的叙述参见朱宏源《从变乱到军省：广西的初期现代化，1860–1937》［《（台北）中央研究院近代史研究所专刊（76）》，1995年］第286–287页。在河南，“辛亥革命时期精英社会中最重要的变化是县议会在各地的建立。”Xin Zhang，Social Transformation in Modern China：the State and Local Elites in Henan，1900–1937.Cambridge University Press，2000，p.50.

⑥ 吕实强：《民初四川的省议会，1912–1926》，《（台北）中央研究院近代史研究所集刊第16期》，第259页。

⑦ 谢国兴：《中国现代化的区域研究：安徽省（1860–1937）》，博士学位论文，台湾师范大学，1990年，第49–50页。

⑧ 《湖北省议会报告自行停止议事电》，《时报》，1914年2月8日。

省议会通过实行“减政”，裁并都督府交涉司，取消南萍铁路筹备处。[①]广东省还发生了引人瞩目的议会弹劾都督胡汉民事件。[②]浙江1912年建立的县议会则积极介入教育、税收、公共工程等公共事务的管理，并与地方政府发生了冲突。[③]1914年2月28日，袁政府下令解散各省议会。

这一时期北京政府的二元行政权力体制开始运作。按照《临时约法》规定，国务院为总理政务机关，下设陆军、海军、司法、外交、财政、内务、教育、工商、交通、农林10部。1913年，农林与工商部合并为农商部，共为9部。[④]国务院直辖部门还有法制局、铨叙局、印铸局、国史馆等，内部组织是秘书厅。与此同时，总统府也开始组建办事机构。1912年4月，设置秘书厅和军事处。秘书厅职官包括秘书长、秘书、参议与大礼官。军事处职官包括侍从武官长、副官长、卫侍武官、政治顾问、军事顾问与军事咨议。此外，参谋本部、审计处也是总统直辖机关。值得注意的是，由于《临时约法》没有处理好总统与总理的权力关系，致使这种二元行政权力体制从一开始运作就困难重重，府院之争在所难免。

司法机构的革新活动也在积极运作。《临时约法》规定“法官独立审判，不受上级官厅之干涉”。司法制度采用大陆制度，即把行政诉讼和普通民事、刑事诉讼分开，各受不同的法院管辖。1914年成立的平政院是办理行政诉讼的机关，对中央或地方各级政府的违法处分行使审理权。其他民事与刑事诉讼则由各级审判机关受理。审判机关采行“四级三审”制度，即审判机关共分初级审判厅、地方审判厅、高等审判厅与大理院四级设立，审判则只三次（初审或第一审、二审或第二审、终审或第三审）。大理院是最高

① 《时报》，1913年3月31日，转引自吕芳上《民国初年的江西省议会，1912-1924》，《（台北）“中央研究院”近代史研究所集刊第18期》，第231页。

② 《顺天时报》，1912年7月10日。

③ R.Keith.Schoppa，Chinese Elites and Political Chang：Zhejiang Province in the Early Twentieth Century，Cambridge Massachusetts：Harvard University Press，1982，p.84.

④ 钱实甫：《北洋政府时期的政治制度上册》，中华书局，1984年，第88页。

审判机关。[①]

司法独立在民国初年表现得尤为显著。南京临时政府时期，司法总长伍廷芳坚持法治原则，对沪军都督陈其美以军政干涉司法的行为积极抵制，在很大程度上阻止了陈的逾权行为。[②]1912年11月，北京民国大学控告财政部长刘揆一侵占校产案、工商次长控告民主报、亚东新闻损害名誉案、国会议员郭同、丁世峄、李国珍等控告国光新闻妨害公务案，“无论是否曲直如何。要之无上下贵贱，而能一以法律为保障，则真共和国之现象。”[③]1913年在宋教仁案审理过程中，上海地方检察厅公开传讯在位的国务总理赵秉均。虽然赵以健康为由拒绝到上海应讯，“但一个地方法院传讯总理和地方官员公布政府最高官员与杀人犯密切往来的证据，实乃20世纪中国司法史上空前绝后的大事。”[④]此后，司法方面的进步始终没有停止过，在新型司法人才的引进和培养、法院组织的改制方面，都颇有建树。[⑤]不过，由于民国早期的约法、宪法都没有赋予法院重要的司法审查权，司法权力在国家权力结构中独立性一直不强。

民国早期政治参与最重要的政治现象是全国性议会选举的开展。全国共举行过四次中央议会选举与三次地方省议会选举。[⑥]第一次中央议会选举是北京临时参议院选举。在南京临时参议院的民意代表性遭到各省质疑后，临时政府遂决定依据临时约法第18条规定，在全国各省进行临时参议员选举，重新组织北京临时参议院。

---

① 钱实甫:《北洋政府时期的政治制度上册》，中华书局，1984年，第126–127页。

② 李学智：《民国初年的法治思潮》，《近代史研究》2001年第4期。

③ 远生:《中央司法界之现象》，《远生遗著卷一》，中国科学公司，民国27年。

④ 袁伟时:《政治策略与民初宪政的历史经验》，《战略与管理》，2000年第6期。

⑤ 关于民国早期司法独立的研究，参见郭志祥《清末和民国时期的司法独立研究（下）》，《环球法律评论》，2002年夏季号。

⑥ 其中湖北、江西、江苏、山东、四川等11省在1921–1922年举行过第三届省议会选举。

这次选举从1912年3月下旬开始，历时三个多月。[1]选举方式主要有三种。一是地方议会互选参议员。互选采用秘密投票的方式，整个选举过程不向外界公开。二是“公举”，即公开选举。这是一种选民间接选举议员的做法。当时直隶省议会“召开选举会，当场举定员5人，计会外3员，本会2员。”[2]吉林也采用公举的方式，从12团体中选出了5名参议员。[3] “公举”扩大了选举范围，使候选人更具有代表性，一些媒体给予好评，认为“参议员公举，共和国之通例也”。即使一时难以实现直接选举，也应当由国民选出的代表间接公举。[4]三是两地选举，主要是蒙古、青海议员，部分选自本土，其余在北京的地方社团中选出。

第一届国会选举筹备工作开始于1912年下半年。9月5日，北京政府公布众议员选举日期令，规定在1912年12月10日举行初选，1913年1月10日举行复选。同年12月8日公布参议院议员第一届选举日期令，规定各省议会、中央学会、华侨选举会的参议员选举于1913年2月10日举行，蒙、藏、青海选举会的参议员选举在1913年1月20日举行。[5]国会议员选举开始于1912年12月，直到翌年3月中旬结束。

在北京政府统一协调下，各地选举工作紧张开展。在竞选活动中，“政见多较空洞，不过主张内阁制或总统制、抨击政府或誉扬政府、炫耀已党或攻击他党、炫耀自己或攻击其他候选人。其选举方法，或开设夜塾，教授选民写候选人姓名；或预印候选人名片，以便选民携入选举场内摹写；或张贴海报、标语，吸引选民注意；或以报刊宣扬政见和已党候选人之长；或旅行各地，发表演说；或

① 关于北京临时参议员选举的详细情况参见严泉《民国临时参议院研究，1912-1913》第三章第二节。

② 《大公报》，1912 年 4 月 21 日。

③ 《吉林选举参议员情形》，《申报》，1912 年 4 月 10 日。

④ 《大公报》，1912 年 4 月 23 日。

⑤ 谢振民：《中华民国立法史》，正中书局，民国 37 年，第 77-78 页。

以各种优待方法（如免交党费），拉初选当选人入党。”[①] “投票有热烈与冷落之分；有的地区显得热烈，有的地区甚为冷落。大体言之，沿海沿江得风气之先，趋向于热心，内地省份，风气闭塞，反应冷落。”[②]两院议员选举历时近四个月，最后结束是在1913年3月各省参议员选出。第一届国会虽然惨遭两次非法解散，但还是相继召开三届常会。1916年11月30日国会作出改选第一班参议员的决定，但由于政局动荡，迟至1922年10月，才完成参议员的改选工作。

从政治发展的视角来看，国会选举中表现出来的政治参与的积极变化不少。

首先是政治参与主体的扩大。从历次国会选举法规定的条件与选后议员结构来看，选民基本上是工业、金融业资本家、绅商、教育新闻业者、小业主、中小官僚和农村地主、富农。最活跃的参与分子主要是新兴的市民群体，或者说是城市中崛起的中产阶级社会精英。[③]与此相似的是，美国在1820之前，选举权也是限于有产业的一部分人民的，或是地或是房屋的所有者。[④]

其次是政治参与程度的加深。[⑤]民初选民人数急剧增长。由于选举条件放宽，平均每省150多万人，总数达到3400多万，比例超

---

① 许秀碧：《民国二年的国会－国会的背景分析》，硕士学位论文，台湾政治大学政治研究所，1977年，第88–104页。

② 张朋园：《清末民初的两次议会选举》，《中国近代现代史论集第十九编民初政治（一）》，（台北）台湾商务印书馆，1986年，第10页。

③ 学者陶鹤山将当时城市中新出现精英阶层，如中小资产者阶层称之为市民群体。参见陶鹤山《市民群体与制度创新—对中国现代化主体的研究》第32–36页。

④ 詹姆斯·布赖斯：《现代民治政体下册》，张慰慈等译，郭旭、付俊等校，吉林人民出版社，2000年，第553页。

⑤ 美国学者帕里认为一个社会的政治参与水平由方式、程度、质量三个变量决定。本文采用了帕里的政治参与程度、质量两个变量。参见Michael Rush，“Politics and Society”，Prentices－Hall，1992，p111.转引自孔德元：《政治社会学导论》（人民出版社，2001年）第191页。

过当时中国总人口的10%。[①]丝毫不逊于欧美发达国家在早期民主化阶段的政治参与程度。英国在1831年选举制度改革前选民仅有50万，占全国人口（2400万）的2.1%，一直到1869年第二次改革之后，选民人数才接近8%。[②]美国在1840年选民人数才达到总人口的16%。[③]此外，还超过当时的印度，印度在1921年选举中央议会时仅有100万选民，1935年才达到中国1912年的水平。[④]一些地区的选民政治投票非常踊跃。奉天省奉天府与江苏省江宁县两地的投票率分别达到百分之六十及七十。[⑤]一些地方许多民间社团与志愿者也参与选举事务工作。一些选民在完成选举资格规定的纳税标准登记之后，才来到投票站投票，此时负责选举的官员仍然在恭候。[⑥]

再次是政治参与质量的变化。以往论著一般批评选举中出现负面现象，如贿选、冒名投票、行政干预、武力冲突等不时发生。而且“从一开始，中国民主就受到了媒体的负面报道。中国的记者与评论家抨击那些在学习西方民主的过程中极易出现的腐败现象，并以此作为支持民主的公共精神见证”。[⑦]但这些并不是中国特有的现象，“英国直到十七与十八世纪，议员依然是买卖品，又何以异于‘猪仔’？英国过去选举场中之黑暗龌龊，较中国民初有过之无

① 张朋园：《清末民初的两次议会选举》，《中国近代现代史论集第十九编民初政治（一）》，第10页。

② 数据来源参见龙天然《法国大革命时期的议会和大众政治参与——一种政治现代化模式的剖析》表一、表二，刘宗绪主编《法国大革命二百周年纪念论文集》，北京三联书店，1990年。

③ 塞缪尔·P·亨廷顿：《变化社会中的政治秩序》，王冠华，刘为等译，沈宗美校，北京三联书店，1989年，第88页。

④ John H. Fincher，Chinese Democracy：The Self-Government Movement in Local，Provincial and National Politics，1905-1914.Canberra：Australian National University Press，1981，pp.270-271。

⑤ 美国驻华领事报告。转引自张朋园《从民初国会选举看政治参与》［《中国近代现代史论集第十九编民初政治（一）》］第48页。

⑥ John H. Fincher，Chinese Democracy：The Self-Government Movement in Local，Provincial and National Politics，1905-1914.，p.225.

⑦ 同上，p.224.

不及。那都是宪政演进必经之过程。”[①]直至1885年，英国仍可贿买下议院议员席位。所以美国学者杨格（Ernest P·Young）认为与中国历史上其他时期相比较，代议制度与独立政党之间竞争性选举在民国初年（1912–1913年）几乎获得了支配性地位。[②]值得注意的是第二届国会选举虽然贿选盛行，但是暴力事件却不多见，实属不易。而且还改革选区制度，以道为选举单位，消除了大选举区的弊端，与第一届国会选举以省为选举单位比较，有了新的改进。[③]

政党政治在民国初年也获得了空前的发展。“民国成立后，国内民气发扬，政党活动，非常发达。”[④]许多政党社团一经成立，人们就踊跃加入。1912年5月，共和党正式成立后不到半年，“除中南各支、分部有自制党证外”，仅总部事务所办理的党证“已达六万左右”，而要求加入者仍然很多，以至印刷厂印制党证“日制千枚，恒苦不足应用”，只得每天再增千枚。[⑤]同盟会在南京临时政府成立后，“一日附者率数千”。[⑥]在35个有突出性党纲的政党中，均都主张振兴实业、普及教育、中央集权、种族同化、政党内阁、两党政治。与此同时，各主要政党的整合进程也在快速进行。1912年秋，北京政坛上出现了国民党、共和党、统一党、民主党分庭抗礼的局面。1913年5月，共和、统一、民主党三党合并为进步党，与国民党形成两党争斗的格局。在国会中对立的政党又分为激进派与保守派两种类型。激进派政党，“初有同盟会，统一共和党，继有国民党，嗣国民党因分裂而衰落，又有民宪党的出

① 罗隆基：《期成宪政的我见》，《今日评论》第2卷第22期（1939年11月）。

② Ernest P·Yang，Presidency of Yuan Shih — K’ai，Liberalism and Dictatorship in Early Republican China，The University of Michigan，1977，P76.

③ 张朋园：《安福国会选举－论腐化为民主政治的绊脚石》，第162页。

④ 杨幼炯：《中国政党史》，商务印书馆，民国26年，第4–5页。

⑤ 张謇：《北京共和党本部欢迎会答辩》，转引自杨立强《论民国初年的政党、党争与社会》（汪熙、魏斐德：《中国现代化问题——一个多方位的历史探索》，复旦大学出版社，1994年）注10。

⑥ 汤志钧编：《章太炎年谱长编上册》，中华书局，1979年，第371页。

现。”[①]保守派政党，“最初有两个，一为统一党，一为共和党。到临时参议院后期，又有民主党的出现。正式国会时期，初有进步党，其后又有公民党和大中党。”[②]

民国早期的政治参与仍然是一种精英参与，而不是大众参与。有学者认为：“实则民初的国会选举，有民主政治的外观，尚少民主政治的实质。人民在这次空前的大选中是茫然的，对政治有兴趣的只有极少数的优异分子。优异分子的造型是半传统半现代性的，他们有求变的观念，但自身的利益优先。”[③]“民国早期的政治仍然是一种传统类型的中国政治，因为能够发出合法政治声音的群体仍然是少数特定的精英人物。”[④]与此相似的，欧美民主国家在早期民主化阶段也是精英参与。在美国建国初期“民众的政治参与极为有限；政党组织松散而力量脆弱。宪法整个忽略了政党领导的可能性，党派也不具备组织选民与领导政府的能力。”[⑤]精英政治参与当然无论是参与主体的数量、参与质量的高低，都是无法与大众政治参与相比拟的。但是经验表明，在制度化水准低下的情况，大众政治参与往往会引发政治参与危机，导致政局混乱。[⑥]30年代德国魏玛共和国的历史也表明：“相信高度参与永远有利于民主的观点是没有根据的。”[⑦]

---

① 张玉法：《民初国会中的激进派政党》，第277页。

② 张玉法：《民初国会中的保守派政党》，第319页

③ 张朋园：《清末民初的两次议会选举》，《中国近代现代史论集第十九编民初政治（一）》，第81页。

④ Andrew. J Nathan，Peking Politics，Factionalism and Failure of Constitutionalism Berkeley Los Angeles London：University of California Press，1976，pp.223-224.

⑤ 张千帆：《自由的魂魄所在——美国宪法与政府体制》，中国社会科学出版社，2000年，第17页。

⑥ 亨廷顿认为在政治制度化落后的状况下，政治参与的剧增会产生政治动乱，两者之间形成一种正比例关系。参见亨廷顿《变化社会中的政治秩序》第51页。

⑦ 西摩·马丁·李普塞特：《政治人—政治的社会基础》，张绍宗译，上海人民出版社，1997年，第11页，注20。

二、宪制选择与民主稳定

在1912—1913年民主转型时期，总统制或议会制的政体选择对政局影响至关重要。民国初年制宪经验揭示，宪制选择的核心是事实层面上的合适性，而不仅仅是学理层面上的完美性，“因为最适用的政体，就是最好的政体”。[①]

在民国初年的政治格局中，北洋派无疑是力量最强大的政治集团，袁世凯政权得到军队、官僚、立宪派与商人阶层的支持。考虑到这种政治现实，让政治强人袁世凯放弃实权，甘当虚位元首的想法绝对是不切实际的。袁世凯本人也明确表示：“世凯既负国民之委托，则天下兴亡，安能漠视？”[②]袁所感兴趣的是做一个实权总统，而不是虚位元首。责任内阁制（议会制）恰恰是忽略了这一政治现实，更何况还是“超议会制”政体选择。所以必须重视北洋派的制宪目标，并且当时袁世凯的总统权力要求，基本上属于当代法国“半总统制”总统权力范围，并没有逸出宪制轨道。在处理立法与行政权力关系时，袁甚至没有要求总统解散议会权。我们不应该因为袁世凯后来解散国会、进行“超总统制”的错误选择，而否定先前他提出的总统权力目标的合理性。这一点恰好是过去有关论著所忽略的政治事实。

更重要的是，在民主转型的关键时刻，“宪政体制的选择确实关系到一个民主的长期稳定或不稳定。”[③]民初宪法起草委员会主席汤漪在省宪运动期间也认为“民国内乱之源，在于政制，而不在

① GIOVANNI SARTORI：《比较宪政工程：结构、动机、后果之研究》，雷飞龙译，“国立”编译馆，1998 年，第 140 页。

② 朱宗震、杨光辉编：《民初政争与二次革命上册》，上海人民出版社，1983 年，第 56 页。

③ 游盈隆主编：《民主巩固或崩溃》，（台北）月旦出版股份有限公司，1997 年，第 51 页。

于政象。凡不良之政象，无一不由政制而起”。[①]当代宪制学派认为宪体的差异与民主政治稳定间存在重要的关联，人们可以从各国宪制运作历史经验中，选择能够产生保证民主转型顺利完成的宪制模式。

目前最盛行的见解是认为议会制优于总统制，这也是民国初年人们普遍的看法。美国学者林茨从政治稳定的角度，阐述总统制设计上对转型期政治稳定的不良影响。包括：1、行政与立法机关冲突解决的困难。总统制因为没有内阁制中信任投票的制度化解决办法，可能造成政治死结，不但民主政策可能因此耽延，更可能在民主巩固未成熟的国度，造成军人或是独裁者以政治效能干政的藉口，而使民主政治中断。2、总统与议会任期的固定。政府面对瞬息万变的民意缺乏协调动机，人民对政府的控制能力降低，容易引起政治不稳定。3、总统选举胜者独行。总统选举缺乏内阁制政府中权力分享与政治妥协的精神，尤其在种族、宗教、语言严重分化的新兴民主国家当中，如果胜者只是未过半数的相对多数赢家，反而可能造成政治竞争的激化。[②]民国时期有学者曾举美威尔逊加入国联案被参议院否决的先例，认为在总统制下，总统不能解散国会，国会又不能变更总统的政策，“所以一到国会多数党与总统反对的时候，必致一事不能进行。总统想做的事体，国会不答应，国会通过的议案，总统又加否决，相持不下，一事无成。”[③]

议会制优点主要体现在六个方面：第一，它较可能产生多数政府以执行其政策；第二，在多党的结构下，它的统治能力较强；第三，它较不可能使政府领袖冒险在宪法边缘施政，而且它有能力及时去除这种类型的政府首长；第四，它较不致引发军事政变；第

① 汤漪：《省宪建议》，愚厂：《省宪辑览》，上海自治学会，民国10年。

② 陈敦源：《领导在宪政选择过程中的稳定功能：从理性选择制度论比较西班牙（1975-1978）与台湾（1988-1996）经验》，林继文主编：《政治制度》，台北中研院中山人文社科所专书（47），2000年，第217-218页。

③ 朱经农：《评国是会议所拟宪法草案》，《东方杂志》第19卷21号。

五，它较可能使担任公职或党职者有较长任期，增长政治精英的历练并培养他们对政治社会的忠诚。[①]最后，最高行政首脑如果未能得到议会多数的支持，可以通过“宪法手段”——解散议会，重新大选——来解决争端；而不必像总统制下的“合法性二元化”局面：总统与国会的矛盾死结无法通过民主程序解决。[②]

但是议会制不足之处也十分突出。最主要的问题是由于党派势力变化，内阁更迭势必频繁，政局亦将随之动荡不安。以法国为例，1879–1940年的51年里，法国有100届政府。其中在1924–1940年的16年间有36届政府，而1939–1940年的一年间有3届政府。二战后的第四共和国政局更加动荡。1946–1958年的12年间，法国共经历了25届政府，平均寿命不到半年。[③]与法国相似的是，民初两年内阁更换4届，其中在参议院掣肘下的陆征祥内阁寿命仅有三个月，“议会制在主要的行政权层面会产生一个陷于停滞和僵局的行政力量，而就决策工具来说，要比美国的总统制弱得多。”[④]

此外，议会制的绩效与政党政治的发达有密切关系。“议会制只有在执政党在议会中占了多数或接近多数的情况下才能成功地解决行政机构的活力问题。在存在着（如达尔所期望的）多党制的地方，在没有一个政党成为多数的地方，我们常常不寒而栗地发现一个虚弱的政府，如今天的以色列和意大利或第四共和国时期（1946–1958年）的法国。”所以英国虽然是议会制，但是英国的两党制不同于法、意等国的多党制，“在这一制度中，诸党中的一党通常在议会赢得多数议席，并不以联合的形式执政。这种状况在

---

① Stepan. Alfred, and Cindy Skach, Presidentialism and Parliamentarism in Comparative Perspective, in Juan J. Linz and Aruro Valenzuela. (eds) The Failure of Presidential Democracy: Comparative Perspectives, . Jphns Hopkins University, 1994.

② 崔之元：《总统制，议会制及其他》，（香港）《中国社会科学季刊》，1995 秋季卷，《世纪中国》网站。

③ 许振洲编著：《法国议会》，华夏出版社，2002 年，第 22、27 页。

④ 詹姆斯.W. 西瑟：《自由民主与政治学》，竺乾威译，上海人民出版社，1998 年，第 209 页。

议会制下是不能保证的。”[1]显然，民国早期脆弱的政党政治，是无法满足议会制在政党制度方面要求的。相比较而言，总统制的优点是运作起来也比较切实可行，对于政党状况、选民经验等实施条件没有太高的要求，能够提供一个稳定而强有力的政府。[2]

不过，关于总统制与议会制对政治稳定影响的比较，迄今仍无定论。肖喀特（Shugart）与卡瑞（Carey）认为如果把二战前的历史了算进统计样本，总统与内阁制造成民主崩溃的数目相差不多，林茨对总统制的不满是来自于该制在拉丁美洲的失败经验，而本世纪在非洲、亚洲和南欧，垮台的民主政府大都属于议会制。[3]其实两种制度本身各有长短，并无优劣之分。民国初年民主转型失败经验表明，选择何种宪制，有两条原则非常重要。一是不能违背基本的宪制原理，特别是权力制衡原则；二是宪制内容，特别是政体制度必须体现多元政治利益格局特点。所以选择议会制，而不能是“超议会制”；选择总统制，也不能是“超总统制”，更不能是“开明专制”“训政”等威权或极权政治模式。

综上所述，考虑到中国行政集权制度传统、北洋派总统权力与国会各政党立法权力的不同利益诉求，1913年合适的宪制选择可以是类似于当代法国的“半总统制”。[4]这种政体制度兼有总统制与议会制的长处。一方面总统有相当大的政治实权，政府总理对总统

---

① 詹姆斯.W.西瑟：《自由民主与政治学》，竺乾威译，上海人民出版社，1998年，第154、210页。

② 杨天宏：《论<临时约法>对民国政体的设计规划》，《近代史研究》，1998年第1期。

③ Matthew Shugart and John Carey，Presidents and Assembles，New York，Cambridge University Press，1992，p.41.

④ 有学者也认为当时“相对而言，唯一可行的是总统制或总统制的变体”。徐宗勉、张亦工：《近代中国对民主的追求》，第104页。

负责。[①]可以满足袁世凯这样的政治强人对实权总统地位的权力需求。另一方面行政与立法关系容易协调，当政府与议会发生冲突时，总统在同总理及议会两院议长磋商后，可以宣布解散议会，重新举行选举，在宪制框架内解决总统与议会的政治冲突。当代法国“半总统制”政治运作的成功经验表明，“第五共和不但造就了一个强总统，而且产生了一个相对稳定与有效的内阁。”[②]20世纪第三波民主化经验也证实，“对民主转型国家而言，半总统制比纯粹的内阁制或总统制更有吸引力。”[③]

与英美民主国家早期现代化阶段相比较，这一时期的民主转型呈现出许多相似的特点。其中既有一些促进民主化的积极因素，如分权制度的创建、政治合法性的转变、宪制主义的盛行等，也有不少制约民主转型成功的消极因素，如政体制度缺陷、市民社会弱小、政治参与激进等。所有这些外部条件构成了制约民国早期中国宪制选择的客观条件。具体而言，在民国初年、国会第一次恢复两个时期，民主潜流不断涌现，客观环境对制宪政治与民主转型是比较有利的。

三、民主崩溃的结局审视

过去对早期民主化失败原因的解释偏重于宏观层面的客观条件

---

① 法国半总统制度中总统权力主要有：（一）总统特有的权力。1、任免总理和组织政府。2、解散国民议会。3、紧急状态权。4、运用战略核力量。5、对宪法委员会的特权。总统对宪法委会员拥有任命权。有权任命宪法委员会 9 名委员中的三分之一。6、总统咨文权。第三共和国总统咨文需要部长副署而受到限制。这种咨文从根本上讲是政府文件，牵涉到内阁的责任问题。第五共和国总统咨文纯属总统的个人文件，不必副署，不必征得政府的同意。7、特赦权。（二）总统与其他国家机构分享的权力。1、使用公民投票的权力。2、任命官员。3、外交权。总统与总理分享。总统缔结条约权。4、军事权。5、否决权。参见吴国庆《当代各国政治体制—法国》（兰州大学出版社，1998 年）第 50–52 页。

② 张千帆：《西方宪政体制下册》，中国政法大学出版社，2001 年，第 27–28 页。

③ 林继文：《政治制度》，第 168 页。

论，从强调阶级革命不彻底，到目前盛行市民社会弱小、现代化水平低下、政治文化落后等。诚然，客观条件对民主转型的制约作用是不可忽视的。正如政治社会学者指出，一个国家成功民主转型，必须有其客观情势。这些客观情势包括：适当的经济发展，贫富差距的减少，多元化之社会结构，市场取向的经济，以及较具容忍和妥协的政治文化。但是光是具备有客观条件，民主转型并不必然发生。“换言之，客观因素并不直接决定民主之成败，它只不过是在某种具体的历史情况中，限定了民主化的可能性。”[①]

而且客观条件的决定性作用更多体现在民主巩固阶段。民主巩固与民主转型不同，它是民主化的第三阶段。林茨（Linz）认为，民主巩固意味着，任何一个主要政治行为者，政党、利益集团、机构或个人，都认为他们只有在民主进程中才能获得权力，除此之外别无办法，其间任何一个政治机构或团体，都不会投票否决民选决策者的决策行为。[②]亨廷顿则强调政权两次易手是检验民主巩固的标准。[③]决定民主巩固的因素主要是各种客观条件。如李普塞特（Lipset）强调经济发展有利于民主巩固，最关键因素是中产阶级（或资产阶级）的兴起。[④]科顿（Cotton）认为民主巩固需要市民社会拥有更大的自由，负起更大的责任，民主巩固需要一个自由而活泼的市民社会。[⑤]还有一些学者认为政治文化是民主巩固的前提条件之一。[⑥]

① O’Donnel & Schmitter，Przeworski 等关于威权政体向民主政体转型的看法，转引自陈文俊主编《台湾的民主化：回顾·检讨·展望》（台湾中山大学政治学研究所，1996 年）第 65 页。

② 林茨（Juan. Linz）观点，转引自谭晓梅《第三次民主化浪潮与当代民主理论的最新发展》（《政治学研究》，1998 年第 3 期）注 12。

③ 塞缪尔·亨廷顿：《第三波—20 世纪后期的民主化浪潮》，刘军宁译，上海三联书店，1998 年，第 321 页。

④ 转引自张佑宗未刊博士论文《东亚民主化与价值变迁：台湾民主化经验的比较分析》，第二章，台湾政治大学政治学研究所，2000 年。

⑤ 刘军宁编：《民主与民主化》，商务印书馆，1999 年，第 290 页。

⑥ 王乐理：《政治文化导论》，中国人民大学出版社，2000 年，第 174-175 页。

民国早期的政治发展，特别是民国初年（1912–1913）、国会第一次复会（1916–1917）的特定时期，更加类似于民主转型阶段特征。

一国的民主转型过渡到威权或极权政治，这种失败结局意味着民主崩溃的发生。民国初年民主转型的结局，就是民主崩溃的一种形式。民国第一届国会解散后，1914–1916年的中国是20世纪世界上第一个民主转型变成威权政治的国家。此后，再次经历短暂的民主转型与自由化试验失败之后，中国又开始了国民党的威权统治。不过，世界范围内各国民主化经验不断启示我们，民主化是一个过程，是专制政体不断实现民主化的艰难过程，它不是一个直线过程，而是一个曲折复杂多变的过程，不可能一帆风顺。“一些民主政体尚未诞生就流产了，另一些民主政体则在成长过程中不断遭到侵蚀和破坏”，[①]民主崩溃其实是一种普遍与合理的政治现象。20、30年代欧洲一些威权主义政权如萨拉查的葡萄牙、佛朗哥的西班牙，以及激进主义威权政权如法西斯意大利、纳粹德国，都是对本国民主化失败的反应。[②]而且“在二十世纪，极少的国家能够在第一次尝试中就建立起民主的政治体制。”[③]

在1931年，西班牙的民主转型是有可能的。在权力和平转移到新的民主派手中时，军方甚至持赞赏的立场。但是主导制宪的左派多数党联盟漠视国内严重的社会、地方与经济问题，相反将一些激进主义条款写进宪法，如轻率地决定将多数民众信仰的天主教与国家分离，改变与缩小军队的权力，而军队刚刚在政治转型的关键时

① 戴尔蒙德（Larry. Diamond）看法，转引自谭晓梅《第三次民主化浪潮与当代民主理论的最新发展》（《政治学研究》，1998 年第 3 期）注 8。

② Joseph Fewsmith，Party，State，and Local Elites in Republican China，Merchant Organizations and Politics in Shanghai，1890–1930，Honolulu：University of Hawaii Press，1985，p.172.

③ 亨廷顿：《第三波：20 世纪后期民主化浪潮》，第 325 页。

刻发挥了重要的促进作用。[1] “这种极端方式是五年后导致第二共和国覆灭的分裂性与情感性因素。”[2]所以有学者认为30年代西班牙的制宪是一种分歧模式。“分歧的制宪模式是指不是所有政治实力派都参与的过程，教务主义方法盛行，很多问题都无法解决，或者不负责任地解决。人们很难达成共识，即使有一致意见，经常也是把一个或更多的主要政治派别的意见排除在外。最后形成的宪法条款对新的政治体制的稳定性是一种潜在的威胁。”[3]

在当年充满机遇与挑战的政治发展中，国会政治精英与各实力派，先后做出了违背民主政治原则的一系列错误的政治选择。不仅自身付出了巨大的政治代价，而且使得中国政治民主化进程过早地中断。

在两次民主转型中，国会中占据主导地位一直是激进派政治力量。温和派由于实力悬殊，难以与激进派抗衡。即使是北洋政府表现出协商立场，温和派与北洋政府的合作也无法控制制宪议程。所以激进派国会政治精英们的政治选择至关重要。我们不能因为国会议员们在1913年以后多数时期的颠沛流离，而忘记他们曾经有过意气风发的短暂时光。他们在两次制宪时刻的政治选择，恰恰就是决定宪制结局成败的症结所在。

激进派制宪议员失败的政治经历表明，他们像法国大革命时期的文人政治家一样，不愿也没有能力通过政治妥协，做出合理的政治权力分配，选择合适的民主宪制。政治妥协的缺失现象，有学者指出：“也许中国人对于宪法制度下政治家的正直诚实的期望高得不切实际。正常的政治妥协被视为背叛，策略上的转变被当作缺乏

---

① Andrea Bonime-Blanc, Spain' s Transition To Democracy, The Politics of Constitution-making, pp.120-121。

② 同上，p.115.

③ 同上，pp.13-14.Andrea Bonime-Blanc 将制宪模式分为三种：一致性的、分歧的与夭折的。

原则的证据。”[1]对此，有贺长雄曾经非常有预见性地指出：“中国革命事迹异于法国，将来宪法之冲突，乃因宪法而生之扰乱，恐蹈法国之覆辙”。[2]在制宪过程中出现漠视北洋派政治利益的“超议会制”政体与极端分权的省制主张，其实也是在意料之中。激烈抗争导致的结局，诚如梁启超在1917年初所说：“倒阁之事如实现也，不出一月，大乱立至，无可逃避也。解散国会之事如实现也，也不出半年，大乱亦立至，无可逃避也。倒阁之事而实现，是党人之自杀，结果则为其所仇视之军人增造势力而已；解散国会之事而实现，是军人之自杀，结果则为其仇视之党人增造势力而已。”[3]

与此同时，对渴望在新体制中攫取更多的权力与利益的北洋政治集团来说，1913年与1917年两次政治目标在宪制框架设计中落空，不满之情是难以抑制的。民主转型也因此失去了对他们的吸引力，更无法奢望获得他们的支持与推动。两次制宪最后的失败，恰好是北洋政治集团害怕在未来的政治制度变迁中丧失已有权力，强烈反对的结果。但是北洋派在1914年与1917年的制度选择也是错误的，无论是袁世凯建立起来的一种类似当时南美阿根廷等国的“超总统制”的威权体制，还是张勋试图恢复帝制的努力。这一切都无法获得稳定的政治发展，也无助于政治现代化目标的实现。

四、结束语

“寻求以宪政秩序取代封建王朝是二十世纪中国历史的最为重要的主题。”[4]检视民国国会十年制宪历程，反思世界范围的民主

---

① 费正清编《剑桥中华民国史上卷》，杨品泉等译，中国社会科学出版社，1994年，第310页。

② 黄远庸：《远生遗著卷3》，中国科学公司，民国27年，第85页。

③ 耿云志、崔志海：《梁启超》，广东人民出版社，1994年，第301页。

④ Arthur Waldron，China’s Coming Constitutional Challenge，Orbis，Winter 1995，p26. 转引自黎安友《中国的宪政选择》（《香港社会科学学报第六期》，1995年秋季号）注2。

化失败经验，即使民国初年的民主转型能够持续下去，民主巩固的前景也是不容乐观。显然当时中国的现代化水平、民主政治文化传统、市民社会等宏观结构因素尚没有充分具备，巩固民主成功的可能性几乎没有。“民主不能在一夜之间产生”。[①]当时世界范围内也没有一个国家第一次从专制转型到民主就可以获得成功。

但是20世纪后期第三波民主化经验表明，在民主转型阶段，政治民主化的第一步目标应该是以制度性妥协的方式，确保某种形式的宪制能够存在下去。即使一时效果不彰，甚至出现20世纪东亚、南美那种军人干政、民主与威权并存的现象，只要国家政治体制能够不被形形色色的极权主义政治模式所取代，政治自由化进程能够继续存在下去，任何有缺陷的或不成熟的有限多元政治模式都是可以忍耐的。只有这样，第二、第三次民主转型才会更容易出现，民主转型成功机率才会相应提高。南美、南欧与东欧的民主化经验均表明，“从历史上看，有一些国家中建立民主的第一次努力常常失败；第二次努力却经常成功。这种格局的一个理由可能是前车之辙后车之鉴。”所以“先进的民主化人士不仅从以前实现政权变革的那些人士中获得了滚雪球般的推动力，他们也从其他人以前的经验中吸取了教训”。[②]最可怕的转型结局是经历短暂的民主化试验失败之后，中国政治精英开始失去建设宪制的信心，致使1927年之后民主化进程中断，民主转型的重新启动变成幻影。

① 《顾维钧回忆录第一分册》，中华书局，1983 年，第 373 页。

② 亨廷顿：《第三波：20 世纪后期民主化浪潮》，第 210、212 页。

议会政党政治失败的制度透视

政党政治通常指一个国家通过政党行使国家政权的形式，是政治参与的重要表现形式。在政治实践中，政党以各种合法方式参与政治活动，处理与其他政治利益集团的关系，就国内外重大政治问题发表意见，对国家政治生活施加影响。有论者认为，“政党的产生是现代政府的显著标志之一，政党创造出民主政治，现代民主政体不容置疑地与政党制度互栖共生。”①

与以往研究中国近代政党史视角不同的是，本文主要借鉴现代政党政治的概念方法，研究对象为民国前期的议会政党政治，目的旨在摆脱过去的宏观理论分析框架，在政治参与的历史进程中，透视影响议会政党政治结局的制度性因素，并且尝试对这一时期的政党政治发展作出新的历史评价。

一、议会政党政治的制度变迁

议会政党，是指通过竞争性选举的方式进入立法机构，履行立法与行政监督职责的政党。议会政党政治在近代中国的政治试验，发轫于清末新政时期，民国建立后历经几次起落，最后在北京政府后期结束。

① 迈克尔·罗斯金等，林震等译，《政治科学》，华夏出版社，2001年，第216页。

民国肇建，作为民主共和象征的政党政治开始进入黄金时代，大小政党有数百个之多，“民国成立后，国内民气发扬，政党活动，非常发达。”[①]在南京临时政府时期，宣布改组为议会政党的中国同盟会为第一大党。原来的反清革命团体光复会改称中华民国联合会，与上海预备立宪公会合组为统一党。清末新政时期的宪友会改称共和建设讨论会。武昌起义后以黎元洪为首的湖北军政要人成立民社，而统一共和党主要是由一些南京临时参议院议员发起成立。1912年3月南北统一后，章太炎另组统一党，原统一党大部分成员与民社等合建共和党，共和建设讨论会改称民主党，加上以同盟会为主成立的国民党，成为当时政坛的四大政党。

在1913年4月第一届国会成立前后，国民党与进步党成为当时最具代表性的议会政党。国民党成立于1912年8月，由同盟会发起，并联合统一共和党、上海国民公党、国民共进会、共和实进会共同组建。在上海、南京等大中城市设有支部60多处。1913年3月宋教仁遇刺后，由吴景濂担任代理理事长。进步党成立的肇因恰好是为了抗衡国民党，在梁启超、张謇、黎元洪等少数党领袖积极斡旋下，1913年5月，共和、统一、民主党三党正式合并为进步党。成立大会选举黎元洪为理事长，梁启超、汤化龙、张謇等9人为理事。进步党在北京设立本部，各省会及蒙、青、藏地区设立支部，交通要地设立交通部。

对议会政党来说，其成立的组织目标就是为了赢得选举。第一届民国国会选举开始于1912年12月，至翌年3月中旬结束。在第一届民国国会选举中，政党发挥了重要的组织动员作用，“不仅大量的竞选经费都是由政党提供，有限的选票资源通过有组织的合理分配（提名竞选），才能发挥最大的效用。”[②]

国民党在宋教仁的领导下，制定了非常明确的竞选计划，“第

① 杨幼炯：《中国政党史》，商务印书馆，1937 年，第 4–5 页。

② 张永：《民国初年的进步党与议会政党政治》，北京大学出版社，2008 年，第 130 页。

一，派人到各省组党，成立各省党支部；第二，掌握各省、县的选举，进行一次胜利的竞选；第三，取得国会及省、县议会中的压倒多数，坚持议会民主制；第四，及早组织强有力的、名副其实的政党责任内阁，并且预定以宋教仁担任内阁总理。”[①]为了更好地指导竞选，国民党本部还设立选举科，要求“各分部为筹备选举事宜，应联合数部设分部联合会于复选举投票地。”同样地，共和党也采取了积极的竞选措施：1、遍设分部，加强选举的组织工作，传达本部的选举精神；2、要求党员：一不可放弃选举权利；二不可选举本党以外的人；三要慎重选举，“不可空投”；四则“运动急宜着手占先，不可退落人后。”[②]民主党对国会选举也十分重视，“国会选举期转瞬即至，吾党不可不早预备政坛演说资料，并各交通处着手运动选举方法，亦请择其纲要，汇帙见示，俾本部早日刊行，通告各地，扩张党势，必有大影响。”[③]总体而言，国民党组织动员能力较强，而共和党、民主党等能力相对较弱。

此外，各政党利用地方执政行政资源，通过操纵选务机构运作，支持本党候选人的舞弊现象亦很突出。在广东、江西、湖南等国民党执政的地区，国民党议员当选较多，而在湖北、甘肃等共和党执政地区，共和党议员容易胜出。“其实，通过行政手段为选举创造条件和贿选似乎有背自由竞争原则，但它们并没有逸出法律范围之外。因为当时法律对选举诉讼的规范并没有涉及到这些方面。换言之，上述竞选方法都是合法的。不过，这些看来不适当的竞选方式大行其道说明民主政治的成熟也有一个逐步演进的过程，而民初国会的选举则表明中国正处于民主政治的初始阶段。”[④]最后，国民党在第一届国会选举中取得席数过半的胜利。

---

① 仇鳌：《一九一二年回湘筹组国民党支部和办理选举的经过》，全国政协文史资料研究委员会编：《辛亥革命回忆录（二）》，文史资料出版社，1981年，第177页。

② 《选举须知》，《时事新报》，1912年11月11日。

③ 丁文江、赵丰田编：《梁启超年谱长编》，上海人民出版社，1983年，第647页。

④ 刘劲松：《第一届国会选举再论》，《安徽史学》2003年第3期

对于选后的议会政党来说，议会成为政党政治最重要的舞台。南京临时参议院时期，当时南北尚未统一，而且议员大多属于同盟会，不具有全国代表性。1912年3月南北统一后，重新改选后的参议院北迁北京，政党政治开始活跃起来。北京临时参议院时期，政党政治格局主要为激进的同盟会与稳健的共和党对峙，统一共和党为中间党派。在国家财政问题上，各党派并无大的分歧，一些稳健派议员具备专业素养，发挥了主导作用。在与政府关系上，唐绍仪内阁在借款问题上受到同盟会与共和党左右夹击，难以有所作为。陆征祥内阁虽然得到共和党的支持，但是遭遇同盟会与统一共和党的联合抵制，内阁六名总长人选在1912年7月19日院会上被否决。陆征祥内阁倒台后，继任的赵秉钧内阁与各党派关系均良好，没有发生大的冲突。这一时期，政党之间、议员之间的意气之争并不很严重，议员大多能够以大局为重，“在某些议题上出现了较为明显的党派对垒，虽然临时参议院迁到北京后稳健派的力量明显上升，但并不能占到优势，同盟会和共和党力量相当，中间派统一共和党的趋向常能决定胜败。”①

1913年4月，国民党在取得第一届国会选举的胜利后，利用本党议员在参议院过半数的优势，党籍候选人张继获得参议院议长席位。在此严峻形势下，统一、共和与民主三党决定合并为进步党，随后取得众议院议长选举的胜利。1913年下半年，又有袁世凯的亲信梁士诒组建的公民党。国民党与进步党的倒袁与保袁立场相异，双方围绕善后大借款案分歧严重，议场辩论历时一月有余，先后发生3次暴力冲突。在宪法草案制定上，宪法起草委员会中各党派却能够积极合作，在3个半月时间内制定出“天坛宪法草案”，完成“超议会制”的政体设计，最终粉碎了袁世凯实现总统制的政治企图。②

---

① 张永：《民国初年的进步党与议会政党政治》，第 122 页。

② 严泉：《政治妥协与民国初年政治转型的拐点》，《探索与争鸣》2016 年第 3 期。

1916–1917年第一届国会重开后，对德外交成为议会各政党关注的重心。政学会反对参战的议员本来占有多数，但是由于该党领导人参加了内阁，不便坚持反对；研究系议员是全体赞成参战的；国民党系益友社的意见不一致，但不反对对德绝交；而国民党系丙辰俱乐部按照孙中山指示不仅不赞成向德宣战，也反对对德绝交。在1917年3月10日国务总理段祺瑞出席的众议院会议上，丙辰俱乐部议员唐宝锷、田桐、叶夏声、吴宗慈等各自陈述反对理由，均认为中国若绝交并不能因此而获益，“国民党系激烈派之反对可谓‘为反对而反对’之典型；国民党系温和派别之反对，则明显在于制衡政府，双方的差异实为不同。”[①]5月19日皖系军人策划的“公民团”围攻国会事件发生后，这时国会中多数党派的态度已由不一致而趋于一致，都主张先解决内阁问题，后讨论外交问题。只有研究系议员依然决定维持内阁。5月底，段祺瑞去职后，研究系议员因在制宪与外交问题上与国民党系政团分歧严重，加之对于国会被多数国民党人控制不满，于是开始抵制国会拒不出席，从此政局陷入混乱，张勋复辟的政变很快发生。

1922年8月，第一届国会在北京第二次复会，派系斗争更加复杂，大小政团已经达38个。在翌年总统大选前夕，政团数目更是超过50个。根据与各实力派的关系，国会政党明显分为亲直、反直与中间三个派别。亲直政党主要有新民社、全民社、诚社、宣外200号等；反直政党包括政学会系（黎元洪派）、中国国民党（孙文派）、民治社（孙洪伊派）等；中间政党主要是民宪同志会、研究系与讨论会。次年6月直系发动驱逐黎元洪的北京政变之后，各个政治派别又迅速完成新的组合。反直政党新增褚寓（浙系）、东三省议员俱乐部（奉系）、竺庐（安福系）。而民宪同志会、研究系、讨论会等中间派政党与政学会、民治社部分反直政党议员转

---

① 余杰：《制衡中的冲突—“府院之争”中的国会运作》，《西南大学学报社会科学版》，2011年第6期。

投亲直阵营，参加北京总统选举与制宪。1925年4月国会制度正式被段祺瑞执政府废除，失去政治舞台的议会政党政治也就最后消亡了。

二、派系纷争极端化与政党政治的衰亡

法国政治学家莫里斯.迪维尔热（Maurice Duverger）从起源角度把政党产生类型分成两种，即内生政党和外生政党，认为现代政党或是从议会内的组织演化而来或从议会以外的团体扩充而来，二者必居其一。内生政党的产生、发展、演变与议会制度、选举制度密切相关，是立法者在自身活动中逐渐形成的政治团体，主要是以议会为生存和活动土壤。[①]内生政党通常出现在早期现代化国家即先发现代化国家，如17世纪70年代英国的托利党和辉格党就是比较典型的内生型政党。此类政党主要活动场所在议会，派系分合也是在议会，没有执政与在野之分，只是多数党与少数党。法国在20世纪初之前的议会政党也是如此，它们既不制定共同的组织章程，也没有遍布全国的地方组织。

纵观民国前期议会政党政治制度变迁的历史轨迹，还是基本符合各国政党政治演变规律的，当时的议会政党与内生政党特征基本相符。正如有学者在评价1916年8月第一届国会复会后的政党组织现象时，认为："与民二国会中的政党还有不同的是，此时的各个'会''社''部'等主要由议员组成，既没有下级或基层组织为基础或后盾，也没有公开的纲领旗号。所以，与其说是党派，还不如说是议会政团。"[②]第二届国会时期的最大政党安福俱乐部更具有代表性。安福俱乐部并没有提出明确的政策纲领，组织体系也

---

① 岑树海：《政党类型学研究的三种基本范式转换》，《北京行政学院学报》2014 年第 2 期。

② 薛恒：《民国议会制度研究（1911-1924）》，中国社会科学出版社，2009 年，第 84 页。

不健全，“其组织比任何党派都不健全，不要说基层组织，就连各省市也没有分支机关之设置，仅仅在北京太平湖有一个总部的而已。”[①]由此可见，民国前期的议会政党其实是处于政党政治发展的初级阶段，充其量只是亨廷顿（Samuel P. Huntington）所说的派系组织，“政治基本上只是少数人在为数众多的弱小而短暂的同盟和集团之中相互进行竞争，这些集团持久性很差，且无结构可言，通常只是个人野心的一种投影。”[②]

由此产生的派系纷争虽然是一种常态，不是一种畸变政治，但是其缺点与不足，对议会政党政治的影响还是非常负面的。党争激烈一直是过去人们批评议会政党政治的焦点。民国成立初期的各政党多有阴谋诡计，并使用恶言谩骂、挑拨离间、造谣构陷、人身攻击、暗杀、冤杀等卑劣手段。[③]在湖北、贵州、上海等地，党争甚至发展到动用武力。光复会首领陶成章因与同盟会领导人意见不合，1912年1月，同盟会沪军都督陈其美竟派人暗杀了陶成章。1916年8月国会重开后，党争愈演愈烈，12月8日在宪法审议会上爆发了研究系与益友社议员的严重暴力冲突，双方先后通电全国，互相指责对方。时任政学会领袖张耀曾秘书的梁漱溟回忆说，1916年国会重开后，在政局中，权势斗争仍居第一位。最后还是政争覆灭了国会。[④]美国学者黎安友在评价1918年之后的北京政坛派系政治时，也强调“宪法体制由于参与的分子热衷于派系斗争而耗尽了自身的活力。”[⑤]

---

① 刘振生：《安福系的形成及其内幕．文史资料精选（第3册）》，中国文史出版社，1986年，第112页。

② 塞缪尔.P. 亨廷顿，王冠华等译，《变化社会中的政治秩序》，北京三联书店，1992年，第381页。

③ 杨立强：《论民国初年的政党、党争与社会》，汪熙、魏斐德：《中国现代化问题——一个多方位的历史探索》，复旦大学出版社，1994年，第331页。

④ 梁漱溟，《有关民国初年政史的见闻纪实》，全国政协文史资料研究委员会编，《文史资料选辑》（一），中国文史出版社，1986年，第78页。

⑤ 费正清编，杨品泉等译，《剑桥中华民国史（上卷）》，中国社会科学出版社，1993年，第315页。

在1923–1924年议会政党政治最后的衰亡阶段，国会内的派系政团开始了新一轮的分化组合，派系纷争更是趋向极端化。直系保派组织宪政党，以推进实施宪法为名目，吸收反对议长吴景濂的议员，甚至采取停止各小政团津贴的办法，迫使这些政团就范。宪政党的目的在于推倒吴景濂，使之非但不能担任阁揆，而且连议长席位亦保不住，丧失在国会的地盘。吴景濂则拉拢政团协商会中的各中立派别，不遗余力。在曹锟贿选之后的国会内，吴派实力相对弱小。结果吴景濂不仅没有当上内阁总理，就连众议院议长之职，亦不被继续承认。在1923年12月18日众议院召开临时会议时，反吴派借口议长资格问题，发难攻击吴景濂，最后演化成众议院内的大斗殴。内务部遂以众议院警卫受吴景濂控制为由，下令强行解撤众议院警卫，逼走吴景濂。[①]吴景濂的出走，表明直系津派在政治上的失势。其后，众议院事实上已经为直系保派支持的宪政党控制，众议院秘书厅也为宪政党接收。

从某种意义上讲，这种派系政治的演变摧毁了议会政党政治的合法性。“宪政党在国会中绝对优势地位的确立，使曾经存在于国会内的政党相互制衡的机制开始丧失。这对国会存废影响甚大。因为在民初国人的政治理念中，国会政治应当是政党政治，而政党政治应当是两党或多党在制衡的形势下共同维持的民主政治。现在，经曹、吴操纵控制，国会内党派构成丕变，出现了宪政党独领风骚而其他政党几无立足之地的局面。这不仅使国会的运作失去了政党政治的必要内涵，更重要的是，在很大程度上它使‘立法’与‘行政’在人员构成上连为一体，严重削弱了国会自身存在的基础。”[②]在笔者看来，即使是议会中的派系政治，也不能是一派独大，而应是两派对峙或派系林立。从这个意义上讲，议会政党政治是连带着其合法性也一并消亡的。

---

① 《内务部强制执行撤换众议院警卫》，《晨报》1923年12月21日。

② 杨天宏：《走向衰亡的民初国会—历史过程重建与政治语境分析》，《四川师范大学学报（社会科学版）》，2001年第2期。

三、利益优先对抗性与政党政治的挫败

在民国前期，第一届民国国会主导了历时十年之久的正式宪法的制定，议会政党政治的运作直接影响到宪法草案的命运，与此同时，宪法制定的成败也决定着议会政党政治的绩效。过去人们评价国会制宪活动时，主要看法是放在道德层面，认为制宪议员们都是为了民主政治的理想投身制宪活动，以维持和保障辛亥革命后建立的民主共和制度。①很少有人注意到议员们各自的政党利益，但是“从利益角度的分析来看，人们追求民主制度的动机是因为，在大多数时候民主制度能够实现每个人的利益。”②

1913年10月，国会各政党组织的宪法起草委员会完成了“天坛宪法草案”的制订，由于草案中出现弱化总统权力的“超议会制”政体设计，引发总统袁世凯的强烈不满，最终导致国会被袁世凯非法解散，宪法草案也就未能提交国会宪法会议进一步审议。民国时期有学者在总结制宪失败经验教训时沉痛地指出，“然因当时立法者多偏于私利私见，致使内阁制与总统制之争论，一变为国会多数党对少数党及袁世凯个人之争斗，立国根本大法之规定，不以适合国民一般之需要为前提，徒以迎合个人意旨。”③显然，《天坛宪法草案》的政体设计，主要还是国会各党派出于立法权力至上利益优先考虑，而不是单纯的所谓议会制与总统制的理念之争。

1916–1917年第一届民国国会关于制宪问题的争辩，焦点则是有关中央与地方关系的省制（地方制度）问题。益友社、丙辰俱乐部等原国民党议员力主地方分权，要求省制入宪。宪法研究会（研究系）、宪政讨论会等原进步党人主张中央集权，反对省制入宪。

---

① 张学继：《民国初年的制宪之争》，《近代史研究》，1994 年第 2 期。

② 黄文扬主编：《国内外民主理论要览》，中国人民大学出版社，1990 年，第 382 页。

③ 杨幼炯：《近代中国立法史》，商务印书馆，1936 年，第 4 页。

双方围绕省制入宪问题分歧严重，不断发生意见冲突与政治对抗。后来经过与中立政团多次协商，研究系做出重大让步，对于地方制度大纲加入宪法表示有保留的接受。可是当国会宪法会议二读会开始后，由于部分益友社激进派议员突然反悔，推翻前议，制宪进程被迫中断，军人干政开始，第一届国会再次被北京政府非法解散。

从表面上看，国会中对立双方关于省制的分歧是对学理、国情、现实的不同看法，但是其真实原因还是各派从实际政治利益考虑—特别是对未来权力前景的规划—而采取的政治行动。例如在评论省制议案中的省长民选问题时，当时的政治学者李剑农先生就一针见血地指出："省长的配置与各党派势力的伸张，有密切关系。"[①]

在国民党方面，1916年护国运动结束后在国内的势力已经不同于民国初年，二次革命后曾经拥有的数省地盘全部丧失。国会重开后国民党在中央政权被北洋派把持之后，对拓展地方势力非常重视，对地方势力的消长也极其敏感。益友社等原国民党人倡导地方分权的政治考虑是如果省制入宪，省长民选目标得以实现，国民党凭借在地方多年经营的优势，完全有可能获得不少省份省长选举的胜利，这样既可以削弱地方上北洋派督军的力量，也有实力与北京中央政权分庭抗礼。同时在地方自治名义的掩护下，国民党可以从容地巩固与扩大政治地盘，攫取更多的政治资源，寻找新的机会东山再起。省制入宪与省长民选的实质，"就是反对北洋军阀集权，维持南方实力派的半独立地位，以使国民党得到生存和发展。"[②]1920年联省自治运动高涨时，孙中山一度对联邦制表示赞成，在1921年发表的《统一南北意见书》中，称自己"亟亟从事于联省制"，并以联省制作为与北京政府谈判的两大条件之一。但是"孙中山赞成联省，说到底只是寻求力量的需要而非目标的追求。

① 李剑农：《中国近百年政治史》，复旦大学出版社，2002 年，第 433 页。

② 李新、李宗一：《中华民国史（第二编第二卷）》，中国社会科学出版社，1987 年，第 41 页。

因而当他在1922年8月找到了更可靠的政治力量—苏俄与中国共产党人进行联合后，他便鲜明地表示了反对联省制的政治决定。”[①]

与国民党相似的是，研究系在地方制度上的政治主张也没有始终一致，在朝与在野时的立场截然相反。在护国战争开始时，进步党反对中央集权，提出“划定中央地方权限，图各省民力之自由发展。”其目的在于发展进步党在西南的地方势力。但是在1916年6月南北重新统一后，研究系的政治目标发生变化，此时“目的在争取议会席次，在议院中控制多数，进而组织政府，负责国家大计。”[②]为实现这一目标，研究系认为必须依靠皖系北京政府才能有所发展，才能防止国民党势力的抬头。于是决定与段祺瑞等皖系人物充分合作，借助其帮助，扩充本系的势力，实现夺取政权的目标。而到了1922年，在野的研究系又开始重提地方分权与联省自治，反对直系北京政府的中央集权与武力统一的作法。

无论是国民党还是研究系，其实都是各自的利益优先，不同时期的政策诉求，都是因不同的政治形势而调整。“当他们越迫切得到政治权力时，当他们离政治权力越近时，当他们手中的权力越多时，他们就变得对地方自治、联省自治与联邦主义越反感。”[③]双方在利益优先的考量下，加之原国民党人政治风格较为激进，这样在制宪进程中，政治对抗就更为常见，而不是政治妥协。1923年各政党能够在省制问题上达成妥协，也是因为同年6月北京政变后反直议员纷纷南下，亲直政党完成了对国会多数的控制的结果。但是在反直力量缺席的情况下，亲直国会也就失去了广泛的利益代表性，随后作出的政治抉择，包括正式宪法的完成与颁行，当然不再为各实力派所接受，其议会政党政治挫败的命运也就难以避免。

---

① 徐矛：《中华民国政治制度史》，上海人民出版社，1992年，第436-437页。

② 张朋园：《梁启超与民国政治》，台北食货出版社有限公司，1980年，第300页。

③ 刘军宁：《联省自治：二十世纪的联邦主义尝试》，《战略与管理》2002第5期。

四、武力抉择冲击与政党政治的夭折

长期以来，学界对民国前期议会政党政治最后的夭折，一般强调的多是内因，包括建立近代性质政党政治的社会环境并不完善，缺乏政党政治生长的政治土壤与自然环境等。例如，萧功秦先生就特别指出中国传统社会结构对民主政治的不适应性，因为典型的立宪政治，是西方市场经济社会的历史发展的产物，“这种制度与传统社会结构几乎没有任何同构点，它与传统的政治文化（包括人们的信念、价值与习俗）和政治体制没有相容性和结合点。”[①]最新的关于民初政党政治的研究，也仍然强调这一时期政党自身的制度化水平比较低下，“这种政党雏形组织的力量太薄弱所致，这种软弱的、制度化水平低的政党组织无法成为新的政治权威的来源。”[②]但是在笔者看来，议会政党政治试验的失败，最直接的原因还是来自外部，特别是精英人物武力政治抉择的决定性影响。

对民国前期最大的议会政党国民党来说，武力政治抉择开始于1913年7月发动的“二次革命”。本来以孙中山为代表的同盟会领袖，虽然在民国成立后不久接受了“改会为党”的既成事实，但思想认识在很大程度上仍然停留在革命时代，在“民国”已经建立的历史条件下，表现出明显的“继续革命”甚至“不断革命”的思想与行为倾向。孙中山在“二次革命”失败后开始改造国民党，打出“中华革命党”旗帜，重新制定党纲党章，“使从前的国民党在一度改建‘政党’参与共和政治之后，又重新公开回到‘革命党’立

① 萧功秦：《危机中的变革－清末现代化进程中的激进与保守》，上海三联书店，1999年，第164页。

② 岑树海：《清末民初政党组织嬗变的类型学分析——基于精英政党的视角》，《江苏社会科学》2015年第5期。

场，在事实上摒弃了西方式的议会政治道路。”[①]

1920年代初，国民党鉴于在第二次复会后的第一届国会中不再占有优势地位，于是对“护法运动”及议会政治均失去兴趣，与此同时，苏俄政党政治思想开始在中国流行。国民党很快接受“以党治国”的思想，即政治取决于一党全体党员，以别于民主制度的政治取决于全体公民。党治时期由一党独占政权，不仅不许他党过问政治，而且不许他党合法存在。1924年1月国民党一大的召开，标志着其转变为革命党进程的完成。1927年4月南京国民政府成立后，执政的国民党继续奉行“以党治国”理念，禁止反对党合法存在。从这个意义上讲，国民党在“二次革命”开始后的政治转型，其实是一种从议会政党到革命政党的逆转型，是对和平参与型的现代议会政党机制的否定。在1923–1924年政党政治处于最后的衰亡阶段，也就不可能得到国民党的任何声援与支持。

当然，民国前期议会型政党政治试验的中断，最直接的原因还是第二次直奉战争结局的冲击。1923年10月制宪与总统选举完成后，北京政坛的政党政治开始了新一轮的分化组合。虽然宪政党在直系保派的支持下，逼走与直系津派关系密切的众议院议长吴景濂，一跃成为国会中拥有绝对优势的政党，使曾经存在于国会内的政党相互制衡的机制开始丧失。但是如果没有1924年9月开始的第二次直奉战争，以及随后冯玉祥发动的北京政变导致直系北京政府的崩溃，议会政党政治还是会存续下去的。毕竟直系从其自身合法性考虑，很长时间内并没有放弃民国法统。不仅在曹锟执政期间，议会政党政治一直存在，发挥了一定的立法职能。甚至一直到1926年初，复出的吴佩孚仍然坚持恢复1923年民国宪法的护宪主张。

因此，民国前期议会政党政治试验最后的中断是北京政变与第

① 杨天宏：《政党建置与民初政治走向—从“革命军起，革命党消”口号的提出论起》，《近代史研究》，2007年第2期。

二次直奉战争影响的结果，具有一定的偶然性。否则以直系政治集团一直坚持民国初年政体制度的立场，政党与议会制度至少在形式上勉强维持下去的可能性是有的，中国过渡到初级或有限多元政治模式的可能性也是存在的。初级或有限多元政治模式也是通常人们所说的威权政治模式，主要是指二战后东亚、南美、南欧威权政治统治，后者同样存在有限的议会政党政治活动。

五、结束语

从世界范围来看，现代政党的出现到政党制度的建立，是一个漫长的制度化过程，正如著名政党学家萨托利（Giovanni Sartori）所说："伴随着民主化过程，政党成为表达的手段。同时，恰恰是因为政党为表达、沟通以及实践被统治者的要求提供了渠道，负责任的政府才成为真正意义上的反应型的政府。那么，正是从宗派到政党、从负责任的政府到反应型的政府以及从议会党到选举党的渐进性的、自我延续的演进，才确立了政党的基本功能、功能角色和体系地位—简而言之，确立了政党所赖以存在的理由。"[①]近年来有关菲律宾、泰国、马来西亚、印度尼西亚、新加坡等东南亚政党政治研究表明，在1945年至1960年的早期阶段，这些国家大都是多党制或两党制，但由于很不成熟，因而其制度层面的民主难以制约实际上的无序和混乱。[②]

回首民国前期议会政党政治的兴衰，一个不争的事实是，作为一种新式的政治形态，在20世纪初的中国试验时间过短，中间几次中断，实际存在时间不超过10年。这样对于研究者来说，其实是很难作出权威性的结论。正如上文所指出，从近代中国议会政党政治的特征来看，基本符合各国政党政治发展的规律，如内生政党、派

① 萨托利，王明进译，《政党与政党体制》，商务印书馆，2006 年，第 56 页。

② 李路曲：《威权政治下的民主发育—政党转型的东南亚经验》，《文化纵横》，2013 年第 1 期。

系化等特征。这种政党虽然参加过全国范围内的议会选举，但是由于民国前期的议会选举限制较多与时断时续，议会政党难以形成强有力的党中央与地区党组织，无法将政党势力伸展到社会的各个层面，政党在全国的影响力极为有限，其缺点与不足，恰好表明当时的议会政党处于政党政治发展的初级阶段，尚没有进入更高层次的制度化阶段。而议会政党在1924年10月北京政变后的夭折命运，更是使得这种演变进程戛然而止。

安福国会与议会财政监督权的实践

在民国财政史上，政府年度总预算第一次正式被立法机构审议通过，发生在1919年。当年6月11日，总统徐世昌向众议院提交民国八年度国家总预算案、公债条例案；7月5日，又提交民国八年度路、电、邮、航四政特别会计预算案。因国会第二届常会会期即将结束，为完成预算案的审议，众议院决定在9月10日至11月13日召开临时会，历经二读、三读程序，通过政府总预算案审查报告。11月15日移交参议院审议，12月18、19日参议院二、三读会通过审查报告，12月28日北京政府公布，民国八年度国家总预算案宣告正式成立。

此时正值皖系北京政府时期，立法机构为第二届民国国会，又称安福国会或新国会。关于民国八年度政府总预算案的审议情况，相关论著一般多是提及最后的议决结果，较少关注国会财政监督权行使的具体过程与实际成效。[①]本文拟就安福国会围绕民国八年度政府总预算案审议情况进行深入探讨。

① 相关研究参见南海胤子《安福祸国记》，荣孟源、章伯锋主编：《近代稗海》（4），四川人民出版社 1987 年版，第 423–429 页；薛恒：《民国议会制度研究（1911–1924）》，中国社会科学出版社 2008 年版，第 217–218；严泉：《民国制造：国会政治制度的运作》，江苏文艺出版社 2012 年版，第 145–146 页；贾德威：《安福国会研究》，吉林大学博士学位论文 2014 年，第 104–108 页。

一、安福国会对政府总预算案的关注

安福国会第一期常会开会不久，议员黄云表就提出议案，要求政府提交民国七年度预算及此前两年的决算。黄云表在提案中指出，国会已经开会三个月，政府至今没有提交年度预算。[①]国会第一期常会开始于1918年8月12日，这样推算下来，黄云表的提议案时间应在同年11月中旬。

考虑到民国七年国家收支事实上已经过大半，于是国会改变诉求，要求政府提交民国八年度预算案及此前的决算案。议员吴道觉指出国会开幕后，政府一直没有提交本年度预算及过去两年的决算，“其事深可疑怪，若会计年度开始以前政府并不从事预算之编制，是为溺职。若预算早经编就，有意不提交本院公议，是为玩法。”[②]议员袁荣叟认为：“政府不编制预算，则政府无以保政务之统一。预算不交国会议决，则国会无以施行政之监督。政府失其统一，而国会无由监督，则官吏得任意增减其事务，任意支配其经费。”民国成立八年以来，迄今没有正式预算成立，国会开会后不久，就催促政府提交七年度预算，但是政府半年来一直没有提交。现在会计年度仅剩5个月，补提困难，所以请政府从速编制八年度预算，“并请政府将三年度以后七年度以前之收支实数，编造历年决算交院审议。”[③]安福系核心人物光云锦在院会讨论时发言称，虽然政府有种种困难，“惟八年度预算当然提出交议，此时若不加以催促，诚恐政府又将置诸脑后。”[④]后来考虑到距离第一期常

---

① 《议员黄云表等咨请政府速将民国七年度预算交会议决案》，《众议院公报》1918年第1期第4册，第114页。

② 《议员吴道觉等请咨政府限期提出预算决算案》，《众议院公报》1918年第1期第4册，第113页。

③ 《议员袁荣叟请咨催政府从速编制八年度预算及七年度以前之历年决算交院审议案》，《众议院公报》1919年第1期第6册，第131–132页。

④ 《众议院第二十八次常会》，《众议院公报》1919年第1期第6册，第112页。

会闭会只有几天，多数议员意见要求政府在第二期常会内提出预算案。

在1919年2月11日第一期常会闭会仪式上，众议院议长王揖唐在发言中称："预算决算之议决为一国政治之枢要，实吾人最大之责任。同人等于本届常会竟未履行其职权，此不能不为遗憾者又一。"王又严肃指出："欧洲之立宪国，恒以预算监督与租税承诺为互相对待之具，故立宪国莫不有预算财政基础之巩固"，民国成立以来，政府曾经两次提出预算案。民国二年度预算案因时间已过会计年度，被众议院退回。民国五年度预算案审查未完，国会就被解散。民国成立八年以来，正式预算案始终未能成立。"惟（预算）编制之职虽在政府，而议决之权则属国会，国会同人既经负此重责，允宜详察历年财政之收支状况，人民之经济情形。"①

第二期常会在3月1日开会，其预定的主要任务就是审议总预算案，从而与7月1日开始的新会计年度相衔接。②在3月27日院会发言时，议员罗正纬认为议决预算决案是国会重要职能，上期常会，政府没有如期提出预算决算案。本期常会已经开会近一个月，政府方面仍未提交，"实属政府藐视国会，在国会方面，对于自己之职权不能不为保存。"罗提出议案，要求政府在10日内提出预算决算案。③还有议员非常清楚预算决算案的编制过程。如议员吴道觉就认为年度不能限定太过，预算决算编造手续非常繁重，"譬如七年度决算以尚未到期，固难办到。而六年度之决算，恐亦不能办到。因为一年度之收入须待半年后始能结束，以现在计之，六年度收支之结束，仅逾两月，纵中央决算可以办成，而各省区决算未必即能

① 《国会闭会式纪事》，《参议院公报》1919年第1期第6册，第149-150页。

② 根据民初《会计法》规定，会计年度从每年7月1日开始，至次年6月30日结束。政府必须在7月1日前提交预算案，国会才能开始法案审议。考虑到预算案审议所需时间较长，按照当时英法国家惯例，一般要在会计年度开始前两至三个月提交预算草案，而议会在会计年度开始后审议完毕也属正常情形。

③ 《众议院第二期第三次常会》，《众议院公报》1919年第2期第1册，第72、76页。

办成。”[①]后经多数议决，将罗正纬提案限定政府提交预算时间从十日改为一个月，全案修正后表决通过，即日咨送政府。

到了5月份，政府方面仍然没有动静。议员王毅等又提出请政府限十日内提出预算决算案，“当此民生凋敝，财政奇绌，此届会期若犹不议决，于国家前途危险。”[②]议员武绳绪要求政府于一星期内提出八年度预算案，批评政府“一再耽延，迄今仍未交出，不特常会期限转眼即届期满，而七月一号会计年度瞬息亦将到来。设竟于本届会期将预算推延搁置，是本届同人与政府开一不交预算之例，破坏约法之嫌，恐难逃社会之公议矣”。如果政府继续拖延，建议提出弹劾案。[③]院会在5月29日讨论王毅与武绳绪两份建议案时，议员解树强称，3月份罗正纬案提出后，接到政府回复咨文，称决算案暂时不能提交，此次如果还是限期要求政府提出决算案，恐怕答复还是与上次一样，所以决算案似可不必再提。但是预算案要求不变，而且建议将提议案期限改为提议案通过当天。院会同意将两案合并成一案，并删除决算案要求，标题改为“再行咨催政府于即日提出八年度预算案”，多数表决通过。[④]

国会从1918年11月中旬开始，不断有议员提出议案，要求政府尽快提出预算决算案，甚至有议员提议动用弹劾权。因政府方面一直拖延，未能按时提交预算决算案，最后经过半年多僵持后，国会只能表示退让，只要求政府方面提供民国八年度国家总预算案。

二、民国八年度国家总预算案的提出

在1919年6月11日众议院院会上，总统徐世昌正式提交民国八

① 《众议院第二期第三次常会》，《众议院公报》1919年第2期第1册，第76页。

② 《议员王毅等提出请政府限十日内提出预算决算案》，《众议院公报》1919年第2期第3册，第93页。

③ 《议员武绳绪提出再咨催政府于一星期内提出八年度预算案》，《众议院公报》1919年第2期第3册，第98页。

④ 《众议院第二期第十次常会》，《众议院公报》1919年第2期第3册，第78–79页。

年度国家总预算案、民国八年公债条例案。国务员出席6人，包括财政、陆军、海军、农商、教育、交通各部总长或代理部务次长，政府委员出席12人，主要是外交、海军、财政、教育、农商、交通各部参事、佥事、科长等。当天国务总理钱能训称病请假，由财政总长龚心湛代为报告。龚首先为政府迟交总预算案的行为辩解，声称本年度预算政府2月份就开始着手办理，“通电各省区赶将八年度岁入岁出各款项电报财政部汇编。”但各省区步调不一，甚至有的省区至今没有上报。“于是政府据已报部者陆续编订，其为造报之处，因为期甚迫，不能久待，即按照五年或七年数目编列。西南各省则皆照五年度核定数目编订。”其次是预算支出概况。军费占总预算支出40%多，包括特别军费项目。偿还借款比例约为33%，财政部、内务部经费均约为8%，海军经费增加为1%，教育、实业、外交、司法经费各占1%，内府经费、清室优待经费等约占4%。“统计八年度预算岁出，经常、临时、特别三项共为六万四千七百六十九万一千七百八十七元，若除去特别军费计算，则仍为四万余万元，与五年度预算所增有限。”最后是收支平衡问题。为弥补收入不足，政府将不得不发行民国八年度公债。①

在众议院议员意见书中，最有代表性的是“议员陆才甫质问政府八年度预算收入何以比较五年度减少甚巨书”。陆才甫统计政府预算收入减少的地方共有8项。1、“漕粮租课杂赋三项，计其总数何以较五年度减少七百四十六万七千三百六十一元？”2、“又第四款货物税项下将五年度所有之统捐统税及产销税完全删除，另列百货捐，名目未识，是否即为统捐统税及产销税之改名，抑系事实上有所更改，核算总数何以减少一百二十三万三千六百六十二元？”3、“又第六款正杂各捐何以减少九百七十三万五千零三十三元？”4、“又第七款第二项官办局厂收入一项，事实上比

① 《众议院第二期第十二次常会》，《众议院公报》1919年第2期第4册，第47–49页。

较有固定性质，何以亦减少五十万五千五百七十七元？”5、“又第八款各省杂收入项下第一项内务收入二十四万零七百九十三元？第四项教育收入何以减少五十二万七千八百三十二元？第七项杂款收入更何以减少至一百八十八万五千三百四十二元之巨？”6、“又第九款中央各机关收入项下交通部收入何以减少四十七万三千三百八十四元？”7、“此外五年度所列之契税、增收田赋税牙税、增收厘金、增收牲畜及屠宰税、增收以及均赋收入等项均为现在所积极进行者计有五千万元以上，何以全不列入？”8、在临时预算项目中，“又第七款中央各机关收入项下何以减少一百三十一万五千零六十元？”陆才甫统计各款收入总计减少数字达到73384044元，要求政府解释具体原因。[①]

国务院在咨复议员陆才甫质问书时作了相应解释。1、“至漕粮租课杂赋三项，旧五年度数目较增，原因系有按照三年度核定原额开列者且有将省地方税合并开列者核办。”现在的会计年度从7月1日开始至次年6月30日为一年度，是参照民国新五年度预算案，并且划分为国家与地方税，而陆才甫参考的民国旧五年度预算案则不分国家与地方税。2、统捐统税及产销税分别并列在百货捐项目中，比新五年度预算还是有所增加。3、正杂各捐中屠捐、米谷捐等15项按照新五年度预算规定，已经划归地方，所以收入减少。4、官办局厂收入，“旧五年度所列各局厂，嗣后有因停办未列者，此次编列收数比较新五年度预算数目仍有增加。”5、杂收入款，“内务收入与新五年度数目相符，教育收入尚有增加。”6、交通部收入，“五年度预算列有各路解部收入款项共三十四万三千九百二十元，本届此种款项改列铁路特别会议收入，不作为交通部办公费收入，故数目减少。”7、旧五年度所列之契税、增收田赋税牙税、增收厘金、增收牲畜及屠宰税、增收以及

① 《议员陆才甫质问政府八年度预算收入何以比较五年度减少甚巨书》，《众议院公报》1919年第2期第4册，第167–169页。

均赋收入等项，新五年度预算分别归列在正项内开列。8、新五年度预算中央收入列有清华学校收入，为美国退还庚子赔款，总数为2004756元，最近三年因清华学校建设项目支出，基本上已经用完，所以本届收入减少。[①]

不难看出，政府的回复是避重就轻，对小额税收数字变动情况解释比较详细，但是对于质问书中最重要的第七条，即关于民国五年度所列的增收赋税厘金5千多万元，并未作出具有说服力的解释，而此条税收数字为减收总额的近七成，是总预算收入变化最为重要的内容，也是陆才甫质问书最为关切的问题。

在6月17日众议院院会上，龚心湛进一步阐述发行民国八年公债案的理由，“现在八年度预算业经编就，政府虽厉行核减支出，增加收入，然不敷之数仍有二万万元之多。即以前项八年短期公债填补计，尚短少一万六千余万元，自非再筹大宗收入，不能达收支适合之目的。”[②]议员王伊文对政府发行公债有不同意见，一是公债数额不可行，“今则南北之争未息，商务停滞，民力凋敝，阛阓萧索，与元年军兴以后情势相同，迥非（民国）三年所可比拟。乃三年时尚不敢以额巨期长之公债发行，而今日反欲责以巨额二万万元，长期二十年之公债，自必势所难能。至预算之足，其原因在军费之增加。”二是公债担保品问题。八年公债以国家田赋收入作为担保，现在各项税收抵押殆尽，只有田赋维持国计。“倘因国内一时未能募集以之抵押外人，是抵押者公债其名，而田赋其实也，一转移间，不啻全国土地拱手送于外人。”王伊文为此提出两条建议：“（一）如公认以田赋作担任品为危险，即请决议咨还政府，将担保品另行改换，俟预算案议决后再行提交国会。（二）本案与预算、财政均有关系，系应交付法典、预算、财政三股审查，俟预

① 《国务院咨复议员陆才甫质问政府八年度预算收入何以比较五年度减少甚巨文》，《众议院公报》1919年第2期第5册，第163-166页。

② 《众议院第二期第十三次常会》，《众议院公报》1919年第2期第4册，第72页。

算案议决后再行会合审查。”[1]最后院会多数同意公债案与总预算案一起交由财政与预算两股合并审查，根据总预算案审查结果，再确定公债发行数目。

8月13日，众议院常会开始审议民国八年度国家总预算案审查报告，以及民国八年度路电邮航四政特别会计预算案审查报告。预算委员会委员长夏仁虎报告审查原则：“对于岁入：（一）田赋地丁及凡为人民直接之担负者，不应轻易增加；（二）洋关税入之议定增加者，应比照最近年度之征额增入；（三）盐税之征不足额者，烟酒杂捐及涉于奢侈品之收税，应酌增之原表，漏列之项应补列之。”关于支出原则，“（一）政费之涉于浮冗不急者分别删减；（二）军费分别种类为目前节减标准为将来收束地步，删去特别军费一门以归统一；（三）债款磅价按时值核计以减轻支出之数。”关于审查结果，一是民国八年度预算案全部应予成立，“盖本年度预算案岁入岁出相差太巨，审查结果岁入之款已由四万万增进至四万四千余万。岁出之款已由六万四千七年余万减退至四万九千余万。”二是岁入不足部分，可以发行公债，“此次债额拟定为五千万元，但不得以田赋地丁为担保。”三是剩下不足的畸零部分，“如至必需时，拟准向银行筹垫，但不得逾预算所定之数。”四是预算内未有法律规定的支出项目，事实上已经存在多年，“应请政府速提法案送交国会议决公布。”审查报告多数通过，决定提交二读会审议。[2]

11月5日，众议院在审议预算委员会审查报告时，均照原案通过。[3]11月13日，全案三读会通过，即日移交参议院议决。经过众议院审议，民国八年度岁入总计492837490元，其中包括发行公债

① 《议员王伊文对于政府提出二万万元之八年公债条例意见书》，《众议院公报》1919年第2期第4册，第121–123页。

② 《众议院第二期第二十五次常会》，《众议院公报》1919年第2期第6册，第178–179页。

③ 《众议院预算案之讨论》，《大公报》1919年11月10日，第1张。

5000万，岁出总计492306532元，“出入相抵尚余五十余万元”。[①]

11月19日，参议院院会在初读众议院总预算案后，立即交付参议院预算委员会审查。12月13日，参议院预算委员会审查完毕，提交审查报告称：“此次本会审查结果经临两门岁入总数为四万九千二百八十三万七千四百九十元，岁出总数为四万九千五百七十六万二千八百八十六元，四政特别会计，岁入总数为一万四千一百四十六万二千六百零七元，岁出总数为一万四千一百四十六万二千六百零七元”。“就本届预算而论，原列岁入总数虽号为六万四千七百六十九万一千七百八十七元，实则赋税各项实收之数不过四万万有奇，其不敷之二万四千余万专仰给于内国公债及银行借款。以经常岁计之不足专恃借款为补充，已非理财之正轨，况值公私凋敝之秋，试问国力民力能否担此巨额，是此项计划只类于画饼充饥，实际上毫无把握。”[②]与众议院总预算案审查报告收支数字相比较，参议院预算案审查报告中政府预算收入不变，支出略有增加。

考虑到收支出之间的不平衡，政府方面提出“此次预算案若照议决（审查）修正计算收入支出相抵不敷五百三十四万三千一百元，即以原列预备金抵补出入，尚差一百余万元，而原案政府提出公债额为二万万元，经两院核减一万五千万元，只留五千万元，故不得不要求增加公债六百万元以谋收支适合。”参议院决定政府方面可以另案办理。[③]政府最后决定将公债担保改为全国未经抵押之货物税；关于民国八年公债定额，因议决取消直隶等九省田赋附加税，为弥补此项预算不足起见，加发600万元，合计5600万。[④]

① 《预算案通过众议院》，《大公报》1919年11月14日，第1张。

② 《参议院审查预算报告书》，《大公报》1919年12月15日，第2张。

③ 《参议院议决预算案之咨文》，《大公报》1919年12月23日，第2张。

④ 刘晓泉：《北洋政府内国公债发行研究》，湖南师范大学博士学位论文2008年，第121页。

三、军政预算支出的立法审议

按照国会议事细则的规定，预算案的审议必须经过三读会的程序。国会关于总预算的争论主要集中在一读会与委员会审查阶段，焦点是总预算案中的军政费用支出，“原列岁出总数为六万四千七百六十九万一千七百八十七元，其中陆军经费计二万五千八百四十三万二千零八十四元，占全额百分之四十以上，内务经费二万一千四百六十三万一千一百七十六元，占全额百分之三十三以上。”[①]不少议员对此非常不满，纷纷提出意见书或修正案，“惟多数议员主张对于国家行政机关之必要无不设法维持，而人民负担锱铢决计不使浪费，以期妥慎。”[②]

在6月17日众议院院会上，议员陈蓉光提到军费预算支出过度问题，“仅特别军费一项，即有一万万元之多，直占支出全数五分之一，政府如果能认真核减，其亏短又何至有二万万元之巨，亦即无须恃募公债二万万，以谋收支适合也。”议员周棠又批评说：“此次预算因收支不符竟缺少三分之一，预备募二万万公债，试问此种预算尚有几年可以支持？”总预算案中陆军费最多，“其中总不免有不实不尽之处，此次审查时非从军费上认真核减不可。”[③]王伊文在建议案中称，根据统计，中央与各省每年军费开支已经超过2.2亿元，其中中央财政1.3亿，地方各省支出9千万，而民国三年军费开支只有1.64亿多元。军费开支巨大，“举一切生产之事业，概视为缓图。”[④]

同样地，参议院在预算案审查报告中也着重批评了军费使用的

---

① 《参议院审查预算报告书》，《大公报》1919年12月15日，第2张。

② 《临时会与预算问题》，《顺天时报》1919年10月6日（二）。

③ 《众议院第二期第十三次常会》，《众议院公报》1919年第2期第4册，第68–69页。

④ 《议员王伊文请咨政府对于减缩军备划一军制应迅速依次实行案》，《众议院公报》1919年第1期第6册，第137页。

混乱现状。“查政府八年度预算案，陆军部所管预算，关于陆军军队经费一项，名称既极复杂，章制尤复纷歧，关于编制统系，亦多未协。”同一项目开支，已经列入经常费用，却又拆分为若干项目列入特别费用。同一中央陆军经费，或是列入直辖各机关预算项目，或是列入其他军事机关预算项目。同是一个陆军师的军费开支，数目却非常悬殊，有的相差甚至多达几十万元之多。其他如中央与各省经费项目的划分，也没有统一的标准，非常混乱。为此，参议院提出了一系列的解决办法。“对于全国陆军军队经费一项，无论中央、各省、经常、特别，一律提出，另为一款，合总并核。计由中央陆军经费经常门提出四千二百九十八万九千五百七十一元，由中央特别军费提出三千三百六十七万五千一百七十七元，由各省经常门提出五千二百三十八万一千四百四十九元，由各省临时门提出四十一万二千六百八十五元，由各省特别门提出二千三百零一万九千五百六十元。全国合计总共一万五千二百四十七万八千四百四十元。按照总数裁减二成，计减去三千零四十九万五千六百八十八元。”预算案审查报告还指出：“将来俟各该省详细册报时，应由陆军部仍按本会议决普通标准，切实办理。”关于特别军费问题，“业经本院议决取消。凡原列中央及各省特别门之陆军经费，应暂时分别列归中央及各省临时门，以免纷歧。”[①]

政务费用支出预算，首先是总统府经费。议员魏调元等指出公府经费比较民国五年度，增加了73万多，民国成立八年以来，“公府官制迄未议定，所有开支自无法律上之标准。惟有根据前例，方为妥善。且吾国为完全内阁制之国家，所有一切政务均有国务院施行，公府无加增员额之必要。”要求削减增加的数目，支出按照民国五年度标准。[②]议员黄家璘认为总统府顾问咨议费过高，“比起

① 顾敦鍒：《中国议会史》，苏州木渎心正堂1931年版，第288-292页。

② 《议员魏调元等提出公府经费修正案》，《众议院公报》1919年第2期第6册，第522-523页。

五年度，已骤增四十七万余元，实属太巨。”考虑到现在财政困难，建议改为不支薪水的名誉职。[①]同样的问题还有总统府侍从武官处与指挥处的经费，有议员发现公府侍从武官处经费比五年度增加167866元，建议将原预算364944元修正为197076元。公府指挥处预算经费为184612元，而公府卫队经费仅为13932元，“比较之下相去不啻十四分之一，指挥者多而卫队少”，建议将指挥处预算修正为6万元。[②]

其次是财政部的经费。议员鲍宗汉强调财政经费即为财政部经费，从民国五年度的632844元，增加到821568元，“虽经财政部说明，曾将裁撤之财政讨论会、编译处、检查增收机关委员会等三机关及洋员顾问经费等划归本部计算等语，查上开裁撤之机关，因无事而裁汰，以节靡费，既经裁撤，万无将此项经费仍归财政部支用之理”，建议减去118724元，修正为五年度预算数字。鲍还批评财政部人浮于事，“伴食充数者亦复不少，又办事员、译电员、录事亦嫌太多，且薪水较荐委各员加增，殊属不合，自应分别裁减”，建议财政部将官制以外人员一律裁减。[③]

最后是其他机关经费。议员葛梦朴在意见书中直指印花处、全国烟酒事务署、币制局，“以上三机关之官制官规，均未经国会议决，在法律上已无根本之规定，在事实上亦无设置之必要。”[④]议员王伊文等对于预算委员会审查报告将河南省交涉署经费从19288元修正为6000元的作法，表示非常赞成。“若豫省则民教相安，外人之住居寥寥，又无各国领事，又无通商大埠，华洋诉讼之事更属

① 《议员黄家璘对于八年度预算案内岁出第一款第四第五两项修正案》，《众议院公报》1919 年第 2 期第 6 册，第 521 页。

② 《议员王玉树对于八年度预算案岁出经常门第一款第七项公府侍从武官处仍按五年度议定数目支给第十一项公府指挥处经费修正案》，《众议院公报》1919 年第 2 期第 6 册，第 525–526 页。

③ 《议员鲍宗汉对于八年度预算案内岁出经常门财政经费第一目修正案》，《众议院公报》1919 年第 2 期第 6 册，第 528–529 页。

④ 《议员葛梦朴对于八年度预算案审查报告意见书》，《众议院公报》1919 年第 2 期第 6 册，第 447 页。

甚稀。”交涉员作为外交部特派简任大员，终日无所事事，公署职员除填发外国游客护照与代理青年会募捐外，也没有其他公务可办。而且比河南省涉外事务繁多的湖南、安徽等省交涉署及专任交涉员均已经裁撤，因此主张也裁撤河南省交涉专员，“另由他种简任官兼任办法，于减轻人民负担及事实便利上均有裨益。”①

在皖系集团控制下的北京政府，重视军政费用支出不足为奇，正如有议员指出政府总预算案“对于最要之教育实业两端，并未增加其数（比较五年度尚减去不少）。而对于外交、内务、财政、陆军以及中央各机关经费，惟恐定额之不高，核之岁入不敷之数，超过三分之一有奇。”②同时，从总额上来看，民国八年度预算比民国元、二年度预算超出三分之二，总数既然增加，军政预算支出自然也是水涨船高。

四、结束语

关于议会财政权的重要性，近代日本著名宪法学者美浓部达吉认为：“议会议定预算权，是和立法权一样，同属最重要的权限之一，在某种意义上还可以说是比立法更为重要，成为议会权能的中心。”③安福国会行使财政监督权，也是有法可依的。1912年《临时约法》第19条规定，参议院“议决临时政府之预算、决算；全国之税法、币制及度量衡之准则；议决公债之募集及国库有负担之契约。”同年8月颁布的《国会组织法》又规定民国宪法未定以前，《临时约法》所定参议院职权为民国议会的职权，而且预算、决算

① 《议员王伊文等对于预算委员会审查报告各省外交经费内河南省第一款第一项交涉署经费修正案赞成意见书》，《众议院公报》1919 年第 2 期第 6 册，第 454-455 页。

② 《议员杜棣华对于政府提交八年度国家总预算及八年公债条例意见书》，《众议院公报》1919 年第 2 期第 4 册，第 125 页。

③ ［日］美浓部达吉：《议会制度论》，邹敬芳译，中国政治大学出版社 2005 年版，第 263 页。

必须先经过众议院的议决。[①]

至于民国八年度政府总预算案的审议方式，则是依据1913年《议院法》的相关规定，“关于法律、财政及重大议案，非经三读会，不得议决；但依政府之要求，议长或议员十人以上之动议，经院议可决者，得省略三读会之顺序。”在两院常任委员会中，预算委员会分为数科，各科设置主任，负责审查预算案各部分。预算委员会各科审查完毕后，由主任将结果报告于委员长，召开委员会讨论。各科主任在预算委员会上应作该科审查报告与说明。“预算案交委员会审查后，限三十日内提出报告”，“预算案会议时，议员提起修正之动议，非有二十人以上之赞成，不得成为议题。”[②]

就国会本身而言，一方面非常重视财政监督权的职责。上文提及在国会开幕后不久，就有不少议员要求政府尽快提交年度总预算案。而且在民国八年度总预算案审议完毕后，人们又开始关注民国九年度国家总预算。在众议院第三期常会期间，1920年4月1日议员陈善榘等质问政府能否将九年度预算案即日咨送到院以便议决，称议决预算为国会职权中最重要的内容，“按各国通例，其在下年度之预算必于上年度先行议决公布。准期遵行，方符预算之旨趣。”会计年度从7月1日开始，现在已经是4月，“八年度行将届满，而九年度预算全案尤未据政府咨送前来。”[③]4月20日政府回复表示，国务院在民国八年度预算案公布后，即由财政部拟订本年度预算编制办法，在1月19日通电各省，要求各省区1月31日以前电部核编。在京各部机关则是在2月20日前造册咨交财政部。“嗣以期限久逾，各省区尚有多处未据报部。”财政部3月10日又电催各地，迄今仍无进展。“复查八年度预算案因编制时期迫促，多未及待各省区造送表册，即由财政部按照原送七年度预算数目核编公布，以后

① 《中华民国国会组织法》第14条，《政府公报》1912年8月11日。

② 《议院法》第27、32、33条，《政府公报》1913年9月28日。

③ 《议员陈善榘等质问政府能否将九年度预算案即日咨送到院以便议决公布而免逾期书》，《众议院公报》1920年第3期第2册，第64–65页。

各省区多以不能适用为词，纷纷电请追加修正。”这次如果沿用过去的做法，恐怕与事实不能相符，所以财政部希望等各省区造送表册后，再行提交议决。[①]

另一方面，国会在审议过程中也体现出一定的专业水平。例如，在政府提交民国八年度总预算案不久，就有议员发现本年度路电邮政岁出入预算没有提交议会，“对于交通岁出入之数，又付厥如。政府竟无实行预算之决心耶？”“查民国五年预算案，路政收入系五千八百余万元，电政收入系八百余万元，邮政收入系七百余万元，全国收入岁在八千余万元之多。且逐年增加，为数更巨。前政府编入特别预算，其籍名为实业用途，不与政府合混，究之内部移挪混报已属违法，不可告人。今竟将原有之特别预算亦不交出，不知是何意义？想亦欲移挪为他项之用途耶，则较前政府之违法而又违法也。”[②]迫于国会压力，（1919年）7月5日，总统徐世昌向国会提交民国八年度路电邮航四政特别会计预算案。

关于政府总预算案的项目编列问题，也有一些议员指出专业批评与整改意见。如议员武绳绪提议删除预算案岁入临时门第一款田赋第二项附加税，此项附加税“率来自民国四年试办，限期三年早经期满”，而且未经过国会议决，此前第一届国会众议院预算委员会曾经作出删除决定，后因张勋复辟政变发生，未能实行。武绳绪特别提到《临时约法》赋予国会征税权，“此项加征纵令可办，亦须提交国会议决，然后施行。”两届国会均未议决附加税，当然必须删除。“若竟听其列入预算，是不啻放弃国会此项职权，承认加税为合法。况此例一开，危险实甚，将来预算不敷即可随时任意加征附税。”[③]议员陈善棨在意见书中指出政府总预算案支出列举不

---

① 《国务院咨复议员陈善棨等质问政府能否将九年度预算案即日咨送到院以便议决公布而免逾期书》，《众议院公报》1919 年第 3 期第 2 册，第 98–99 页。

② 《议员刘树棠质问政府何以不将本年度路电邮政岁出入预算提交本院议决书》，《众议院公报》1919 年第 2 期第 4 册，第 179 页。

③ 《议员武绳绪提议删除八年度预算案岁入临时门第一款田赋第二项附加税修正案》，《众议院公报》1919 年第 2 期第 6 册，第 504–505 页。

详细，“关于岁出，册内仅止开列总数与五年度预算对照表，而于各项政费均未列举详细用途，乃至超过岁入达二万万之巨。”以民国五年度预算案为标准也是不妥当的，“惟有咨请审计院将自民国二年至八年，所有曾经审计中央及各省区岁入岁出年报表册，分别赶送到院，由秘书厅印刷分送，以为根本上之证明。”[①]议员罗正纬还进一步提议设置财政清查处，“将国内所有财政事项，限定三年逐渐查及，编制报告表册，一目了然，将来裁汰冗费，剔除中饱，改正赋税，统一币制，厘定财政机关之种种设施，根据尤为确当。”[②]

在实际成效上，经过国会半年时间的审议，原预算草案岁入总计647691787元，其中包括发行公债2亿元，岁出与岁入相同。经过国会议决后的正式预算案，岁入总计490419786元，其中包括发行公债5千万元，岁出总计495762886元。公债总数减少1亿5千万，岁出总计减少151928901元，为原预算支出的23.5%。不仅军费削减二成，其他各项支出均有减少，总计减少二成多。后来有学者评论说：“第二届国会成于军阀之手，而能毅然议决裁减军费至二成之数，盖亦难能可贵矣。”[③]

不仅于此，在安福国会行使财政监督权实践的基础上，1923年民国宪法进一步完善财政制度，专设会计一章。规定国家岁出岁入，每年由政府编成预算案，国会开会后15日内，先提出于众议院。参议院对于众议院议决的预算案修正或否决时，必须征求众议院的同意。如不得同意，原议决案即成为预算。政府为准备预算不足，或预算所未及，得于预算案内设预备费。预备费支出，必须在次会期请求众议院追认。国会对于预算案，不得为岁出之增加。为

① 《议员陈善榘对于政府提交八年度预算案意见书》，《众议院公报》1919年第2期第4册，第119–120页。

② 《议员罗正纬提出财政清查处条例案》，《众议院公报》1919年第2期第6册，第437页。

③ 顾敦鍒：《中国议会史》，第292页。

对外防御战争，或戡定内乱，救济非常灾变，时机紧急不能碟集国会时，政府得为财政紧急处分，但必须在次期国会开会后7日内，请求众议院追认。①

有学者认为预算民主是立国之本，“现代预算确实普遍由行政部分起草，但是议会的实质性审批仍然是保证预算民主的关键。”②从这个意义上讲，民国八年度国家总预算案的完成，虽然在当时政治纷乱的情势下实际作用并不大，最后也并未严格实行，但是国会积极行使财政监督权，促进预算民主的努力还是值得肯定的。

① 《中华民国宪法》第112、114、116、118条，《政府公报》1923年10月18日。
② 张千帆：《宪政原理》，法律出版社2011年版，第147页。

靳云鹏与皖系北京政府时期的院会关系

1919年11月5日，北京政府总统徐世昌特任靳云鹏为国务总理，至1920年5月14日靳云鹏提出辞职、海军总长萨镇冰暂兼代理国务总理为止，此为靳云鹏第一次组阁。关于靳云鹏内阁的产生与垮台过程，过去都是放在直皖派系争斗的框架中进行论述，虽然将安福系（安福俱乐部）作为皖系的代表力量纳入研究视野，但是论述的主角仍然是皖系首领段祺瑞与徐树铮。[①]即使是民国时期专门研究安福系的著作，如《安福祸国记》，其论述重点为安福俱乐部缘起、安福国会选举，以及外交、财政、军事、南北议和等事件，在涉及安福系与靳云鹏关系时，仅简要提及内阁人事问题。[②]

其实彼时安福系最重要的舞台是国会，安福系控制国会亦是一个不争的事实。安福系在国会中原有384人，占议员总数的80%强，后因梁士诒为首的旧交通系从安福系分出，另组侨园俱乐部，剩下纯粹安福系议员约有330多人，但仍然超过议员总数的70%，“成为国会的唯一支配者。”[③]所以民国第二届国会一般也称为“安福国会”。安福系作为国会多数党的角色一直未能得到人们的

① 汪朝光：《中国近代通史第6卷：民国的初建（1912–1923）》，江苏：江苏人民出版社，2005年，第316–319页。

② 南海胤子：《安福祸国记》，荣孟源、章伯锋主编：《近代稗海第4辑》，四川：四川人民出版社，1987年，第377–378页。

③ 李新、李宗一：《中华民国史第二编第二卷》，北京：中华书局，1987年，第264页。

重视，也鲜有从制度视角观察国务院（内阁）与安福国会之间的院会关系。此外，一些著作在史实方面亦存在一些问题，如在分析靳云鹏组阁时财政、司法、交通三总长人选时，一般认为靳的决定是秉承段祺瑞的意旨。[①]而实际上靳云鹏的选择主要来自安福系的压力，段祺瑞只是起到调和的作用。关于这一点，正是本文第一部分所要论述的。

一、组阁：靳云鹏与安福系的提名之争

靳云鹏（1877–1951），字翼青，山东邹县人，北洋系军人。民国成立后历任师长、署理山东都督、参战督办公署参谋长、陆军总长等职。靳云鹏毕业于北洋武备学堂，与时任学堂监督的段祺瑞有师生之谊，长期得到段的重用。此外，靳氏又与直系首领曹锟为拜把兄弟，与奉系首领张作霖结为儿女亲家，因此与各方关系都较亲密，出任国务总理也能为各方所接受。

但是安福系与安福国会的成立与靳云鹏并无关联，而且靳氏也非安福系瞩意的总理人选，“然靳氏实非彼党所喜也，惟碍于段氏之颜面，不得不为之助。”[②]此时安福系首领徐树铮正在库伦处理外蒙“自治”问题，段祺瑞既然支持靳云鹏，安福系当然不便反对，不过提出了一个交换条件，即由安福系中坚人物出任“三长一秘”。“三长”人选是财政总长李思浩，司法总长姚震，交通总长朱深，“一秘”是指国务院秘书长人选为曾毓隽，“安福登台以后，对于内阁总理一席，本欲以本系人才充之，既见各方皆不赞成，乃不得已而求其次，因言必须为本系所承认之人物，并加以条件，始可当选。”[③]对于安福系的条件，靳氏当时并未反对。于是

① 来新夏等：《北洋军阀史》，天津：南开大学出版社，2000年，第606页。

② 鸿隐生编著：《安福秘史（一）》，《近代史资料》总第126号，北京：中国社会科学出版社，2012年，第211–212页。

③ 鸿隐生编著：《安福秘史（一）》，《近代史资料》总第126号，第211页。

在1919年10月31日，安福国会众议院召开临时会，到会者261人，表决结果同意者249票，不同意者7票，废弃者5票，多数同意通过靳云鹏总理任命案。[①]11月4日参议院投票通过，出席议员104人，同意票103张，也予以通过。[②]

在皖系内部，靳云鹏与徐树铮素来不和，“然靳之才智既不及徐，而二人之地位亦不同，政见又时复相左，以是背道而驰，于段之下各树一帜。”[③]受徐树铮的影响，安福系对靳云鹏也不信任。10月31日安福系在太平湖本部曾经召开预备选举会，到会议员300多人。当场就有议员质疑靳云鹏对安福内阁人选有无保证。考虑到阁员同意权在国会，与会者最后达成共识“只有对于总理先行通过，阁员容再协商”。[④]

果然在总理同意案通过后不久，双方就发生内阁人选提名之争。事情起因是靳云鹏突然变更原先默认的安福系内阁名单，即“外交陆征祥、内务吴炳湘、财政李思浩、陆军总理自兼、海军刘冠雄、农商田文烈、司法姚震、教育张志潭、交通朱深。”[⑤]新的名单是内务总长田文烈、外交总长陆徵祥、财政总长周自齐、交通总长曾毓隽、司法总长朱深、教育总长夏寿康、农商总长张志潭、海军总长萨镇冰、陆军总长靳云鹏自兼，与旧名单相比，“内务易为田文烈，财政易为周自齐，农商易为张志潭，教育易为夏寿康。”特别是财政总长人选的变更，“财政一席，在未投总理同意票之前，向李思浩表示意思，而参议院通过后，忽复说出周自齐，盖亦早经内定者。”[⑥]

内阁名单的变化自然招致安福系的不满，“安福部对此非常失

---

① 《靳内阁通过新众院》，《申报》，1919年11月3日，第3版。

② 《靳云鹏之分配阁员难》，《申报》，1919年11月5日，第6版。

③ 尚其亨：《直皖战争》，章伯锋主编：《北洋军阀》（三），湖北：武汉出版社，1990年，第673页。

④ 《靳云鹏组阁之形势》，《申报》1919年11月1日，第6版。

⑤ 《阁员形势与真相》，天津《大公报》1919年11月7日，第1张。

⑥ 《靳云鹏就职后之新阁员》，《申报》1919年11月8日，第3版。

望，大有拼命力争之势。”11月6日在太平湖本部召开安福系干事会议时，“大家皆愤愤不平，有谓此事未免上当者。”[①]尤其对于靳所拟定的周自齐为财政总长反应强烈，“以周（自齐）长财政，为联合旧交通系之计划，若得旧交通系之援助，交通银行即可为中央垫拨军政各费，每月允助四、五百万元。安福派恐靳氏得旧交通系为后援，财政上自不难充裕，是极端反对。”[②]

安福系决定采取提名应对策略，“（一）先行拒绝提出（二）提出后使国会为流会（三）行使否决权。”[③]不过，安福系一开始还是以国会名义主动进行院会协商。11月11日，参议院议长李盛铎与众议院副议长刘恩格拜会靳云鹏，强调“总理同意案以前的名单，方可顺利通过，否则请不必即日提出，以免否决之虞。”靳云鹏坚持任命周自齐为财政总长，而且表示：“阁员提出后，如有不通过，即改为署理，以命令发表之，态度甚为强硬。”段祺瑞此时的态度比较超然，11月7日曾经要求曾毓隽、王郅隆疏通议员，“勿太固执，致酿内讧。”[④]

由于双方但均坚持己见，协商并没有结果，此后一直僵持不下。安福系一度派人邀请靳云鹏入党，遭到靳氏拒绝，后者称“余系军人，万不能公然加入政党。”[⑤]在安福系看来，接下来“靳氏以不待安福部之同意而提出阁员于新国会。”[⑥]11月8日，安福系在太平湖本部召开全体议员大会，对政府内阁新名单进行表决。“表决结果，对于周自齐之财政，田文烈之内务，张志潭之农商，夏寿康之教育，全场一致否决。惟就田文烈一人如复农商一席，仍表示承认之意。其余三人则绝端反对入阁。”[⑦]

---

① 《靳云鹏组阁之波折》，《申报》1919年11月9日，第6版。
② 《安福派逼走靳云鹏之暗幕》，《益世报》1919年12月24日，第2版。
③ 《阁员分配波折续志》，《益世报》1919年11月11日，第6版。
④ 《阁员支配仍在相持中》，《申报》1919年11月10日，第6版。
⑤ 《再志组阁停顿中之安福部》，北京《晨报》1919年11月17日，第2版。
⑥ 《时评：靳安之争》，《申报》1919年11月8日，第3版。
⑦ 《安福派争持阁员之别报》，《申报》1919年11月11日，第6版。

靳云鹏对于安福系的反对意见，一方面对外宣传“谓所定之阁员，纯出良心上之主张，断不能因党派关系，置中央行政于不顾。”[①]声称不畏惧国会否决权，如果阁员通过不了，“各部次长一律另行简任，并即派出代理，以免政务停顿。”[②]另一方面，靳氏积极争取外援。11月11日，靳云鹏在与李盛铎、刘恩格两议长商谈时，声称四省督军来电表示赞成自己提出的阁员名单。[③]与此同时，直系要人李纯、曹锟、吴佩孚与奉系首领张作霖亦纷纷来电支持靳氏。[④]在周自齐的任命案上，靳也得到徐世昌的支持，“东海对于周长财政意极坚决。”[⑤]形势一度对靳氏有利，连反对北京政府的《民国日报》也乐观地分析认为，靳的策略，先由李纯、曹锟等人致电两院，对国会施压，“今再继以取消政府之津贴”，认为安福议员为利结合，如无利可徒，必将背叛，“预料数日内形势将一变，靳内阁名单，必可通过。”[⑥]

但是安福系并未屈服。11月15日，安福系再次在太平湖本部召开大会，出席会议议员200多人，李盛铎、刘恩格透露靳氏一方面坚持财政总长人选为周自齐，另一方面允诺帮助解决安福系的党费问题。安福系议员们经过商议，最后达成协议是维持11月8日表决结果，不再举行新的表决，另外派李、刘两议长再与靳氏沟通。[⑦]与此同时，安福系又发起国会攻势。众议员李继桢11月13日提出质问书，声称根据《临时约法》第34条规定，大总统任命国务员须得参议院同意。而《临时约法》第43条称国务总理与各部总长均称为国务员，“总理既经同意任命之后，各部总长即不得过于延缓，即就民国以来政治上之惯例。”国会在靳云鹏总理同意案之前，本来

① 《攘夺中之组阁问题》，上海《民国日报》1919年11月12日，第3版。
② 《安福派争持阁员之别报》，《申报》1919年11月11日，第6版。
③ 《阁员昨日尚未提出》，天津《大公报》1919年11月13日，第1张。
④ 《攘夺中之组阁问题》，上海《民国日报》1919年11月14日，第3版。
⑤ 《安福派仍反对阁员案》，《申报》1919年11月22日，第6版。
⑥ 《安福之打击》，上海《民国日报》1919年11月16日，第3版。
⑦ 《阁员问题与安福派》，《申报》1919年11月19日，第6版。

已经初定阁员，“不意总理同意任命之后，阁员提出尚迟迟无期，与历来政治上之惯例大相悬殊。”[①]11月15日，众议员黄秉义又提出质问书，指责靳云鹏就阁员名单征求各省封疆大吏意见的作法违反《临时约法》的规定。[②]

在安福系的压力之下，靳云鹏被迫作出让步，提出自兼财长，但安福系仍然极力反对，认为“此项组阁与本系势力之消长至有关系，不可忽视，”[③]尤其是财政总长一席，提出非己派之李思浩担任不可，因为安福系每月十四万元党费要由财政部支付。11月22日，段祺瑞为调和双方的争执，在召靳氏入见时表示，“财长一席，安福方面绝对不赞同周自齐，为之奈何。余意此时不妨依彼等之请，改提李思浩试办财政，如果实在不能支持下去，再换周自齐，亦不为晚。”[④]11月22日靳云鹏再次妥协，同意财长改提李思浩，并将修改后的内阁名单提交众议院，“财长一席，容纳安福之要求，改提李思浩，以免阁席久悬，其余则仍按原名单提出。”[⑤]

不过，此时已占上风的安福系并未止步，又对内务、农商、教育三部总长人选表示不满，并因徐树铮回京后态度更加强硬。徐树铮在武力取消外蒙“自治”后，于11月24日由库伦返抵北京，此时徐的声望大增。他对靳内阁新名单大为不满，尤其是事先征求各省军阀意见而不提交国会，更是愤慨，认为这是违反约法精神，蔑视国会尊严的恶劣官僚作风。靳利用军人压制国会，就是目无国会。徐树铮表示：“若有人主张危及国会，某将声罪致讨。”[⑥]11月28日众议院开会之前，安福系先于太平湖本部召开午餐会，讨论内农教三席是否应通过。关于田文烈，虽然本在反对之列，但有议员担保田在内务次长任命问题上会对安福系妥协，所以决定同意田的

① 《组阁问题仍在停顿中》，北京《晨报》1919年11月14日，第2版。
② 《阁员问题与安福派》，《申报》1919年11月19日，第6版。
③ 《靳云鹏组阁之波折》，《申报》1919年11月9日第6版。
④ 《靳云鹏屈服于安系》，上海《民国日报》1919年11月26日，第3版。
⑤ 《阁员案已提出新众院》，《申报》1919年11月25日，第6版。
⑥ 《阁员问题有决定说》，《申报》1919年11月23日，第6版。

任命。但农商、教育仍依照上次表决结果否决。当天下午共有252名议员投票，夏寿康同意票122张，不同意票125张，张志潭同意票73张，不同意票173张，按所投票数过半数126张计算，夏、张未通过。[①]这样国会投票结果就在意料之中了。11月28日、12月3日，国会众、参两院相继通过各部总长同意案，但教育总长夏寿康、农商总长张志潭的提名被否决。靳内阁最后以田文烈兼农商总长，次长傅岳棻代理教育总长，周自齐则被任命为币制局总裁。

内阁人选之争历时一月之久，这在民初内阁史上罕见。靳云鹏不懂政党政治的运作方式，不仅推翻此前与国会达成的人选协议，而且拟强行提出于安福国会。有从临时参议院时连任3届的资深议员称："自来组织内阁总理提出之先，必须与政团中接洽。第一要问总理大政方针如何。第二要问其阁员为如何人。然后对于总理再定同意与否，此为必经之手续。"只是因为段祺瑞的因素，"此次总理同意案，并未问阁员先行通过，于政治上开一创例。"不过"靳揆于总理案通过后，突然变卦，未免使合肥失信。且所约之阁员，有向来反对合肥者。"[②]不难看出，正是靳氏在内阁名单问题上的反复，使自己在组阁时陷入被动。

二、从阁潮到倒阁：靳云鹏与安福系的权力冲突

靳云鹏组阁后不久，即与安福系发生龃龉。1919年12月初，在财政次长人选上，李思浩提名财政部秘书钱锦孙为次长，靳却瞩意同乡和好友潘复，其用意借以监视李思浩。在安福系的全力支持下，李思浩以辞职相威胁，靳云鹏不得不退让，并抱怨说："以正式总理不能用一次长，处处受某派牵制，此等总理，有何趣味。"[③]1920年1月初，北京高校教职员工爆发"索薪"风潮，靳

① 《新众院投阁员票情形》，《申报》1919年12月1日，第6版。
② 《阁员问题之板滞》，天津《大公报》1919年11月19日，第1张。
③ 《安福派逼走靳去鹏》，上海《民国日报》1919年12月26日，第3版。

允诺撤换与安福系关系密切的署理教育总长傅岳棻。此举当然遭到安福系的反对。在1月13日内阁会议上，“安福阁员一致反对，表示靳若去傅，则彼等即一律辞职。”当天晚上安福系要员又召开会议，有人声称“吾党要靳去，靳不得不走。靳若留傅，我党则留靳，须知我党要留，靳不得不留。”[①]最后靳氏只能作罢，深感“一步不能发展，一人不能作用，一事不能顺手办理。”[②]

不久，河南易督事件爆发，阁潮更是公开明朗化。由于河南督军兼省长赵倜在直系、皖系的争斗中保持中立，对皖系北京政府的命令阳奉阴违，段祺瑞对此很不满意，同时为了阻断吴佩孚北归破坏直系的势力连接，决定让妻弟吴光新出任河南督军。1920年2月26日，靳内阁通过吴光新任河南督军，众议院秘书长安福系要人王印川任省长。但是徐世昌不同意更动赵倜，只同意任命王印川。而靳本人的态度其实也比较勉强，“当靳组阁之初，即表示在己任内，决不更易北方督军，今更易豫督，则北方各督将怒其失约。”[③]迫于直、奉等各方压力，2月27日靳因豫督问题请假，29日宣布辞职，后经徐、段挽留，原本无心辞职的靳氏于3月3日宣布销假视事。

但是安福系并不罢休，乘机提出四个条件，第一条就是关于内阁人事，“（一）农教两长必须速提，且须提该系之人物。（二）山东问题须从该系意旨，以定交涉方针。（三）对于学潮须严行取缔。（四）须任命某君为湖北省长。”[④]为达到目的，安福系的应对方法是“（一）同系国务员永不出席国务会议。（二）由新国会提出弹劾案。（三）运动本系武人实行拥段组阁。”[⑤] 3月4日上午召开国务会议，除田文烈、萨镇冰、傅岳棻外，李思浩、曾毓隽、

① 《安福派倒靳之密会》，《申报》1920年1月17日，第6版。
② 《安福派逼走靳去鹏》，上海《民国日报》1919年12月26日，第3版。
③ 《靳阁辞职问题》，天津《大公报》1920年3月3日，第1张。
④ 《靳阁风潮稍息》，北京《晨报》1920年3月7日，第2版。
⑤ 《靳云鹏昨日已到院》，《益世报》1920年3月5日，第3版。

朱深等人借故都不来，致使国务会议流会。3月6、9日，三总长依然不出席内阁会议，并于9日向徐世昌正式提出辞呈，后又返回国务院向靳辞职。10日李思浩还连夜离京赴津，表示坚决求去之意。安福系坚称吴光新督豫是靳组阁之前的承诺，“嗣又拟以吴豫督，实系履行条件。”[①]

在内阁危机面前，靳云鹏不为所动，以内阁会议人数为半为由通过有关决议。如3月6日的内阁会议在讨论财政问题时，尽管李思浩缺席，仍然通过“限制各省滥发纸币案”，“由财政部会同币制局拟制限制方法说帖。”[②]靳氏态度强硬，声称：“阁员如必辞职，则先以各该部次长暂代部务，再作计议。”[③]而且不止一次地表示：“他们（指安福系阁员）如同我干不来，只有任凭他去他的，我干我的，我不肯自己塌台，难道说他能把我拆台吗？”[④]安福系也认为“靳氏性情执拗，既不易使其入我圈套，复不能与我同道驰。”[⑤]

此时，安福系的最低条件是获得外交、农商、教育三部总长职位。“彼等之欲得此三部，不仅为幸己派势力，使于左右阁务，其中实含有重大作用。缘外部一得，即可实行其对于鲁案直接交涉之计划。农部、教部一得，即可联络各省总商会劝学所，以为下次选举之计。”其实对于豫督，安福系也是利用吴光新，“成则为彼之功，不成则亦可籍此以拆靳氏之台。”虽然安福系三总长不出席会议，“部中公事，多送私宅书阅，命令亦照常副署。”[⑥]

针对安福系以外交、农商、教育三总长为和解条件的要求，“靳氏对此则态度颇为强硬，声称此事权在总统，自己不便擅

① 《靳阁暗潮正烈》，《申报》1920年3月13日，第6版。
② 《安福排靳运动尚未息》，《申报》1920年3月9日，第6版。
③ 《靳阁风潮又紧迫》，北京《晨报》1920年3月10日，第2版。
④ 《起落无定之内阁》，北京《晨报》1920年3月15日，第2版。
⑤ 《阁潮形势别报》，《申报》1920年3月14日，第6版。
⑥ 《阁潮最近形势》，《申报》1920年3月15日，第6版。

专。”[①]其真实目的是害怕外交、农商、教育三总长再为安福系把持，自己更难主导阁务。安福系考虑目前国会开会法定人数不够，无法提出同意案或弹劾案，再加上段祺瑞对三总长不出席内阁会议也表示不满，并对靳氏表示支持。[②]在此情形下，安福系只能妥协。3月16日三总长在相持近两周后终于出席内阁会议，阁潮暂时平息。但双方的矛盾并没有化解，正如上海的英文报纸评论说："在靳总理与安福系的不和还没有终止时，靳内阁还是让人担心会在一个月内瓦解，而王揖唐内阁预料会接替。"[③]

从表面上看，安福系与靳云鹏之争似乎是为吴光新豫督，实际上仍然为内阁控制权，吴光新与安福系并无直接联系，而且省长案业已通过，已经满足安福系的地方人事需求。在总理一职让与靳氏后，安福系希望借助己方阁员，架空靳氏，成立安福系内阁。其政治策略，则以豫督事件、山东问题为由，逼迫靳氏让步。如靳氏不从，则寻找机会倒阁。

倒阁问题的导火索正是山东问题。正如有学者指出，自巴黎和会中国拒签德约以后，鲁案（山东问题）就成为中日两国之间一个亟待解决的悬案。关于此案的解决，主要有三种途径：其一是提交国联解决；其二是由第三国调停；其三是中日直接交涉。虽然中国公众舆论一直坚决反对直接交涉，但中国外交当局确曾一度有直接交涉的意图，而中日直接交涉则是日本政府一贯的外交主张。[④]

山东问题从1920年1月以后一直是政争焦点。1月19日，日本驻华公使向外交部提出山东问题直接交涉。4月26日，日本驻华公使向外交部催议山东交涉。对于日本政府关于山东问题直接交涉的第

① 《阁潮最近形势》，《申报》1920年3月17日，第6版。

② 《最近阁潮之黑幕》，上海《民国日报》1920年4月6日，第3版。

③ "中国政治：安福系内阁成员辞职危机的影响令人担忧"（China's politics, "effect of the Anfu members of the cabinet resigning crisis feared"），《上海时报》（The Shanghai Times），1920年3月9日，第6版。

④ 马建标：《谣言与外交——华盛顿会议前"鲁案直接交涉"初探》，《历史研究》2008年第4期。

二次通牒，北京政府内部存在分歧。靳云鹏主张答复日本通牒必须明确写明不直接交涉，不留丝毫余地。可外交次长陈箓所起草给日本的回文，措辞含混，与靳氏意图有很大出入。徐世昌的立场与靳云鹏相同，对外交部回文阅后不以为然，发回外交部重新修改。5月6日，外交部将修改的对日回文提交国务会议讨论，“靳亦以该回文措辞仍嫌含糊，主张大加修改，务须声明对于日本所提之通牒，完全拒绝，不留丝毫余地。”但是与会的安福系三总长并不赞成，支持陈箓的主张，会议无结果而散。①

陈箓不惜与总统、总理对抗，其背后倚仗的力量正是安福系，立场当然也是安福系的。“鲁案若不直接交涉，则树铮对日本不能借款，安福党费皆由借款而来，故不得不挟制靳阁，逼其直接交涉。”此外，皖系与日本的军事协定存废也与对日交涉有关，“树铮之势力，皆借助于日本，军事协定实树铮与东邻之交换条件，苟一废除，则不能得其援助，故更不得不要求靳阁，以期保存。”②因国会掌握外交总长的同意权，而陈箓在陆征祥辞职后，“欲思坐升总长，故欲见好安福，以遂其私。”③安福系也顺水推舟，拉拢陈箓，以帮助其升任总长为交换条件吸收入党。④

安福系倒靳讲求策略，一是在舆论上反对对日直接交涉，占据舆论高地。靳云鹏就任后不久，在与驻日公使刘镜人面晤时，曾表示山东问题“今则舍与日本直接交涉外，别无他法。”⑤靳氏早先愿意对日直接交涉的言论不幸被安福系抓住。安福系要人、众议员光云锦在质问书中称：“青岛问题人民反对与日人直接交涉，已成举国一致。”但是有报载“山东问题内阁已决定与日本直接交涉，刻正与来京山东省议会代表密议一切。并即拟定日本可以容忍之希

① 《北京最近之政潮》，《申报》1920年5月11日，第6版。

② 中央国史编辑社编：《徐树铮正传》，沈云龙主编：《近代中国史料丛刊三编第二十三辑》，新北市：文海出版社有限公司印行，1985年，第35–36页。

③ 中央国史编辑社编：《徐树铮正传》，第34页。

④ 《安福倒靳风潮始末记》，上海《民国日报》1920年3月24日，第3版。

⑤ 《靳云鹏竟要直接交涉》，上海《民国日报》1919年11月26日，第3版。

望条件。”“果尔是国务总理表面反对直接交涉，以愚弄国人。而暗中则进行直接交涉，以取媚日本。”[①]安福系王郅隆经营的《大公报》也指责靳氏无能，“鲁案自日使催议，各处民情益激，纷电诘责。学潮且因之澎湃未已。原拟先以文书复日使，声明不能直接，再定办法。而复文提出阁议讨论，尤觉有种种疑难，关系重大，不敢负此重责。”[②]

二是利用财政问题阻碍内阁运作，为难靳云鹏。安福系以不筹款来困靳云鹏，对于各方索款之事，财政部长李思浩一概不管，要求索款者径直向靳云鹏索取，并请靳氏自行筹款，这实际上是变相的赶靳下台。“靳云鹏本无辞职之意，只缘安福派相逼过紧，加以中央财政困难，筹借无门，李思浩亦有不干之决心，而段合肥对于靳氏更无信任，小徐在京尤取旁观监视主义。”[③]《大公报》也承认财政问题对靳氏的掣肘，“前此中央财政之尚可敷衍对付者，犹恃向各银行腾挪小款，近则连此万难办到。积欠各银行到期未还之款，实为数太巨。银行资金有限，亦几被累，至不能周转。财政状况如此，靳阁不能救济，此其一也。”[④]

“靳本武人，识量卑浅，又善负气，”[⑤]军人出身的靳氏很难长期忍受外交与财政困境，在坚持半年任期后，5月7日靳氏命秘书长向总统徐世昌电话告知辞意，8日上午，靳在内阁会议上正式宣布辞去国务总理兼陆军总长职务，并在会后向徐世昌正式递交辞呈。当天下午再次递交辞呈，5月9日第三次正式辞职。5月14日，北京政府任命萨镇冰暂代国务总理，罗开榜暂代陆军部部务。舆论指出：“某派以财政问题挟迫靳氏，令其早日下台。靳氏确受其苦，至外交问题，某派与靳氏实相伯仲，并无所谓主张。靳与某派

① 《光云锦质问靳云鹏》，上海《民国日报》1920年3月22日，第3版。
② 《靳总理决计辞职矣》，天津《大公报》1920年5月9日，第1张。
③ 《靳云鹏辞职之种种原因》，《益世报》1920年5月9日，第2版。
④ 《靳总理决计辞职矣》，天津《大公报》1920年5月9日，第1张。
⑤ 尚其亨：《直皖战争》，章伯锋主编：《北洋军阀》（三），第675页。

冲突，乃纯出于内部之暗斗，与外交问题毫无关涉。鲁案回文，不能决定交付，乃阁潮发生之结果，非阁潮发生之原因也。”[①]

三、政党政治、院会关系与军绅政权

安福国会的派系性质经常遭人诟病。现代政治社会学研究表明，政党政治的发展通常经过四个阶段。其中宗派期是第一阶段，此时“政治基本上只是少数人在为数众多的弱小而短暂的同盟和集团之中相互进行竞争，这种集团持久性很差，且无结构可言，通常只是个人野心的一种投影。”18世纪欧洲与美国许多政党团体都属于这种类型。[②]这种描述同样适用于安福系。与民初政党有所不同的是，安福系并没有提出明确的政策纲领，组织体系也不健全，“其组织比任何党派都不健全，不要说基层组织，就连各省市也没有分支机关之设置，仅仅在北京太平湖有一个总部的而已。”[③]但是作为派系，其领导人、经费、活动场所与会议制度却是存在的。“安福部为小徐（指徐树铮）、王揖唐二人所手创，故即戴二人为首领。而二人夙隶于合肥，创办之党费八十万，尤与合肥（指段祺瑞）不无关系，故暗中所拥戴者，亦即合肥也。”[④]下设干事部（主任王揖唐）、评议会（会长田应璜）、政务研究会（会长李盛铎），部下设课，课下设股，内部定期集议，另外还组织政务调查会与两院议员联合会，以组织团结。“虽无政党之名，似有政党之实”。[⑤]安福系为议会第一大党，“安福俱乐部的纪律以及它在国

① 《搁置中之鲁案回文》，《申报》1920年5月13日，第6版。

② 亨廷顿将政党制度发展分为宗派期、两极化、扩展期、制度化四个阶段。参见塞缪尔·亨廷顿：《变化社会中的政治秩序》，王冠华等译，北京：三联书店，1992年，第381页。

③ 刘振生：《安福系的形成及其内幕》，《文史资料精选第3册》，北京：中国文史出版社，1986年，第112页。

④ 鸿隐生编著：《安福秘史（一）》，《近代史资料》总第126号，第199页。

⑤ 汪朝光：《中国近代通史第6卷：民国的初建（1912–1923）》，第194页。

会的优势，使国会的活动更加顺利，在这种意义上有助于宪政发挥作用。”①

在政党政治原则下，多数党出面组阁应是常态。从表面上看，“安福系为北方最大之政团。因产生总统，产生内阁之关系，把持政局，动辄要挟政府，当轴只得百般忍耐，莫可如何。”②但是在实际上，安福系并未能按照政党政治原则由党首组阁，主因是徐树铮、王揖唐因得不到直、奉实力派的支持，无法出面组阁。段祺瑞鉴于过去府院之争的教训也不愿组阁，宁愿在幕后操纵政局。正如北洋元老张国淦评论靳内阁说：“自民六年冯代总统第一次内阁以后，大半为军力所支配，此次虽为一党所操纵，其实亦军力也。”③

从政党政治与院会关系来看，一方面作为国会的多数党派，安福系的权力诉求非常清晰，“无论何人充当总理，必须贯彻我党方针。”④安福系虽然不能组织安福内阁，但是仍然希望主导内阁事务，“财政李思浩、司法朱深、交通曾毓隽，皆为安福党员，故于阁议席上，恒与靳氏争论辩驳，多所反对。靳氏每提一议，均难通过。”⑤“靳云鹏使尽手腕，卒无能自由发表政见，曾四次提出辞呈，足证其气衰而力竭也。”⑥在外人看来，“目前政府正处在一座宏大的熔炉里。安福俱乐部（徐树铮及其同伙）控制着内阁和国会。国务总理孤立无援。”⑦

另一方面，安福系反制靳云鹏的策略也是合法的，而且遵循宪

---

① 安德鲁.J.内森：《立宪共和国：北京政府，1916-1928年》，费正清编：《剑桥中华民国史上卷》，杨品泉等译，北京：中国社会科学出版社，1994年，第309页。

② 《北京组织大政党之索隐》，《益世报》1920年2月10日，第2版。

③ 张国淦：《中华民国内阁篇》，庄建平主编：《近代史资料文库第二卷》，上海：上海书店出版社，2009年，第54页。

④ 《靳云鹏下台后之各面观》，《益世报》1920年5月16日，第2版。

⑤ 中央国史编辑社编：《徐树铮正传》，第34页。

⑥ 谢彬：《民国政党史》，北京：中华书局，2007年，第150页。

⑦ 骆惠敏编：《清末民初政情内幕下卷》，北京：世界知识出版社，1986年，第873页。

制惯例。《临时约法》第34条规定，临时大总统有任命文武官员的权力，“但任命国务员及外交大使公使，须得参议院之同意。”同样地，美国宪法也有类似的规定，而且在美国政治中存在一种“参议员礼貌”的政治习惯，即在参议院议决对某一重要官员正式任命前，政府和参议院必须经过协商，尽量达到一致的意见，以便提名顺利通过。[①]在提名之争中，由于靳云鹏未经与国会协商而变更原先默认的阁员名单，“徐树铮以其不能降心相就，屡有争执，故张志潭之农商，夏寿康之教育，新国会皆承树铮之意旨，不与通过。”[②]

安福系在院会关系中处于优势地位是有其制度原因的，来自当时施行的《临时约法》对于立法机构权力的规定。有学者认为：“《临时约法》最显著的特征在于赋予立法机构—临时参议院以广泛的权力，在利用立法权来束缚行政权的时候，却没有想到立法部门的权力也应当有所制约。这集中表现在‘同意权’的设置上。”[③]在当时的英法内阁制国家，议会均没有总统制国家的同意权。“《临时约法》只有‘同意权’而无‘解散权’，揆诸临时政府参议员之本意，大概是想操政治上之主动，制人而不受制于人。”[④]当然这种制度设计是有缺陷的，因为《临时约法》却没有规定内阁制国家的政府解散权，造成政府缺乏反制议会的单向权力制约关系。在民初实际政治运作中，第一届国会在处理院会关系时，往往居于主动地位，可以毫无顾忌的任意提出弹劾案，而政府由于缺乏反制议会的权力，在政争面前，一般以退缩为主，受制于

---

① 参见詹姆斯 .M. 伯恩斯等：《美国式民主》，谭君久等译，北京：中国社会科学出版社，1993 年，第 577 页。

② 中央国史编辑社编：《徐树铮正传》，沈云龙主编：《近代中国史料丛刊三编第二十三辑》，第 33 页。

③ 杨天宏：《论 <临时约法> 对民国政体的设计规划》，《近代史研究》1998 年第 1 期。

④ 杨天宏：《论 <临时约法> 对民国政体的设计规划》，《近代史研究》1998 年第 1 期。

国会。安福国会同样如此，这在内阁人选提名之争中表露无遗。

但是皖系北京政府时期的政党政治与院会关系之争，无法长期停留在宪制轨道上解决，究其原因，还是因为从宏观上来说，辛亥革命改变了官绅政权的性质，变成了陈志让先生所称的军绅政权。官绅政权的被颠覆，意味着出现权力真空。而在袁世凯死后，冯国璋、段祺瑞、曹锟、张作霖等北洋军人开始进入政治决策层。后者由于治国能力欠缺，加之军人的领导风格偏爱集权与专断，不善于政治妥协，造成民国北京政府中央政局的混乱与动荡。靳云鹏上台是得到皖系、直系与奉系支持的。由于没有按照安福系的旨意行事，在内政、外交上采取比较独立的立场，甚至与直系的主张比较一致，因此曹锟联合张作霖对靳云鹏给予全力支持，坚决反对安福系掀起的倒阁运动。这样靳云鹏和安福国会之间的院会之争，最后演变为直皖之间的斗争，加速了直皖两派的决裂，最后不得不兵戎相见。

孙宝琦与直系北京政府时期的府院关系

1923年10月直系首领曹锟出任总统后，即开始着手组阁。10月30日，曹锟向众议院提出孙宝琦组织正式内阁案。孙宝琦（1867—1931），字慕韩，浙江杭州人，发迹于晚清外交界，历任驻德、澳、法等国使馆随员、出使法国、德国大臣，回国后又任帮办津浦铁路大臣、山东巡抚。民国成立后，曾任外交总长、代理国务总理、审计院长、财政总长、税务处督办等职。1924年1月9日，众议院多数表决通过孙宝琦组阁同意案。

孙宝琦担任国务总理历时近半年，至同年7月2日辞职下台。一般论著对孙宝琦内阁未有专门研究，通史类著作的叙述亦过于简略。[①]个别论著的看法也不尽符合历史事实，如有学者在分析孙宝琦倒台原因时，称其奉行“和平统一”的方针与吴佩孚的“武力统一”相矛盾，“吴通过财政总长王克敏力图倒孙。王克敏收买议员，联络阁僚，处处掣肘”。曹锟为拉拢吴佩孚，又转向王克敏的一边，致使孙于7月2日辞职。[②]但是实际上，虽然孙宝琦上台伊始，宣称“奉行宪法”“和平统一”的施政方针。但是曹锟却持反

① 通史类著作相关叙述参见汪朝光：《中国近代通史》第六卷，江苏人民出版社2007年版，第505–506页；郭剑林主编：《北洋政府简史》下册，天津古籍出版社2000年版，第1073页。而来新夏等：《北洋军阀史》（南开大学出版社2000年版）则未见记载。

② 郭剑林主编：《北洋政府简史》下册，第1073页。

对态度，在2月9日全体阁员会议上，曹锟“反对和平统一，对慕韩有些不耐烦。”[①]加之吴佩孚的反对，不久孙就改弦易辙，不再坚持和平统一。2月21日北京政府内阁会议作出决议：“（一）派员入粤，检查军队；（二）责成财政部拨解援粤款；（三）决以武力统一；（四）宣慰粤商民。”[②]孙宝琦在执政初期与直系关于统一政策的分歧，由于其主动放弃和平统一的立场而化解，当然不可能成为日后下台的主要原因。

回顾孙宝琦内阁近半年的历史，人事纷争与财政问题一直是孙宝琦执政时期的政治焦点。同时，这些焦点问题也是总统、总理、阁员与国会持续角力的重要内容，其结局还进一步凸显北京政府后期府院关系新的特色。

一、内阁人选与府院争执

孙宝琦与曹锟并非关系密切，从组阁的背景来看，“其成立完全由于政争”[③]，出任国务总理其实是一个意外。在最初的总理人选上，曾任国务总理的颜惠庆原先是受到吴佩孚支持的，但由于害怕众议院反对而被迫退让。众议院议长吴景濂在众议院中势力很大，此前吴景濂就有意于总理职位，但由于贿选以后曹锟不愿意提名而作罢。代理总理高凌霨也有自己的打算，在1923年10月底“提出难于通过的孙宝琦作挡箭牌，以便自身的延长代期。”[④]但是，由于吴景濂与高凌霨交恶，国会中吴景濂派“乃一面与孙宝琦接

① 颜惠庆：《颜惠庆日记（1921–1936）》第2卷，上海档案馆译，中国档案出版社1996年版，第116页。

② “中华民国史事纪要编辑委员会”编：《中华民国史事纪要》（中华民国十三年一至六月份），台湾中华民国史料研究中心1983年版，第437页。

③ 《时事述评：孙阁内讧的形势》，《东方杂志》第21卷第9号，1924年5月10日。

④ 《时事述评：绵延不断的北京政潮》，《东方杂志》第20卷第24号，1923年12月25日。

近，离间孙高感情。一面更以财长王克敏进行金佛郎案（王于十一月二十日继署财长）攻击高阁。”[①]由于吴派与中间派议员联合反高，孙宝琦组阁同意案遂得以通过，高凌霨被迫下台。虽然孙宝琦素来给人印象是“老成练达”，也无多少派系色彩，“然孙阁之成，实由于吴高政争之时会，非曹总统之本意。”[②]所以孙宝琦组阁同意案通过后不久，府院之间即陷入人事纷争的泥潭。

人事问题首次交锋是关于内阁人选的决定权，双方在一开始就存在分歧。总统府方面要求先公开内阁名单，再发布总理任命，而院方“则坚持非命令发表之后，亲与总统晤商，不能有所表示也。”[③]1924年1月11日，总统府秘书长王毓芝约请孙宝琦到总统府秘书处谈话，在谈话中王毓芝提醒孙宝琦，新阁员名单必须先请曹锟阅览。[④]“孙氏所表示，仍坚持其主张，在命令未发表之前，除与总统面商以外，无论对于何人，不愿谈阁员名单之事。”[⑤]

1月12日，总统府又电请孙宝琦入府与曹锟晤商。双方在会商阁员人选时，财政总长王克敏（字叔鲁）的留任问题成为人事案的焦点。“曹氏即历述财政上困难情形，年关又甚紧迫，比较有办法者，还推叔鲁，应使蝉联，以资熟手。孙氏谓叔鲁才具固属可爱，然办事鲁莽，舆情不洽，且议员方面，反对尤烈。”曹认为这是议员们非正式的表示，不必在意。而且现在各方索饷，非一千万不能过年。孙自称年关财政自有办法，请曹放心。在谈及全部阁员人选时，孙氏呈出一阁员名单，除交通部外，其他各部均有二名总长候选人，预备曹锟挑选。“其名单如下：（外交）顾维钧、颜惠庆；（内务）王毓芝、陈汉弟；（财政）龚心湛、赵椿年；（农商）

① 贾逸君：《中华民国政治史》卷上，《民国丛书》第二编（22），上海书店1991年影印本，第378页。

② 顾敦鍒：《中国议会史》，《民国丛书》第三编（21），上海书店1991年影印本，第375页。

③ 《阁事有发展之望说》《大公报》1924年1月13日，第1张第2页。

④ 《本社专电》，《民国日报》（上海）1924年1月12日，第3版。

⑤ 《阁事有发展之望说》，《大公报》1924年1月13日，第1张第2页。

王正廷、黄开文；（陆军）冯玉祥、陆锦；（海军）萨镇冰、李鼎新；（司法）王宠惠、江庸；（教育）范源濂、陈仁先；（交通）吴毓麟。”曹锟选定孙氏名单上的顾维钧、吴毓麟、颜庆惠、王宠惠、范源濂、李鼎新、陆锦，分别出任外交、交通、农商、司法、教育、海军与陆军总长。而新增程克、王克敏分任内务、财政总长。“孙氏对于其他均可同意，惟于内、财两部，不能赞成。”特别是财长人选，孙甚至提出自兼财长。但曹以孙氏年事已高，不宜过累为由不同意。双方相持不小，会谈长达三小时之久。最后孙氏妥协，“遂草草将各令副署而出，时已九时许。抵宅愤慨不已，昨晨遂有不干之表示。”①

国会方面对于王克敏留任的反对声浪也不小。虽然没有议员直接攻击曹锟，却有人在孙宝琦组阁案通过后提出查办与弹劾王克敏案。如众议员叶声夏等提出“弹劾财政总长王克敏违法渎职丧权误国应由院议移参议院依法审判案”，叶指出王克敏曾任中法实业银行经理，“与法人夙有渊源，前年因中法实业银行倒闭，亏空甚巨，久思设法营谋复业。曾向两国当局斡旋。”后王克敏又请法国方面代为筹款，于是法国公使提出用金佛郎偿还辛丑赔款，而王克敏也开始帮助法国当局游说中国方面通过“金佛郎案”。②众议员王茂材等提出“查办中国银行总裁王克敏营私舞弊案”、“查办署财政总长王克敏转账盗窃国库案”，两个查办案在1月16日众议院大会上通过，叶声夏的弹劾案则交付审查。③1月19日众议院开会审查王克敏弹劾案，决定派代表分赴外交与财政部调查，等到调查结束后，再开会进行审查。④2月13日，王克敏弹劾案通过众议院委员会审查，“经众讨论之结果，认为王氏所发行之五百万使领库券，条例手续，均确有违法之点，有提案弹劾之必要”，准备再交大会

① 《孙阁前途尚多暗礁》，《大公报》1924年1月14日，第1张第2页。
② 《国会内之弹劾王克敏声》，《大公报》1924年1月16日，第1张第2页。
③ 《昨日众院开会纪事》，《大公报》1924年1月17日，第1张第2页。
④ 《昨日众院审查弹劾案详情》，《大公报》1924年1月20日，第1张第2页。

讨论。[1]参议院方面也有动作，参议员范振绪不仅提出查办案，而且致信孙宝琦，陈说用王之失计，只要王克敏复任财长，“金佛郎案期在必办。”[2]后来“幸而阴历年关来临，议员想王氏稍发岁费，乃顿时敛起声势。”[3]国会反对王克敏，其原因一方面是反对王克敏在“金佛郎案”上的立场，另一方面是王在任高凌霨代阁财政总长时，秉承高凌霨的意旨扣留国会经费，引发国会不满，“国会方面与王克敏之感情，已坏至极点。”众议院方面“愤慨殊深。”连中立派议员李载庚等也提出质询。[4]

王克敏面临孙宝琦的冷遇与国会的反对，“不得不变更策略，表示决不就孙阁之财长，以为消极不合作之抵制。并用种种方法，破坏年关财政。”[5]后来在曹锟以及直系诸要人的反复劝说下才勉强就任，“一月十五日后的一星期中，北京的政界实为王克敏一人而忙碌。”[6]1月24日，王克敏正式出席内阁会议，次日通电各省，报告就任财长职。

在王克敏留任财长问题上，孙宝琦与曹锟的分歧是相当大的。内阁人选的博弈结局表明，曹锟在阁员人选上早已有自己的主见，特别是坚持财政部总长非王克敏不可，对孙宝琦表示“国会方面对王种种举动，均有我在，不必足下担心”，以至于孙氏不得不软化。[7]不难看出，曹氏拥有人事主导权，孙氏则是处处退让，“慕韩对所取得的结果表示愤怒，但仍签署了阁员任命。”[8]孙宝琦上台后，在财长问题上“已渐暴露‘府’‘院’‘国会’三方，因观

---

① 《王克敏弹劾案通过审查会矣》，《大公报》1924年2月14日，第1张第2页。

② 《国会反对王克敏之又一声》，《大公报》1924年1月17日，第1张第2页。

③ 《吴景濂出奔后的北京政潮》，《东方杂志》第21卷第3号，1924年2月10日。

④ 《国会质问王克敏复任财长案》，《大公报》1924年1月16日，第1张第2页。

⑤ 《北京通信：财长问题为将来政局变化之导线，府院国会已有不并存之形势》，《申报》1924年1月24日，第3张（十）。

⑥ 《吴景濂出奔后的北京政潮》，《东方杂志》第21卷第3号，1924年2月10日。

⑦ 《新阁财政已有眉目》，《大公报》1924年1月22日，第1张第2页。

⑧ 颜惠庆：《颜惠庆日记（1921–1936）》第2卷，第107–108页。

念之不同，利害之冲突，各持成见，各趋极端，不特无疏解调停之余地，且有势难并存之表征。”[①]

二、孙、王不和与府院暗斗

人事问题另一次交锋是孙宝琦与王克敏的不和。王克敏（1879–1945），字叔鲁，浙江杭州人。与孙宝琦不仅是同乡，而且也是外交界出身，晚清时历任驻日本留学生监督、直隶交涉使等职。民国成立后转投财政金融界，在皖系北京政府时期曾任财政总长、中国银行总裁。抗战时出任伪职，战后畏罪自杀。据长期与王克敏共事的中国银行总裁冯耿光回忆，“王在北方很久，对于军政界各方面人物，都有拉拢，人很机警，政治嗅觉也灵敏。”[②]

财政总长留任之争，其实是孙、王交恶之始。王克敏自恃有曹锟支持，也曾觊觎总理宝座。1月8日，就在孙宝琦组阁案通过的前一天，颜惠庆还一度认为“王克敏看样子要当总理了。”[③]由于王克敏“极具实际能力，每月可以毫不费力地筹集350万元经费，保证军政开支。”[④]其在金融界的人脉关系与实际筹款能力，深得曹锟青睐与信任。孙不愿意王入阁以威胁自己的地位，这种想法也在情理之中。加之孙本人亦担任过财政总长，又从税务处督办的位子上转任国务总理，对财政事务并不陌生，更加不愿意让王入阁，插手经济事务。所以从一开始孙宝琦以议员反对为由，拒绝王克敏入阁。[⑤]而王克敏在入阁之初仍有推翻孙的想法，但是在颜惠庆明确

① 《北京通信：财长问题为将来政局变化之导线，府院国会已有不并存之形势》，《申报》1924年1月24日，第3张（十）。

② 冯耿光：《我在中国银行的一些回忆》，《文史资料选辑》编辑部编：《文史资料精选》第5册，中国文史出版社1990年版，第483页。

③ 颜惠庆：《颜惠庆日记（1921–1936）》第2卷，第107页。

④ 颜惠庆：《颜惠庆自传——一位民国元老的历史记忆》，吴建雍等译，商务印书馆2003年版，第180页。

⑤ 颜惠庆：《颜惠庆日记（1921–1936）》第2卷，第110页。

的反对下，只得暂时表示愿意与孙合作。[①]

然而好景不长，3月底孙宝琦因中俄交涉失败而称病请假，当时盛传颜惠庆代阁、程克代阁，准备先行解决“金佛郎案”（简称“金案”），作为总统府秘书长王毓芝出任总理的过渡。4月2日，颜惠庆在见到孙宝琦时，发现孙氏很沮丧，称如有出国机会很想离开。而王克敏则计划将王毓芝推为国务总理。[②]在孙宝琦4月7日销假视事后，王克敏见挤孙不动，于4月10日、12日、16日三次提出辞职。当王在4月10日内阁会议上提出辞呈时，孙即令国务院秘书长王继曾持辞呈送府请夺，曹锟在辞呈上批示为“毋庸辞职”，将辞呈退回。[③]孙宝琦只能表示附和，17日再派财政部次长苏锡第到王府劝说。20日晚，孙亲率全体阁员赴王府劝王复职。王克敏一方面不宣布复职，与孙相持；另一方面“依然主持部事，部中要人，仍日赴宅中，请示一切。”王氏的计划，“则必须孙宝琦先行开口，将王氏之政策，作孙氏之政策，持与王商，王然后出台做事。”这样孙宝琦就会在“金佛郎案”上自食其言，难以向参议院交代。[④]后来在曹锟的邀请下，4月25日王克敏赴公府与曹面谈，表示不再辞职。28日经阁员的一度调和，王又表示可以与孙合作。“孙王表面的妥协，完全由于外力乘机而起，恐怕两败俱伤所致，并非内中有妥协的可能。”[⑤]

此后王暗中进行“德发债票案”（简称“德案”），而孙宝琦态度亦忽然一变，在6月3日之后的一星期中，与王克敏及诸阁员合作，最后办成“德发债票案”。不过局势变化之迅速出人意料，由于“德案”交涉一事，王克敏一直独自办理，孙宝琦并不知详情，一直到6月5日赴国会说明“德案”前一日，才将“德案”卷宗送交

① 颜惠庆：《颜惠庆日记（1921–1936）》第2卷，第114页。

② 颜惠庆：《颜惠庆日记（1921–1936）》第2卷，第131–132页。

③ 《财王辞职后之消息》，《大公报》1924年4月12日，第1张第2页。

④ 《北京特约通信：孙王相持之真相》，《申报》1924年4月25日，第2张（四）。

⑤ 《时事述评：孙阁内讧的形势》，《东方杂志》第21卷第9号，1924年5月10日。

孙。“孙氏以王克敏既不出席国会，复不出席阁议，办理要件，均由本人负责。”[①]所以“德债终结之次日，孙即愤王事事相欺，面见曹锟，直接提出财长易人，不得允许，即于次日（即八日）出京，避往海甸，表示非去王决不回京。”[②]

此后孙、王进入一个月的对峙期。开始半个月，府方主张孙、王都留任，嘱咐顾维钧、颜惠庆、吴毓麟、张国淦等四位阁员从事调停，王克敏个人表示对孙屈服。后来王克敏又呈请辞职，声言离京，在辞呈后附任期内筹款数目表，共计筹得2070余万元，“并于辞呈后附就职以来筹款数目表，向府方自表有功。而孙宝琦被惑于议员，态度强硬，虽入京而不能到阁议，不入公府。”[③]6月11日，曹锟要求王与孙都要留下来，不能辞职，要求颜、顾等人进行调解。[④]后来经过多方斡旋，孙宝琦仍不肯出席内阁会议，6月16日孙又通电各省，表示“财政总长王克敏，既不出席国会，复不出席阁议，经办要案，均须本人署名，代负责任。而事先经过情形，毫不与闻。”[⑤]因调解无果，而孙又决定由请假而进为辞职。最后曹锟决定舍孙留王，批准孙辞职，以顾维钧代理国务总理，从而结束了孙、王之争。

在孙、王之争中，国会两院攻击王克敏仍然不绝如缕，众议院先后有林绳武、林树椿、李有忱提出不信任王克敏案，参议院也有议员质问书，“质问政府既不免王氏之职，又听其进行德发债票，是何用意？”[⑥]国会中倒王与拥王派斗争激烈，“几个月来，王克敏收买议员，联络阁僚，邀结公府，出种种手段以制孙。孙则外联疆吏以自保，内令吴景濂系议员藉金佛郎案、德发债票案以攻王，

---

① 贾逸君：《中华民国政治史》卷上，第380页。

② 《孙宝琦下台之前后》，《东方杂志》第21卷第14号，1924年7月25日。

③ 《孙宝琦下台之前后》，《东方杂志》第21卷第14号，1924年7月25日。

④ 颜惠庆：《颜惠庆日记（1921–1936）》第2卷，第149页。

⑤ 《孙慕老在海甸之表示》，《大公报》1924年6月17日，第1张第2页。

⑥ 《北京特约通信：孙王已有转圜趋势，然两院议员攻王益力》，《申报》1924年5月11日，第2张（六）。

两方公开的暗斗，已为全国所共知。”“孙王的争斗，各有后盾，各有议员可供使用，各有机关新闻可宣传，颇能旗鼓相当。”[①]倒王派以法治共进会的李载赓为首，拥王派为宪政党与牟琳等人，“王克敏既有宪政党供其奔走，又有牟琳为其帮忙”，弹劾案最后只获得三分之一多的议员支持，未能通过。[②]

从表面上看，“至王氏辞职，为其理财政策不得孙氏赞助，因而其不合作之动作。”王克敏的财政办法，主要是承认“金佛郎案”与办理“德发债票案”，但是对于“金案”、“德案”可能引发的国会抗议，“各不愿负此重责，且各欲将此重责，使他人负之。”[③]但实际上王代表的仍然是曹锟的立场，背后所倚靠的还是府方力量。诚如颜惠庆在自传中所说：“现任财政总长出自大总统的特选，对总理既不友善，又不忠诚。”[④]曹锟曾数次调解孙、王之争，到最后还强硬地表示“在府一日，必留王，逼王无异于逼予”，并派人慰留王，“渐由孙王之争，入曹孙之争，孙宝琦不得已而称称病请假”。[⑤]曹锟力挺王克敏的原因，正如《大公报》分析指出：“王在金融界有一部分之势力，如果下台，必反对政府财政设施，将为政府劲敌，故不如留之而加以信任，俾王感激而图报称也。”[⑥]

孙、王之争只是北京政治的表象，其实还是府院人事纷争的延续。1月16日王克敏查办案在众议院通过后，在次日的国务会议上，就有保派阁员发难，“吴毓麟就席痛陈利害，略谓此事并非财长个人问题，实系府院问题。”[⑦]孙宝琦在正式辞职决定作出后，

① 《时事述评：孙阁内讧的形势》，《东方杂志》第21卷第9号，1924年5月10日。

② 《北京通信：倒王拥王作战之经过，王克敏可算暂时告捷》，《申报》1924年2月26日，第2张（七）。

③ 《孙王暗斗中之政局》，《申报》1924年4月18日，第2张（六）。

④ 颜惠庆：《颜惠庆自传——一位民国元老的历史记忆》，第182页。

⑤ 《孙宝琦下台之前后》，《东方杂志》第21卷第14号，1924年7月25日。

⑥ 《承泽园与石老娘胡同之激战》，《大公报》1924年6月15日，第1张第2页。

⑦ 《王克敏仍无就职表示》，《申报》1924年1月20日，第2张（七）。

也曾向一些国会议员透露府方的态度，称自己是总理，“进退阁员，当然可以自由，今为一王克敏问题，不惜以去就争，而府方对此，始终不以王氏为可去，则予之可谓责任者何在？”孙强调“财政总长为内阁之命脉，予就任之始，以财长非人，即当言去，徒以各方劝勉，始委曲求全，敷衍至今。”孙抱怨说，关于财长人选，如果由自己提出“予可断言提十人，府方必否决十人，提百人，府方必否决百人，结果仍不免由府方提出，而迫予赞同。”[①]

三、“金佛郎案”与府院之争

“金佛郎案”的起因是第一次世界大战结束后，法国政府照会中国政府，表示愿意仿照美国的办法，退还一部分庚子赔款，充作中法实业银行复业，以及两国文化教育交流的经费。但中国支付法国的赔款，必须按照金佛郎（法郎）内所含纯金数量，折合外汇计算。然而《辛丑条约》并未规定对法赔款使用金佛郎计算，而且法国的币制为金本位，没有金佛郎的货币单位。更为重要的是，一战以后法郎大跌，实际价值仅为其纸面含金量的三分之一。这样按照纸面价格赔付，中国只需要支付往年一半的银两，就可以清偿法国应收的赔款。所以法国方面对“金佛郎案”高度重视，将此案与关税会议联系起来，故意拖延批准九国条约，致使关税会议无法召开，“法国公然宣言，不承认金佛郎案，即妨碍关税会议，”1924年3月1日，法国公使傅乐猷还亲赴中国外交部催促解决“金佛郎案”。3月12日，法国公使照会外交部，再次催办“金佛郎案”。[②]

王克敏在担任孙宝琦内阁的财政总长后，又开始积极谋求“金佛郎案”的通过，原因有二点：一是他在1917年第一次担任王士珍内阁的财政总长时，自兼中国银行、中法实业银行的总裁，从自

① 《北京通信：内阁总辞职之前后》，《申报》1924年7月4日，第2张（八）。

② “中华民国史事纪要”编辑委员会编：《中华民国史事纪要》（中华民国十三年一至六月份），第491、567页。

身利益考虑，当然希望中法实业银行能够复业。就在1924年2月21日，据《颜惠庆日记》透露，王克敏集团已经购进价值二百万元的中法实业银行证券。[①]二是庚子赔款一向由海关就所收税款，直接拨付各国，余款方交中国政府，这笔公款称为“关余”，是中国政府的一项重要收入。自“金佛郎案”发生后，法国公使傅乐猷策动辛丑条约签字国，函请总税务司英人安格联，扣留“关余”不发，为数已有一千多万元，王克敏希望“金佛郎案”解决后，便可取得这笔“关余”，以解北京政府燃眉之急。但是，如果依照法国的要求，“国库损失，至少在七千万元以上乎。夫仅仅为筹划每月数十万之政费，而须损害国库七千万以赴之，则卖国丧权，何事不可为？”[②]

众议院于1923年10月13日曾作出不承认“金佛郎案”的决议，即否决政府方面提出的《以庚子赔款维持中法实业银行复业并协定十六款用金佛郎偿还案》等议案。1923年10月民国宪法通过后，参议院又对内阁中与“金佛郎案”有重大嫌疑的人提出查办案。12月22日继续召开临时会，通过议员萧锦辉、赵时钦等提出的王克敏、黄郛查办案。赵时欣称王克敏营私舞弊，擅自与法国订立中法协定，“遂致发生此项金佛郎问题。”而且王克敏以外交部名义致电中国驻法公使，介入中法实业银行改组事宜。“王克敏非外交部之员司，何用其代外交部撰拟电稿，且既充任中法实业银行总理，何以绝不避嫌，竟敢预闻此事？”[③]并且支付单位从纸佛郎换成金佛郎后，“对法赔款溢出银圆四千一百五十一万余元之巨，加重国库之负担。”[④]后多数议员同意将萧、赵两案合并，表决通过。

在1924年1月23日参议院临时会上，孙宝琦出席并接受“金佛

① 颜惠庆：《颜惠庆日记（1921–1936）》第2卷，第120页。

② 《王克敏之无赖》，《大公报》1924年3月5日，第1张第2页。

③ 《临时会开会》（1923年12月17日），《参议院公报（第三期）》第14册，1922–1924年。

④ 《临时会开会》（1923年12月17日），《参议院公报（第三期）》第14册，1922–1924年。

郎案”的质询。参议员郑江灏询问内容主要有三点：一是“金佛郎案”政府办理的情况。据报载政府对于“金佛郎案”正在竭力进行，“趋重于承认。”如果属实，显然违反众议院议决。二是对“金佛郎案”负有责任的财政总长王克敏为何又重任阁员。“王克敏身为财政总长，对于金佛郎案又为主管人员，且系负有重大嫌疑之人。乃竟违抗宪法，屡催不到。”现在王克敏又是新内阁阁员，“惟王克敏既有损失国权之重大嫌疑，今竟继续充任阁员，将来内阁对于金佛郎案政策是否与国会相合？”三是以前参议院所提质问书及查办案希望政府依据宪法尽快办理。[①]孙宝琦态度较为明确，声称关于“金佛郎案”，外交部已经照会八国公使，拒绝承认“金佛郎案”。前内阁已经停止不再办理此事，“宝琦一日在国务总理任内，绝不容有人私自承认。”[②]

王克敏的立场当然与孙宝琦不同。2月23日晚上，在孙宝琦府第举行的内阁会议上，“王克敏明显地希望以内阁整体的名义来批准金佛郎案，不愿单独承担责任，并反对仲裁（即提交国会表决），这无异以拖延。”[③]25日晚又举行会议，孙宝琦的态度是再讨论，最后仍然没有取得结果。[④]拖至3月5日，王克敏又表示愿意将问题提交议员们讨论，并不马上强求得出结论。但王仍然向曹提交一份关于“金佛郎案”全部内容的备忘录。[⑤]不过，孙宝琦的态度依然不见松动，5月10日在出席众议院会议上，孙再次重申“金佛郎案之进行与否，当然与国会取一致之态度”，表示“依现在形势观测，必无人敢办，财外两长并未将此案提出阁议，何致有秘密

① 《临时会第五次会议》（1924年1月23日），《参议院公报（第三期）》第15册，1922–1924年。

② 《临时会第五次会议》，1924年1月23日，《参议院公报（第三期）》第15册，1922–1924年。

③ 颜惠庆：《颜惠庆日记（1921–1936）》第2卷，第120页。

④ 颜惠庆：《颜惠庆日记（1921–1936）》第2卷，第121页。

⑤ 颜惠庆：《颜惠庆日记（1921–1936）》第2卷，第123页。

进行之事。”[①]5月25日，王克敏被迫作出妥协，为德国赔款问题去见孙宝琦。[②]

王克敏在“金佛郎案”上的态度转变，主要是与曹锟有关。起先曹锟也是坚持办理“金佛郎案”，反对提交国会议决。2月14日内阁会议讨论“金佛郎案”时，顾维钧的看法与孙宝琦一致，“顾坚持必须将此问题提交国会，如果需要可将协议废除，那时法国可能不会这样固执了。”2月16日在谒见曹锟时，颜惠庆发觉曹锟要尽快解决“金佛郎案”，而不让顾参加。[③]孙宝琦是支持顾维钧的，“希望他们大胆从事。”[④]4月28日，曹锟与孙宝琦妥协，派王毓芝向孙宝琦表示可以先解决“德发债券案”。[⑤]5月8日，曹锟再次表态赞成晚一些解决“金佛郎案”。[⑥]在曹锟的表态下，王克敏才愿意暂时搁置“金佛郎案”，专心办理“德发债票案”。

四、“德发债票案”与府院冲突

“德发债票案”的处理过程更具有戏剧性。1921年5月20日中德签订的《中德协约》规定德国应赔偿中国参战所受的损失，赔偿方式除现金外，还包括德国发行的津浦、湖广铁路债票作为抵赔。当时用来抵偿的各种德发中国债票，问题十分复杂。中国原欠德国债务，除政府间的庚子赔款因战争取消，其余如1896年英德借款、1908年津浦铁路、1911年湖广铁路、1913年善后大借款等德发部分债票，属民间债务性质，虽不致因战事而取消，但自1917年8月14日宣战后，北京政府即停付各德发债票本息。《中德协约》签订后，“但因中德双方对德国应赔偿总额，以及中国政府所欠德侨债

① 《孙宝琦出席众院》，《申报》1924年5月13日，第2张（四）。
② 颜惠庆：《颜惠庆日记（1921–1936）》第2卷，第145页。
③ 颜惠庆：《颜惠庆日记（1921–1936）》第2卷，第118页。
④ 颜惠庆：《颜惠庆日记（1921–1936）》第2卷，第120页。
⑤ 颜惠庆：《颜惠庆日记（1921–1936）》第2卷，第137页。
⑥ 颜惠庆：《颜惠庆日记（1921–1936）》第2卷，第137页。

务数额之认定，差距颇大，谈判陷入胶着。”[①]

1924年初，北京政府财政愈加窘迫，孙宝琦就职后不久，国务院已经开始裁员，共计裁员200余人。当时中央财政5个月来共需款千万，平时能够正常到位的仅有一百多万的盐余，仅为预算十分之一。孙宝琦自己也承认“军警饷久不发，京畿治安滋可危。”[②]德国方面则于1924年春经济复苏，内外危机解除，中德谈判遂得以恢复。王克敏则于是利用3月份各方注意中俄交涉事件，暗中经办中德赔偿问题的谈判。

但是王克敏秘密办理中德交涉，又急于结案，引起外界议论，传言纷纷，怀疑对德让步过巨；加以王氏欲同时解决“金法郎案”，国会议员反对声浪很高。众议院议员叶夏声首先提出质问，3月初，众议员林树椿等二十多人又联名提质问书，质疑王克敏派财政部官员宝道、程锡庚与德使馆秘密协商，允减半数赔偿。4月初，众议员彭汉遗到外交部调查案卷。4月下旬，又有众议员梁昌浩等提质问书，以政府欲以德国赔款与德发债票两相抵消，只为尽速提领存于伦敦外国银行之债票息金，让步太多，损失太巨；认为此案损失远在“金佛郎案”以上，提出种种疑点，要求迅予答复。[③]

孙宝琦的态度却是前倨后恭。一开始孙也承认“德发债票案”并非增加国库负担，没有提交国会通过的必要。5月10日在出席众议院会议上，针对议员关于“德发债票案”的质询，孙宝琦承认政府正在暗中进行，但与外交有关，不便公开。“此事与金佛郎案纯为两个问题，性质完全不同，一为支出，一为收入。”[④]不料在5月29日内阁会议上，孙宝琦突然提出将“德案”提交国会，与保派阁

① 唐启华：《被“废除不平等条约”遮蔽的北洋修约史（1912–1928）》，社会科学文献出版社2010年版，第125页。

② 《昨日阁议记详》，《大公报》1924年5月14日，第1张第2页。

③ 唐启华：《被“废除不平等条约”遮蔽的北洋修约史（1912–1928）》，第129–130页。

④ 《孙宝琦出席众院》，《申报》1924年5月13日，第2张（四）。

员主张冲突，于是宣布向总统请辞。但是6月2日孙忽然又出席众议院会议，在回答议员质询时“声言担保决不秘密签字，并郑重声明必提交国会同意云云。”[①]当天内阁全体因孙宝琦上辞呈后，又出席国会，答应将“德案”交议，即全体向孙宝琦辞职，以示抗议。

最后由颜惠庆、顾维钧、张国淦做调人，阁员频频集会。于6月3日下午在孙宅会议，与孙宝琦达成妥协，决定在程序上以阁议名义通过解决德赔款及债务办法，然后呈报大总统，得批准照办后，由孙宝琦向国会报告，但不先交议，即行签字。会后全体阁员签名于议事录上，表示共同负责，同时分头疏通议员。阁议通过后，6月4日，财政、交通部呈报曹锟。同日，经曹锟批准，交外交部查照办理。次日，孙宝琦亲率外交、交通、农商等部官员出席两院联席会议，表示“德发债票，系根据中德和约附件而来，即是赔款，债票又系旧发，并非新发，与宪法所规定者不同，非增加国库负担。”孙并提出延误签字的危害，一是从国际情形来说，中国不在赔款委员会内，如果延误，恐怕不能签字。二是德国方面，如果也借口送交本国国会议决，最后恐怕也办不了。三是政府财政困难，非速办不可。“宪法八十五条，只规定不经同意，不生效力，并非不能签字，且赔款乃履行和约之结果，并非和约。”[②]6月6日中德两国秘密签订解决德国赔款及对德债务的“中德协定”，由北京政府外交部及德国驻华公使秘密签字。[③]

在“德发债票案”上，表面上看孙宝琦与阁员们产生分歧，实际上还是与府方的意见不合。孙宝琦主张公开办理，曹锟为解决财政危机坚决反对，“金佛郎与德发债票两案，为目下中央特

---

① 《赶办中之金德两案》，《大公报》1924年6月3日，第1张第2页。

② 《孙阁员出席参众两院》，《申报》1924年6月8日，第2张（六）。

③ 关于德发债票案，有论者认为中国净得赔款8346万余元，“北京政府除收回债票、息票可减轻财政负担外，还可以善后借款到期息票取得现金以解决财政困难。此办法对中国相当有利，只要承认一部分债票，就可有大笔收入；中国所得远超出谈判中对德减低偿还总额之让步。”参见唐启华《被“废除不平等条约”遮蔽的北洋修约史（1912–1928）》，第134页。

辟蹊径筹款方法之一，亦即为中央之救命汤。”[①]所以两人关系恶化，“则十余日来，孙欲见曹一面而不可得。”[②]颜惠庆在日记中记载，6月2日孙在众议院表示公开准备办理“德发债票案”，“顾（维钧）报告了总统对慕韩发脾气。”[③]阁员多是保派人士，王克敏、吴毓麟、程克与陆锦，为直系保定派代表人物，李鼎新则是长期依附直系。司法总长王宠惠虽然属于国民党阵营，但没有实际到任，而司法次长薛笃弼因是冯玉祥的亲信，当时也属直系。张国淦虽然派系色彩不浓厚，但也是北洋元老。顾维钧、颜惠庆虽则并非保派，与孙关系密切，颜惠庆还是孙的妹婿，顾维钧以前做过孙的参赞。[④]但颜、顾两人因受直系重用，一般也归入亲直人物，所以“孙宝琦内阁依然是变形不变质的保派内阁了”。[⑤]阁员们主张自然也与曹锟保持一致，“保系各阁员则认此案非特不可提交国会同意，且不能向国会说明，彼等以为此案若向国会说明，则枝节横生，此案决难办成。盖德国方面办理此案，并未经国会同意一关。”[⑥]所以正如上文所提及的，当6月2日孙在众议院表态后，因立场与曹锟迥异，阁员们以总辞职的方式，公开与孙宝琦的分歧与冲突。

五、结束语

在北京政府后期的府院关系中，孙宝琦的境况与1917年的总统黎元洪较为相似，“黎元洪所自恃的国会、社会团体和舆论的支

① 《金德两案支配下之政局》，《大公报》1924年5月20日，第1张第2页。

② 《北京特约通信：孙宝琦辞职之真相》，《申报》1924年6月2日，第2张（六）。

③ 颜惠庆《颜惠庆日记（1921–1936）》第2卷，第148页。

④ 顾维钧：《顾维钧回忆录》第1分册，中国社会科学院近代史研究所译，中华书局1983年版，第270页。

⑤ 《吴景濂出奔后的北京政潮》，《东方杂志》第21卷第3号，1924年2月10日。

⑥ 《赶办中之金德两案》，《大公报》（1924年6月3日），第1张第2页。

持，在军人的枪杆子武力前亦完全不可靠。”[1]不过，曹、孙府院之争在外部环境方面，则不同于黎元洪与段祺瑞时代。正如英国驻华公使1924年6月在报告中写道：“过去5、6个月中，北京的政治局势异常平静，并且……没有倾向于削弱或加强曹锟总统及中央政府的特别进展。”[2]特别是彼时军人干政没有当年督军团的威力。人在洛阳的吴佩孚虽然对北京政府经常发表看法，如对于“金案”与“德案”，吴一开始都是主张公开办理，与孙宝琦意见相符，“为便利起见，纵使交涉预先进行，则交涉妥协后，亦当取得国会方面之同意。”[3]作为直系洛派首领，虽然吴佩孚在一些问题上经常与保派产生分歧，但是其对曹锟的服从与支持仍是主流，是不敢公开与曹发生冲突的，这在1922年的罗文干案上已经显露无遗。[4]北京政府后期的府院之争，外部影响因素不大，主要还是局限在内部的权力之争。由于贿选以后的国会日益分裂，权力行使多数为质询、查办、建议之类的行政监督，立法事务、财政审查等活动几近停顿，此时总统与总理权力关系设计的制度因素就显得尤为重要。

北京政府后期设计府院权力的内阁政制特点值得重新关注。孙宝琦内阁被称为第一届宪法内阁，是依据1923年民国宪法组建的。1923年民国宪法与《临时约法》相似的是，也设置国务院（内阁），赋予国务员辅政权与副署权，并进一步明确国务员对众议院负责，“国务员赞襄大总统，对于众议院负责任。大总统所发命令及其他关系国务之文书，非经国务员之副署，不生效力。”[5]舆论普遍认为“我国内阁为责任制度，支配阁员，应得自由主张。则孙

① 汪朝光：《北京政治的常态和异态—关于黎元洪与段祺瑞府院之争的研究》，《近代史研究》2007年第3期。

② 费正清编：《剑桥中华民国史》上卷，杨品泉等译，中国社会科学出版社1994年版，第313页。

③ 《吴佩孚对于德发债票之表示》，《大公报》1924年7月2日，第1张第2页。

④ 关于吴佩孚在罗文干案中的态度变化，参见经先静《内阁、国会与实力派军阀—20世纪20年代罗文干案始末》，《史学月刊》2004年第4期。

⑤ 《中华民国宪法》第95条，《政府公报》第2728号。

阁前途，不应再有其他掣肘。而成立之期，当不在远。孙阁盖将为新宪法上第一任依法之内阁。”[①]但时人将孙内阁认定为责任内阁制度，却是一种误读。

在1923年民国宪法的内阁制度设计中，总统与国务总理的关系明显不同于当时英国责任内阁制中的行政权力关系。按照20世纪初英国的宪法惯例，作为“虚君元首”的英国国王在政治上必须严守中立，“无权干预内阁重大决策和人事任免”。[②]但是民国总统却享有对国务总理的直接免职权。宪法规定，国务总理的免职有两种方式。一是第89条规定，国务员（含国务总理）在众议院通过不信任决议后，大总统可以免其职；二是第81条规定“大总统任免文武官吏。”而且第95条在规定副署权时，还附带说明“但任免国务总理，不在此限”。[③]也就是说，大总统在国务总理未受众议院不信任时，可以直接行使对国务总理的免职权，并不需要国务总理的副署。此前《临时约法》在规定副署权时因未有这项附带说明，曾经在黎元洪与段祺瑞府院之争时引发争议。1917年5月23日黎元洪下令免去段祺瑞的国务总理职，任命外交总长伍廷芳代理其职。免职令由伍廷芳副署而未经段祺瑞之手，于是段祺瑞即对免职令的合法性表示异议，声明此令未经副署，将来地方及国家，因此生何影响，一概不能负责。[④]

不难看出，有鉴于《临时约法》在实践中的不足，1923年民国宪法设计的内阁制完善了府院权力关系。在此种内阁政制中，国务总理依然受制于总统，必须对总统负责。在两者关系上，总统是居于主导与支配地位。这种总统与国务员（内阁成员）的关系，与当代法国半总统制中总统与总理关系较为相似。由于总统握有行政实

---

① 《孙阁通过后之感想》，《大公报》1924年1月12日，第1张第2页。

② 阎照祥：《英国政治制度史》，人民出版社1999年版，第385页。

③ 《中华民国宪法》第89、95条，《政府公报》第2728号。

④ 《段祺瑞通电》（1917年5月23日），罗家伦主编：《革命文献》第7辑，台湾中国国民党中央委员会党史史料编纂委员会1954年版，第29页。

权，总理实际上只能在总统的赏识下行使职权，“当内阁总理同总统发生冲突时，总理要么服从总统，要么辞职。”[①]

总统的角色在内阁制度中是关键性的。“孙宝琦之总理，为保派制吴（景濂）而提出，故孙阁通过之日，保派深滋不阅，惟以国会通过，实无法以阻其成立，乃用迅雷不及掩耳之手段，强硬支配阁员，迫孙副署，使孙完全屈伏于保派旗帜之下。”[②]所以内阁名单发表后，“京中今有王毓芝内阁之称。”阁员除颜惠庆、王宠惠、范源濂外，“其余显似由王党就津保两派中择定。”[③]在提出阁员名单时，已经去职的高凌蔚曾嘱咐与王毓芝接头，孙却不愿意，“孙氏与总统府秘书长王毓芝，向来不肯接洽。”[④]所以有时论认为孙阁命运在旧历春节过后，“尚有一月左右。”[⑤]孙的出线其实不符合北京政府的游戏规则，即罗文干所说的三种情况，“吾国内阁之成，不出三途，或以总统之私交，或因军阀之拥戴，或允与议员分赃得总理者。”[⑥]

在内阁人选上，阁员们多数是由曹锟选定，也经常与曹锟商议政务，并形成一种会议制度，一般是在内阁会议结束后，就会有阁员到总统府报告。如1月29日在内阁会议讨论教育次长、陆军部参事等重要人事任免后，海军总长李鼎新、陆军总长陆锦就立即入府报告。[⑦]当遇到政务难题时，内阁也常常请总统定夺。如在解决中俄交涉时，3月13日内阁会议围绕外蒙撤兵与中东铁路问题，“讨

---

① 洪波：《法国政治制度变迁：从大革命到第五共和国》，中国社会科学出版社1993年版，第228–229页。

② 《北京通信：财长问题为将来政局变化之导线，府院国会已有不并存之形势》，《申报》1924年1月24日，第3张（十）。

③ 《保派垄断中之孙阁人选》，《申报》1924年1月16日，第3张（十）。

④ 《北京特约通信：阁员发表经过与孙氏之消极》，《申报》1924年1月16日，第2张（七）。

⑤ 《财长问题动摇阁本矣》，《大公报》1924年1月20日，第1张第2页。

⑥ 罗文干：《狱中人语》，沈云龙主编：《近代中国史料丛刊》第二辑（16），台湾文海出版社有限公司1975年版，第109页。

⑦ 《昨日之阁议》，《大公报》1924年1月30日，第1张第2页。

论甚久，仍未敢决定。当由孙阁提议，既阁议不能解决，不如仍请示于府方，或开一府院联席会议，详加研究。”[①]而在孙宝琦辞职后，内阁运转依旧正常，“其他阁员不但不免职，到反继续负责，而且以首席阁员代揆而组织内阁了。”[②]所以孙宝琦内阁与其说是总理内阁，不如说是一种总统内阁。

在北京政府后期政治格局中，“内阁、议会和军权首领之间呈多边制约和互动关系，其中，军权首领居主导。”[③]这种权力关系的形成，不仅是由当时的军政实力决定的，也与1923年民国宪法关于内阁制的政制设计有关。后者使得在府院权力关系中，总统始终居于主导和支配地位，总理是受制于总统的。这种权力关系，不仅是当时的军政实力决定的，也是宪法中内阁制度设计的结果。在孙宝琦辞职下台后，就有舆论也发现了这一特点，“在当日孙宝琦上台，提出阁员名单时，那种‘似驴非驴’‘似马非马’的责任内阁制的大笑话”。[④]因此，在曹锟身兼军权首领与民国总统双重角色的情况下，当其与总理孙宝琦针对人事、财政等问题产生分歧时，前者的优势地位是难以撼动的，始终是北京政治的决策者，对于后者来说，服从与执行才是政务行为的主流。

---

① 《昨日讨论中俄交涉之阁议》，《大公报》1924年3月14日，第1张第2页。

② 《<民生周刊>刊登孙宝琦代阁问题评论（1924年7月6日）》，中国第二历史档案馆编：《中华民国档案资料汇编》第3辑，政治（一），江苏古籍出版社1991年版，第220页。

③ 薛恒：《民国议会制度研究（1911-1924）》，中国社会科学出版社2008年版，第196页。

④ 《<民生周刊>刊登孙宝琦代阁问题评论（1924年7月6日）》，《中华民国档案资料汇编第三辑政治（一）》，第220页。

北京政府筹备国会事务局与选务运作

第一届国会选举是民国初年政治转型的标志性事件。过去的相关研究主要集中在国会选举竞争、两院议员背景的分析与评价。但是一个昭然若揭的事实是，作为现代中国第一次全国性的民意代表选举，整个选举过程耗时半年多，历经选民登记、初选举、复选举等重要阶段。不言而喻，国会选举的组织与管理其实对选举成功至关重要，其作用与意义不亚于选举本身，而这一点恰恰是以往研究者所忽略的。因此，本文主要关注的是第一届国会选举的组织与管理过程，作为主持全国性选举的中央选举机构筹备国会事务局，它为时半年多的选务运作则是本文主要研究内容。

筹备国会事务局（以下简称事务局）是一个非常设性政府机构（国会成立时即行解散），成立于1912年8月，由内务总长领导，设在内务部内，负责议员选举、国会开会筹备等事项。事务局从成立开始，就面临繁重的选举组织与管理事务。在选前，主要是地方选务咨询、选举规章制订、选举日程安排等事务性工作。在选后，则需要处理投票程序争论、计票结果争议、选举诉讼等诸多棘手问题。通过对事务局日常事务工作的了解，可以帮助我们客观评估北京临时政府选务运作的绩效，以及对民初政治发展的影响与作用。

一、选举资格审定与选民登记

选民登记是选举中确认合格选民的法定程序。根据众议院议员选举法规定，选民资格审查与登记专门针对众议员初选举。在各省区进行选民登记过程中，必然要遭遇大量有关教育、职业等选举资格审定问题。对这些争议性问题的解决是事务局在众议员初选举投票前的主要工作之一。

《众议院议员选举法》规定的选民教育资格主要有两条，一是在小学校以上毕业者，一是有与小学校以上毕业相当之资格者。这两条规定具体涵盖的范围常常引发争议。如广东省提出小学校以上毕业者，"系专指曾经立案之学校抑包含一切。"吉林省的疑问是"未毕业初等小学考入高等，或未毕业初高等考入中学者，是否可以考入时认为有小学校以上资格，抑或以须经过一学期者为准。"江苏省指出同等学力问题，即如何评定前清生员的教育资格。河南省询问小学以上毕业是否包括初等小学、初等农工商学堂、陆军小学、艺徒学堂、师范传习所、教育讲习科、法政简易科、巡警教练所、实业教员讲习所毕业在内。四川省特别提到教会学校毕业生资格认定难题，"外国教堂在内地所设学校，未经呈报行政官厅查核立案，此次学校毕业生应否援用小学校毕业资格准入选举。"①

对这些问题，除一些需要参议院给予解释以外，其他问题事务局均及时作出答复。关于未毕业初等小学考入高等，或未毕业初高等考入中学者，事务局认为既系考入，可以承认有相当资格。②

① 广东、吉林、江苏、河南、四川各省来电分别参见《广东都督致内务总长电》（《公电》，《政府公报》1912年9月7日）、《吉林都督致筹备国会事务局电》（《公电》，《政府公报》1912年10月2日）、《江苏都督致筹备国会事务局电》（《公电》，《政府公报》1912年9月7日）、《河南都督致国会筹备事务局电》（《公电》，《政府公报》1912年9月13日）、《四川民政长致筹备国会事务局电》（《公电》，《政府公报》1912年11月4日）。

② 《筹备国会事务局复吉林都督电》，《公电》，《政府公报》1912年10月2日。

同等学力问题，事务局表示要等待临时参议院开会决定。[①]教会学校毕业生资格如何认定，事务局认为：“外国教堂在内地所设学校，无论曾否经行政官厅立案，但查该校课程，如果与本国官立公立各小学课程相等，则该校之毕业生，自应以有小学校毕业资格论。”[②]

《众议院议员选举法》对职业资格有限制性规定，如现任行政司法官员等职业群体均不得有选举权与被选举权，但是现任官吏概念如何界定却让地方十分为难。浙江省询问各项征税人员是否算是现任官吏？四川省提出按照川省暂行官制，州县署内之各课，各道各县之视学，以及各署之科长科员，“无不由主管官厅委任而来。”这些事务官应否停止选举权？广西省询问：“现任行政官吏之解释，拟以各地方长官及各司局长官为限。其余概不以现任官吏论。但于当选后须令辞职。”湖北省提到官员辞职生效问题，“大总统任命之现任官，具书辞职是否但由该管官批准，抑应俟大总统批准？”在江苏省，则出现交通部视察员陶逊当选为参议院议员候补当选人事件，所以“至官吏被选为候补当选人，应否与议员同一制限”。[③]

事务局认为：“各项征税人员，如系由该管官厅按照定章正式委任而有一定职守者，应以现任官吏论。如仅暂时延聘或雇佣襄办

① 不久北京临时参议院作出决议，“如前清生员以上，及毕业于六个月以上之各传习讲习研究等所简易速成预备等科，并曾在小学以上学校充当教员一年以上者皆是，但体操教员不在此限。”《参议院咨大总统请将解释众议院选举法第四条各款转饬遵照文附单》，《政府公报》1912 年 9 月 13 日。

② 《筹备国会事务局复四川民政长电》，《公电》，《政府公报》1912 年 11 月 4 日。

③ 浙江、四川、广西、湖北、江苏各省来电分别参见《浙江都督民政司致筹备国会事务局电》（《公电》，《政府公报》1912 年 10 月 5 日）、《四川民政长致筹备国会事务局电》（《公电》，《政府公报》1912 年 10 月 5 日）、《广西都督致参议院筹备国会事务局电》（《公电》，《政府公报》1912 年 10 月 25 日）、《湖北民政长致筹备国会事务局电》（《公电》，《政府公报》1913 年 1 月 27 日）、《江苏选举总监督致筹备国会事务局电》（《公电》，《政府公报》1913 年 3 月 14 日）。

公务人员，不在此限。”[①]对于四川省一些主管官厅正式委任的事务官，事务局表示“自与延聘雇佣暂时襄办公务人员不同，应以现任官吏论。”[②]关于“现任”二字的解释，事务局着重指出：“但视其所任官职是否依据含有官制性质之定章，及是否受有正式委任者为断。”现任官员如果参选，只能在选前辞职，不能在当选后再辞职。[③]而现任官吏被选为众议员候补当选人，应该与议员同一制限。[④]

关于居住资格，江苏省咨询众议院议员资格以全国为范围，省议院议员资格是否以本省为范围。吉林省询问选举法第四条住居满两年以上，是连续居住还是前后合并计算。河南省提到如果居住满两年以上在甲区，而纳税或不动产资格在乙区，又如在甲省住居满二年以上，而在乙省有纳税或不动产资格，其投票应在什么地方。[⑤]事务局在答复中强调，“为破除省界起见”，众议员、省议员都应以全国为范围。选举法中居住两年的含义应以连续居住为限。至于在本选举区内继续住居满二年以上的选民，而纳税或不动产虽在他区他省，仍以现在继续住居之选举区有选举权。[⑥]

在选民登记工作方面，事务局成立伊始，就立即致电各省都督蒙藏青海地方行政长官，指出在各项筹备事务中，“自应以调查选举人数为最急。”要求地方都督电告各初选都督，“预分本管区域

---

① 《筹备国会事务局复浙江都督电》，《公电》，《政府公报》1912年10月5日。

② 《筹备国会事务局复四川民政长电》，《公电》，《政府公报》1912年10月5日。

③ 《筹备国会事务局复广西都督电》，《公电》，《政府公报》1912年10月25日。

④ 《筹备国会事务局复江苏选举总监督电》，《公电》，《政府公报》1913年3月14日。

⑤ 江苏、吉林、河南各省来电分别参见《江苏都督致筹备国会事务局电》（《公电》，《政府公报》1912年10月6日）、《吉林都督致筹备国会事务局电》（《公电》，《政府公报》1912年9月7日）、《河南都督致国会筹备事务局电》（《公电》，《政府公报》，1912年9月13日）。

⑥ 事务局回复江苏、吉林、河南各电分别参见《筹备国会事务局复江苏都督电》（《公电》，《政府公报》1912年10月6日）、《筹备国会事务局复吉林都督电》（《公电》，《政府公报》1912年9月7日）、《筹备国会事务局复河南都督电》（《公电》，《政府公报》1912年9月13日）。

为若干投票区”，“每一投票区内多派调查员，按照第四条所定选举人资格，分别制成调查票薄。”各地必须在10月10日前造成选举人名册，以保证选举公平进行。[①]由于时间仓促，从9月9日众议员选举令发布到10月10日仅有一个月的时间，所以许多省份纷纷请求延期呈报选举人数。事务局对此表示理解，称：“但使无碍选举进行，自应照准。惟须通饬各属，时间既已延长，查报务求详确为要。”[②]

各地在进行选民登记时，主要问题是申报选民人数严重不实。如陕西省提到，选民人数“州县有多至七八万者，偏僻州县有少至数十名者，人数甚为悬绝。”[③]在河南省，“党派林立，皆欲占选举优胜，故争相运动，复行调查，只求增加选民，不恤逾限与否。”[④]对此，事务局提出疑问，认为即使是偏僻的州县，按照选举资格规定，选民人数不满百人是不可思议的。怀疑可能是调查不实。[⑤]同时要求地方遵守众议院议员选举法第二十七条规定，宣示选举人名册以五日为限。期满后，“即为确定不得再请更正”。“如有逾宣示之期请求更正者，自应按照法定期间一律拒绝。”[⑥]

二、投票程序与当选确认

投票程序分为单轮投票与多轮投票两种。投票结束后即进入计票阶段，在选举结果公布后，关于候选人当选是否有效的争议，又成为事务局需要解决的新的热点问题。

---

① 《筹备国会事务局致各省都督蒙古西藏青海行政长官电》，《公电》，《政府公报》1912年8月21日。

② 《筹备国会事务局复安徽都督电》，《公电》，《政府公报》1912年11月4日。

③ 《陕西选举总监督致筹备国会事务局电》，《公电》，《政府公报》1912年11月15日。

④ 《河南都督致内务总长电》，《公电》，《政府公报》1912年11月4日。

⑤ 《筹备国会事务局复陕西都督电》，《公电》，《政府公报》1912年11月15日。

⑥ 《筹备国会事务局复河南都督电》，《公电》，《政府公报》1912年11月4日。

（一）投票程序

首先是选举人数问题。甘肃省询问，《众议院议员选举法》第56条、75条所称的投票人总数，“究系以册内有名之选举人总数为准，抑系以临时实到之投票人总数为准。”[①]事务局的答复是“所称之除投票人总数，系以临时实到之投票人已经投票，而列入于投票薄之总数为准。”[②]此后，事务局又强调指出，到场领票而未投票者仍不能算入投票人总数之内。[③]

其次是投票区互选问题。直隶省广昌县在来电中称，该县国会选举划分五个投票区，此五区能否甲乙互选。[④]事务局指出：“本款所称选举人名册当然以在选举区为限。是甲乙两区自可互选。”[⑤]在后来的补充说明中，事务局又指出根据众议院议员选举法第四十、四十三条规定，“是选举人业已分属于各区，而各区之投票薄又系按区分造，其列名亦只以各本区所属之选举人为限。则举行初选时，自应各赴其所属之区投票，依法签字可免困难。前电所称甲乙两区可互选者，盖谓甲投票区选出之人，不妨为乙区人，非谓甲区之人可到乙区行使其选举权也。”[⑥]

再次是投票地点问题。直隶省第二区复选投票点在平泉，“惟复选限期转瞬即至，而口外大雪弥漫，道途梗塞，天寒路阻，隔绝行人，若非准予变通，则永遵两属初选当选数百余人，均有不能前往投票之虑。”为此直隶省提出变通方法，“仍请准予在唐山设一投票分所，另派妥员专司其事，仍与承朝各属用分投合检之法，以电报传达。”[⑦]广西省又提出，如果初选区内没有初选当选

① 《甘肃都督致筹备国会事务局电》，《公电》，《政府公报》1913年1月21日。
② 《筹备国会事务局复甘肃都督电》，《公电》，《政府公报》1913年1月21日。
③ 《筹备国会事务局复昌黎县知事电》，《公电》，《政府公报》1912年12月21日。
④ 《广昌县知县呈筹备国会事务局电》《公电》，《政府公报》1912年10月19日。
⑤ 《筹备国会事务局复广昌县知县电》《公电》，《政府公报》1912年10月19日。
⑥ 《筹备国会事务局复直隶广昌县知县电》，《公电》，《政府公报》1912年10月27日。
⑦ 《直隶都督致筹备国会事务局电》，《公电》，《政府公报》1913年1月14日。

人，“其区内选民尚须投票否。如须投票，是否就附近之他初选区。”[①]对于直隶省的变通方法，事务局表示同意，“惟投票不妨分为两处，而开票则必须合为一起，若以电报传达，票数万一稍有错误，将来补救为难。”所以唐山投票分所投票完毕后，管理员必须迅速将投票匦送达平泉复选监督驻在地，与平泉投票匦一同开检。[②]在对广西的答复中，事务局要求“但仍先就本区投票，俟投票完毕后，即将投票匦移交余额归入之区，汇齐开票。”[③]

（二）当选确认

1、当选标准认定。直隶省指出，初选当选人当选标准为投票人总数的三分之一，复选标准是初选当选人总数过半，“如除有奇零不尽之数，或初选得数不能三分，复选得数不能折半，如何办理？”[④]事务局在回电中强调，“非得满额者，不得为当选人……满额之满字，极为注重。则法定当选票额，应从严格解释。”[⑤]不久，直隶省又询问：“设有一人，在甲复选区得十七票，在乙复选区得二十三票，在丙复选区得二十票。就一区论，则不满票额。就各区论，则实过票额。若但就一区论，则非不分区划之意。若得就各区论，则应归何区当选。”[⑥]事务局认为，根据《众议院议员选举法》第七十五条规定，“复选之当选票额，既各依本区投票人数为差，则得票之数自应各就本区一区计算，以得票满该区应得票额者为当选，不能就各区计算。”[⑦]

① 《筹备国会事务局致各省都督民政长电》，《公电》，《政府公报》1912年12月3日。

② 《筹备国会事务局复直隶都督电》，《公电》，《政府公报》1913年1月14日。

③ 《筹备国会事务局致各省都督民政长电》，《公电》，《政府公报》1912年12月3日。

④ 《直隶都督致筹备国会事务局电》，《公电》，《政府公报》1912年10月7日。

⑤ 《筹备国会事务局致各省都督民政长电三则》，《公电》，《政府公报》1912年10月7日。

⑥ 《直隶都督致筹备国会事务局电》，《公电》，《政府公报》1912年10月24日。

⑦ 《筹备国会事务局致各省都督民政长电》，《公电》，《政府公报》1912年10月24日。

安徽省提出，根据《众议院议员选举法》56条规定，得票不满者不得为初选当选人。57条规定再次投票办法，申明至足额为止。“惟至再行投票之时，所决当选人名额为法数，各原投票区之再行投票人为定数，与第一次投票大不相符，斯时之当选票额，究竟如何算定？如以第一次投票之票额为票额，则第二次以后之投票人必不能照前踊跃，票额太多，结果必有多次不能选出之弊。”①广东省也提出类似问题，如果初选举第一次当选不足额，重新投票当选票数如何确定？②事务局在答复中说明：“当选票额，无论第一次投票与再行投票，均须依分配该区之当选人名额与投票人总数，按法比例计算。”③

2、当选有效认定。在安徽怀宁县，选民何雯在众议员初选中当选，但是“初选监督处底册具在，惟复选监督处名册将何雯之名遗漏。”何雯当选是否有效？④事务局认为，根据《众议院议员选举法》第54条第5项规定，当选无效是指“选出之人为选举人名册所无者。”初选时，“选举人名册自应以初选监督处之名册为据。何雯如果调查时，已经列入初选监督处之选举人名册，其初选当选，但检票时核与该初选举区名册相符，自应作为有效。”⑤

江西省第五区在进行复选举时，投票人欧阳沂在选票上自书本名，经监察员发现，指责欧阳沂违章，于是他又自行涂改，以致该选票字迹不明，经公议将此票作为无效处理。开票后欧阳沂又当选，有多人指责他自举本人是违章舞弊，要求取消他的当选资格。事务局在回复中明确批评监察员行为违法，“查书写票纸任书何人，本系投票人之自由，他人不得窥视。监察员除依法监视各管理员办理投票开票各事宜外，即无监察他人书写票纸之权。又选举

---

① 《安徽选举总监督致筹备国会事务局电》，《公电》，《政府公报》1912年12月13日。

② 《广东都督致筹备国会事务局电》，《公电》，《政府公报》1912年10月14日。

③ 《筹备国会事务局复安徽都督电》，《公电》，《政府公报》1912年12月13日。

④ 《筹备国会事务局致安徽都督电》，《公电》，《政府公报》1913年1月20日。

⑤ 同上。

法每票不得自书本人姓名，系为无记名单记法之解释，并非投票人不能自举为被选举人之解释。”所以欧阳沂当选，自不得任意取消。[①]

3、当选无效认定。当选无效认定的依据主要是选举程序违规。如山西省在选举参议员时，连续两天依法选出8人，尚缺2名。因三月初六日到场议员与法定人数不符合，于初七日继续选举，按书到名簿已足法定人数，但又有14人自行退出，致使选举不足法定人数，未便开匭。第2天未投票议员补投票。但投票匭仍封存未开。该省询问此项手续选举法没有规定，是否有效？[②]事务局答复：“书到名簿虽是法定人数，而有多人尚未领票，即行退出以致不满法定人数，自应仍按选举法第六条之规定不得投票。况退出者次日始行补投，尤当认为无效。希速按法另行投票，以重选政。”[③]

河南省提到有初选参选人，“倘其人果有法定资格，而调查遗漏，虽未于宣示日期内更正入册，实于选举期前查明有据，如选举时得票满额，”如何办理？[④]四川省的问题与此相似，“初选开票确为本人，有册注名者，票投号者，有册注号者，票投名者，有名号并投者，又有音同字异，”这些情况应该如何处理？[⑤]针对此类问题，事务局反复强调：“查初选当选人如为选举人名册所无者，无论如何，依法应作无效，即使选举期前查明有据，然既未更正入册，究与法定程序不符，实属碍难通融办理。”[⑥]而且，“是选举票所书被选举人姓名，自以注明选举人名册册票姓名俱属相符者为

---

① 《筹备国会事务局致江西都督电》，《公电》，《政府公报》1913年1月23日。

② 《山西选举总监督致国会事务局电》，《公电》，《政府公报》1913年3月14日。

③ 《筹备国会事务局复山西民政长电》，《公电》，《政府公报》1913年3月14日。

④ 《河南选举总监督致筹备国会事务局电》，《公电》，《政府公报》1912年12月17日。

⑤ 《四川民政长致筹备国会事务局电》，《公电》，《政府公报》1912年12月22日。

⑥ 《筹备国会事务局复河南都督电》，《公电》，《政府公报》1912年12月17日。

限。选举法既取无记名单记之制，其不书名而书号，及音同而字不同者，虽有方法证明，难保其必无错误，均应以无效论。”[①]

此外，初选举无效将会影响复选举的效力。如直隶省询问：“查选举法第八十三条第二项初选举无效时，复选举虽经确定，一并无效。所谓复选举者，是否指某一初选区之复选举而言。又如初选区内之某一投票区，倘有选举无效时，此投票区之选举自应作为无效，该初选全区是否受其影响，一并无效。”[②]事务局表示：“初选举舞弊或违背法令，若在复选未经举行以前判定，则影响不及于他区，应仅该初选区无效。若复选业经确定，则全区复选均归无效。”至于初选时某个投票区如果选举无效，“若在开票后而影响及于全选举区者亦同。如投而未开，则仅该投票区无效，他区不受其影响。”[③]

三、一般选务组织与管理

在选前与选后阶段，事务局的选举组织与管理事务，除上文提到的以外，其他一些重要的选务工作也是可圈可点。

（一）选前事务工作

1、选举规章制订与颁行。国会组织法、参众两院议员选举法等主要选举法律，均为北京临时参议院制定。为了更有效地执行这些选举法律，在1912年下半年，事务局呈请内务总长与大总统，以部令或总统令方式颁布了一些选举工作施行规则。主要有《众议院议员选举日期令》（9月5日）、《众议院议员第一届选举筹备日期令》（9月8日）、《众议院议员选举法施行细则》（9月20日）、《国会省议会第一届选举费用补助令》（10月5日）、《蒙

① 《筹备国会事务局复四川民政长电》，《公电》，《政府公报》1912年12月22日。

② 《直隶都督致筹备国会事务局电》，《公电》，《政府公报》1912年12月13日。

③ 《筹备国会事务局复直隶都督电》，《公电》，《政府公报》1912年12月13日。

古西藏青海众议院议员选举施行令》（10月5日）、《众议院议员选举投票纸投票匭管理规则》（10月30日）、《众议院议员选举开票规则》（11月22日）、《参议院议员选举法施行细则》（12月8日）、《参议院议员第一届选举日期令》（12月8日）、《众议院议员初选举同姓名者被选决定令》（12月13日）、《众议院议员复选举票施行令》（12月13日）、《追加众议院议员选举日期令》（12月16日）。而且在参众两院议员选举法施行细则中均以图表形式，公布《投票录定式》《开票录定式》《选举录定式》《参议院议员证书定式》《众议院议员证书定式》。

此外，根据地方反映的选区划分遗漏问题，内务部从9月份开始及时更正一些省份的复选区划分。9月16、27、29日，10月9、13、25日相继6次公布《更正众议院议员各省复选区表》，涉及的省份有直隶、江苏、湖南、甘肃、四川、广东、广西、贵州、吉林等省，主要是在个别复选区内补列一些府厅县。10月30日、11月11日、14日又分别公布《更正众议院议员河南复选区表》《更正众议院议员甘肃省复选区表》《更正众议院议员新疆省复选区表》。

2、选举日程设定。1912年9月，根据内务部命令，众议员选举日程正式公布。部令要求在9月10日前，各省总监督委任各复选监督。总监督确定复选监督驻在地。9月15日前，确定初选监督，投票区分派调查委员，制订调查委员办事细则。10月10日前，制订完成各初选区选举人名册。初选监督在各投票所颁发选举人名册，向公众宣示。初选区选举人名册分别呈报复选监督与总监督。10月20日前，初选监督判定更正选举人名册。10月30日前，各省总监督向内务部呈报该省选举人总数。初选监督向复选监督与总监督补报更正选举人名册。初选监督颁发初选举通告。11月10日前，总监督分配复选当选人名额，通知各复选监督。复选监督制成投票纸分交各初选监督。11月20日前，复选监督制成初选当选证书分交各初选监督。11月30日前，复选监督分配初选当选人名额，在各初选区张榜公布。12月3日前，初选监督造好投票薄，制成投票匭，分交各投票所。同时将投票纸分发给各投票所。12月10日前，复选监督向初选举区颁发复选举通告，举行初选举。12月31日前，初选投票所开票所一律裁撤。确定初选当选人。初选监督通知初选当选人，发给初选当选证书，张榜公布当选人姓名，并呈报复选监督。1月10日前，初选当选人名册一律到达各复选监督驻在地。初选当选人一律齐集各复选监督驻在地。举行复选举。[①]为配合参议员选举如期举行，北京政府同时要求省议员初选举、复选举分别在1912年12月6日、1913年1月6日举行，延期以6日为限。[②]12月8日，内务部颁布参议院议员第一届选举日期令，决定各省参议员选举定于1913年2月10日举行。届时如果有的省区省议会尚未成立，可以呈报内务总长延期到省议会成立后第一次开会的翌日。蒙古、青海、西藏参议员选举定于1月20日举行。必要时可以呈报内务总长延期，但最迟不能超过2月10日。其他中央学会、华侨选举会的参议员选举，都不能超过2月20日。如果投票人数不满法定出席标准，可以酌情延期。[③]

3、投票日期协调。鉴于在两个多月时间内，全国要连续举行众议员初选举、复选举、省议员初选举、复选举、参议员选举等5次大型选举，选举日期如何协调无疑是一个难题。奉天省提到："省议会初复选期，依令均早众议院四日……惟查现在人民对于选举，尚多漠视，两次分办，距期虽近，恐因往返之劳，致生放弃之念。"该省建议将省议会投票之期改为众议院同日，仍令省议会投票在先。[④]直隶也提出类似意见。[⑤]但是事务局反对这种安排，"查选举日期令所定省议会与众议院举行初复选日期相隔仅四日，原系为选举人便利起见，若必同日举行，诚恐一项之投票未终，而二次

① 《众议院议员第一届选举筹备日期令》，《内务部部令》，《政府公报》1912年9月9日。

② 《省议会议员第一届选举日期令》，《命令》，《政府公报》1912年10月3日。

③ 《参议院议员第一届选举日期令》，《公电》，《政府公报》1912年12月9日。

④ 《奉天都督致筹备国会事务局电》，《公电》，《政府公报》1912年10月21日。

⑤ 《直隶都督致筹备国会事务局电》，《公电》，《政府公报》1912年12月12日。

之时间又届。况按法文，有决投票之手续，尤非同日可以并行，致生种种窒碍。至初选区域，本仅一县，其区域稍广者，又可分为数投票区，与选举人，与选举人住所，当不致相距辽远，竟使往返有十分困难之虞。”[①]云南省原定于本年11月25日举行省议会众议院议员初选，12月20日举行省议会复选，翌年1月10日举行众议院议员复选。考虑到两种选举复选区域相同，建议众议院复选提前与省议会复选分别于12月20日、22日接续举行。[②]事务局在表示同意后，慎重提醒云南当局：“惟选举关系人民权利，办法不厌求详，希由贵总监督通饬各属，查明现办选举调查情形，是否一切法定程序俱可提前完毕。”[③]直隶省又询问，如果初选区内的某投票区发生诉讼，经法院审判确定宣告无效，“该投票区可否再行投票，倘再投票，与复选日期已近，而该投票区之初选，尚未毕事，应否将该区有关之复选展缓日期。”[④]事务局答复：“查宣告无效之投票区，仍应再行投票，如复选必须延期，得依选举日期令及追加选举日期令，将该区有关之复选酌延日期。”[⑤]

4、选举宣传与选务通报。事务局比较重视选举宣传工作，曾提请内务总长要求各省将选举通告与大总统令分别编成白话浅说，分送民间，派员分途演说。[⑥]还要求各地在投票所开票所公示大总统命令，印发多张，在选举前发送到每个选举人。[⑦]一些省区也遵命积极行动。其中江苏省将内务部选举通告与大总统令分别编成白话浅说印刷六万份张，颁发到六十县，分送各选举人，并令各县

① 《筹备国会事务局复奉天都督电》，《公电》，《政府公报》1912年10月21日。

② 《云南都督致内务总长暨筹备国会事务局电》，《公电》，《政府公报》1912年10月19日。

③ 《筹备国会事务局复云南都督电》，《公电》，《政府公报》1912年10月19日。

④ 《直隶都督致筹备国会事务局》，《公电》，《政府公报》1913年1月10日。

⑤ 《筹备国会事务局复直隶都督电》，《公电》，《政府公报》1913年1月10日。

⑥ 《内务总长致各省都督民政长电》，《公电》，《政府公报》1912年11月1日。

⑦ 《内务总长致各省都督民政长蒙古西藏青海各办事长官电》，《公电》，《政府公报》1912年12月22日。

派员分途演说。[①]直隶省除登报公布外，还准备加以简明解释，转发各属，使全省人民皆知重视选举权。[②]与此同时，为更好地协调各地选务的有效展开，事务局在答复某省问题时，一般都会及时再电其他各省，通报此类问题的解决办法。“嗣后但有一省电请解释者，解释后当即通电各省。”[③]

（二）选后事务工作

1、选举诉讼程序确定。福建省询问：该省南港县初选，选民因选举诉讼，经地方审判厅判决当选无效，候补人已经递补。但当事人不服，提起上诉，高等审判厅又判决选举无效。查选举法并无选举上诉的规定，仅第九十条规定，初选举诉讼应由地方厅起诉，复选举诉讼应由高等厅起诉。“现在复选日期即系明日，若如高等厅判决选举无效，则全局动摇。”[④]事务局答复：“查法称选举无效与当选无效之选举诉讼，其判决固截然两事，即起诉亦判然两途。”前者是对于办理选务人员，后者是对于当选人。“南港初选诉讼，既由地方判决为当选无效，是其为对于当选人之诉讼也，可知该当选人于法定期间内未据上诉，地方判决即为确定，依法递补办理，并无不合。何以高等审判厅又判决选举无效。似此起诉之目的既若此，而上诉之判决又若彼，殊与本法规定不符。纵使上诉中发现有选举法第八十二条情事，亦应有该管检察官厅依法另案向地方起诉。”因此，高等审判厅的行为不仅违背选举诉讼法规，而且与诉讼程序不符。[⑤]

由于此类情况具有普遍性，事务局随后致电各省：“此次选举诉讼纷纭，固由于办理人员之未改尽得宜，亦由于管辖权限之未经确定。查选举法第九十、九十一、九十二等条规定，选举人得自选

① 《江苏都督致内务总长电》，《公电》，《政府公报》1912 年 11 月 3 日。
② 《直隶都督致内务总长电》，《公电》，《政府公报》1912 年 11 月 3 日。
③ 《筹备国会事务局致各省都督电》，《公电》，《政府公报》1912 年 9 月 8 日。
④ 《福建都督致筹备国会事务局电》，《公电》，《政府公报》1913 年 1 月 23 日。
⑤ 《筹备国会事务局复福建都督电》，《公电》，《政府公报》1913 年 1 月 23 日。

举日起向审判厅起诉等语。所谓选举日者系指选举完毕，宣示当选人名之日而言。凡依法办理选举未经完毕以前，皆当为选举监督行政范围之职权，各该办理选举人员，果有违法舞弊各情事，该管监督官自应随时查办纠正。”此时并没有司法权介入的必要。“故依法文之规定，非办理选举人员不得为九十条及九十二条选举诉讼之被告，非当选人不得为第九十一条选举诉讼之被告，非选举人及落选人不得为各该条之告诉或告发人。至本法所称关于选举犯罪，即规定于刑律妨害选举各罪一章，无论何人有犯，俱为刑事诉讼范围，与法称选举诉讼者不同，应依普通刑事案件办理。”[①]

2、选举舞弊投诉受理。国会议员初、复选举结束后，各地相继发生选举舞弊事件。仅1913年1月份，筹备国会事务局就收到各地投诉选举问题的电文46件。[②]投诉主体包括各政党地方支部、选民代表、众议员初选当选人、选举监察员、民间团体等。涉及的选举舞弊问题种类繁多，如包括虚报选民人数、私自代写选票、恫吓选民投票、冒名当选、选务人员做票、武力干涉选举、买卖选票、拖延选举案件审判、监视选民写票。事务局限于人力、物力的限制，一般在受理后，不直接处理投诉，而是致电各省选举总监督，要求地方严格查办。

四、结束语

各国选举经验表明，精干的选举组织与周密细致的选举管理，是选举获得成功的技术条件。“成功料理有数以百万计选民参加的现代选举是一项规模相当大的管理任务，它涉及一系列的选举操作、组织和必须加以细心安排和监管的选举日程等。”[③]一般认

① 《筹备国会事务局致各省都督民政长电》，《公电》，〈政府公报〉1913年1月25日。

② 详见《通电》，《政府公报》1913年1月。

③ T. E. Smith，Elections in Developing Countries，ST Martin’s Press，1960，p.3.

为，精干、协调、高效、公正原则是评估选举组织机构成效的主要指标。精干原则要求选举组织的组成人员和具体部门要少而精。协调原则要求不同层级、不同事务性质的选举组织之间要权责分明、相互配合和协调一致，而不得相互扯皮和拆台。高效原则强调选举组织的任何工作都应迅速而有成效地进行。公正原则要求国家选举组织对任何党派、团体和个人均不偏不倚，保持中立。①

在当时的社会经济文化条件下，事务局的选务工作是比较有成效的。首先从人员构成来看，事务局人数不多，但主事者多是法政方面的专家。如委员长施愚，留学德国研究法律6年，曾任晚清宪政编查馆科员、五大臣考察宪政团随员。委员张名振，时为法制局参事，毕业于日本法政大学，曾任晚清吏部主事。同为法制局参事的委员方枢，曾获日本早稻田大学法学士。②其次，事务局相当重视选举制度具体实施工作。选前就向地方郑重宣示："此次选举，为我国四千年来之创局，一切筹备方法，不可不格外慎重。"③初选举之后，事务局再次通电各省都督民政长蒙古西藏青海行政长官，"此次选举，为我民国纪元之创局，五族共和，尤有我国民共同享之权利，所有办理一切选举事，宜务当遵照约法及选举各法，不分种族，俾得一体行使公权。"④不仅于此，事务局还通过内务部呈请总统袁世凯以命令的方式，多次督促地方选举工作。8月21日临时大总统发布命令，称"现在选举为时甚迫，尤当力促进行。……各地方行政长官，务按照法定程序，遵守应有职权，慎重执行，认真监督。"⑤10月8日，临时大总统令中又指出："各该选举

① 彭宗超：《公民授权与代议民主—人民代表的直接选举制比较研究》，河南人民出版社，第126–127页。

② 施愚、张名振、方枢3人履历参见程燎原《清末法政人的世界》（法律出版社，2003年）第169、171、393、400页。

③ 《筹备国会事务局致各省都督民政长电》，《公电》，《政府公报》1912年10月20日。

④ 《筹备国会事务局致各省都督民政长蒙古西藏青海行政长官电》，《公电》，《政府公报》1912年12月18日。

⑤ 《命令》，《政府公报》1912年8月23日。

监督务须督饬办理，选举事务人员依照法令各尽职权。总以国会选举一切筹备进行不致稍涉疏漏为要。”[①]10月29日大总统令再次要求各地依法保护公民选举权，“所有关于选举权事宜，凡各省长官命令有与选举法抵触者，均应作废。”[②]

当然，与当时发达的民主国家相比较，事务局在选举制度建设方面还存在一定的差距。如在惩治选举舞弊层面，没有制定专门的选举法规，而英国早在1883年就已经颁布《取缔选举舞弊和非法行为令》，明文规定禁止贿赂、款待、威胁以及冒名顶替等不当行为，违者处以罚金和监禁。[③]此外，在选举经费监管层面也是空白，缺乏关于候选人、政党竞选费用事项的细致规定。所以有学者指出：“这次的选举规程与办理选举的技术，虽较前清有所改进，但缺点仍多。”[④]最后至为关键的是，事务局隶属于内务部，并不是一个常设的中央选举组织机构，无法成为一个独立于国家权力之外，不受任何权力尤其是政府行政权力干预的中立机构。

不过，“一个制度的建立，多须经过从经验中发现错误，在理性下求其改进的过程。民元百般在走步状态，弊病在所难免。”[⑤]事实上，在实际选务运作中，正是事务局卓有成效的运转促进了民初宪制改革的政治稳定。与清末咨议局议员选举相比较，民初国会选举选民人数急剧增加，政治参与程度迅速提高。与此同时，第一届国会选举仍然能够较为成功地举行，实在是与当时选举制度化水平提升有关。制度化水平的改进，不仅在于制订大量的规章制度，更重要的是能够切实贯彻执行。为此，筹备国会事务局的努力是功不可没的。

---

① 《命令》，《政府公报》1912年10月9日。

② 《命令》，《政府公报》1912年10月30日。

③ 阎照祥：《英国政治制度史》，人民出版社，1999年，第341页。

④ 张朋园：《从民初国会选举看政治参与》，《中国现代史论集第四辑—兼论蜕变中的政治优异分子》，《中国近现代史论集第19编民初政治一》，（台北）商务印书馆，1986年，第89页。

⑤ 同上，第89页。

选举舞弊与第一届民国国会选举

关于民国初年第一届国会选举舞弊问题的述评，在有关研究论文中均有所涉及。[①]一般来说，人们都是就事而论，习惯对此作出负面评价，“总而言之，此次选举有全面性的舞弊，鲜有不用贿选者。”[②]即使如此，与第二届国会（安福国会）选举舞弊问题研究状况相比较，学界至今尚未有专文论述。[③]本文试图在全面研究第一届国会选举舞弊的基础上，从民主转型的视角客观剖析其实际作用与影响。并通过与英美国家早期选举政治的比较，从历史变迁的角度评价当年的选举舞弊现象。[④]

---

① 相关研究论文主要有张朋园：《从民初国会选举看政治参与—兼论蜕变中的政治优异分子》，载张玉法主编《中国现代史论集》（第四辑：民初政局），台北联经出版事业公司 1980 年版、张玉法：《民国初年的国会（1912–1913）》，《中研院近代史研究所集刊》第 13 期、张亦工：《第一届国会的建立及阶级结构》，《历史研究》1984 年第 6 期、徐辉琪：《论第一届国会选举》，《近代史研究》1988 年第 2 期、刘劲松：《第一届国会选举再论》，《安徽史学》2003 年第 3 期等。

② 张朋园：《从民初国会选举看政治参与—兼论蜕变中的政治优异分子》，《从民初国会选举看政治参与—兼论蜕变中的政治优异分子》，载张玉法主编《中国现代史论集》（第四辑：民初政局），台北联经出版事业公司 1980 年版，第 93 页。

③ 关于民初第二届国会选举研究参见张朋园：《安福国会选举—论腐化为民主政治的绊脚石》，《中研院近代史研究所集刊》第 30 期、熊秋良：《变异的政党竞选—以民国第二届国会选举为例》，《江苏社会科学》2007 年第 1 期。

④ 因多数参议员是由省议会选举产生，本文研究的对象除众议员初、复选举、参议员选举外，也包括省议会议员初、复选举。

一、组织选举：舞弊现象的出现

选举舞弊，一般认为是在竞选活动开展以后才会发生。但是实际上在组织选举阶段，舞弊现象就已出现，其主要表现形式为虚报选民人数、操纵选务人事安排等。

在选民造册工作中，虚报选民人数的作法最为常见，主事者多是从事选举事务的地方政府官员。政府从事此类舞弊行为，“考其原因，皆由议员名额系按选举人之多寡分配。而党派林立，皆欲占选举优胜，故争相运动，复行调查，只求增加选民，不恤逾限与否。”①最终目的当然是希望本地区获得更多的众议员名额。

如在江苏省，各复选区纷纷虚报选民人数，其中以第三区虚报数最多，结果分得众议员名额数也最多，为13人，超过第一区的8人、第二区的9人与第四区的10人。②在湖北汉口，当地省议员初选区分为汉口商埠4区与夏口地方5区，共有9区。1913年1月1日投票时，汉口4区投票人数稀少，仅有1170多人。而夏口仅罗家墩选区，投票者就多达13000多人，韩家墩选区高达七八千票，并有韩某一人得票1300多张。在21名省议员初选当选人中，汉口4区仅得6人。选后经调查发现夏口地方虚报选民人数高达4万多人。③在广西，浔州全府人口不满百万，竟然上报选民人数为36万；桂林人口约30万，上报选民人数为14万；柳州所属马平地区人口不满20万，初报选民人数为15万，后受到舆论攻击，才减少为8万；来宾、昭平两地人口均不满10万，却各自上报选民人数6万多；全县人口20余万，上报选民人数为12万。最后统计的结果是，广西人口不足千万，选民总数已达220余万，而广东人口2000余万，选民总数却

① 《河南都督致内务总长电》，《政府公报》1912年11月4日，《公电》。

② 张东荪：《国会选举法商榷》，《庸言》第1卷第14期。

③ 《夏口省议会初选投票大决裂》，《时报》1913年1月9日，第4张

不足200万。[①]山西也有类似情况，有的大县选民只有五六千人，而小县反而多达五六万人。[②]

一些地方虚报选民人数歪风的盛行，也刺激一些处于劣势的选区，想方设法在限期之外，采取补查、补报等手段增加选民人数。在湖北，一开始上报的选民人数不满210万，后来经过多次补查、补报，很快就增至540余万，其中武昌、黄安、黄冈等县增加人数均超过原来的数倍。[③]除政府虚报选民人数外，一些地方士绅也积极参与其中。如湖北省汉川县临时省议会议员刘邦贞，串通地方自治组织负责人刘履谦、程何藩等，“雇人造册，嘱造百家姓，糊取姓名，以为儿戏。上有：母狗子、石滚壋、桃花红、柳叶白等怪名，实系本无此人，而捏取姓名，使人入册。”运用此类舞弊手段，希冀当选。[④]

出于党派利益的考虑，一些省份的都督、民政长操纵选务人事安排，期望借此控制选举过程，有利本党候选人的胜出。根据《众议院议员选举法》的规定，初、复选各投票所办理选举人员，由初、复选监督分别委任；初选举以县为选区；初选监督由各该初选区的行政长官（即县知事）担任；复选区，合数初选区而成；复选监督由选举总监督任命。[⑤]除华侨、蒙古、西藏、青海等区外，其他各省均以都督或民政长担任选举总监督。都督和民政长，对县知事也有委任之权。许多官员都利用这种权力，任命自己的亲信为办理选务人员，便于这些人利用公务身份进行舞弊活动。

在国民党方面，江西都督李烈钧任命的6 名复选监督全是国民党人。县知事是国民党员的，委任为选举监督，知事不是国民党员

① 《内务总长致广西都督电》，《政府公报》1912 年 12 月 1 日，《公电》。

② 《选举人数之糊涂账》，《时报》1912 年 11 月 1 日，第 4 张。

③ 《筹备国会事务局致湖北民政长电》，《政府公报》1913 年 1 月 12 日，《公电》。

④ 《顺天时报》，1912 年 12 月 3 日，转引自许秀碧：《民国二年的国会—国会的背景分析》，台湾政治大学政治研究所硕士学位论文，1977 年，第 79 页，注 34。

⑤ 《众议院议员选举法》第 10、11、14、15、16 条，《政府公报》1912 年 8 月 11 日，《法律》。

的，如赣州、南昌知事，则委任其他国民党官员充任选举监督。[①]广东都督胡汉民任命的7 名复选监督，其中就有6 人是国民党员。湖南在亲国民党的湘督谭延闿支持下，国民党员司法司长仇鳌转任管理选举事务的民政司长，同时兼任选举总监督。仇上任以后，着手布置全省的选举网。一方面调整了负责办理众议员初选举的各县知事，派出5个选区的选举分监督，设立竞选办事处，使“省、县、区的选举负责人联为一气了。”另一方面，在各县组织国民党竞选机构，在临近投票日时，每县还派驻政府选举大员与国民党的观察员，全力介入选举工作。[②]共和党方面也是如此。本来湖北选举总监督民政长夏寿康就是共和党人，但是共和党本部仍不放心，为了进一步增强在鄂省的胜选机率，选前又派阮毓松回鄂，由都督黎元洪任命为筹备选举处长，“复选监督亦多该党之人。”[③]

二、选举竞争：舞弊活动的盛行

1912年9月5日，北京政府公布众议员选举日期令，规定在当年12月10日举行初选，1913年1月10日举行复选。同年12月8日公布参议院议员第一届选举日期令，规定各省议会、中央学会、华侨选举会的参议员选举于1913年2月10日举行，蒙、藏、青海选举会的参议员选举在1913年1月20日举行。[④]实际选举进程并不能完全按照日程进行，竞选活动开始于1912年下半年，一直持续到翌年3月中旬结束。

在选举竞争过程中，舞弊行为非常盛行，其主要类型是贿选，此外违规投票、权力滥用等行为也很常见。在众议员复选前夕，北

① 《筹备国会事务局致江西都督电》，《政府公报》1912 年 10 月 20 日，《公电》。

② 仇鳌：《1912 年回湘筹组国民党支部和办理选举经过》，载全国政协文史资料研究委员会编《辛亥革命回忆录》（二），中华书局 1962 年版，第 182 页。

③ 《湖北选举议员怪现状》，《时报》1913 年 1 月 19 日，第 3 张。

④ 谢振民：《中华民国立法史》，正中书局 1948 年版，第 77–78 页。

京政府内务总长曾通电各省，列举自国会选举以来的种种不法行为，“各省选举之以违法舞弊，电请部局查办者，日或数起，综起弊端，或一人而投数票，或散票而预书名，或无权而顶冒他人，或明知而不为检举，甚至以票纸而为买卖之物，持势力而行强迫之私。”①

贿选主要是指以金钱或财物的方式收买选票。当时初选票价由一元至十元不等，复选票价由数十元至数百元不等。在华侨选举会选举参议员时，曾出现一票卖至50多次的现象。②此外，设酒宴款待、备船轿迎送，以及赠送金徽章、燕尾服、鸦片等，均是贿选手段。③广东某富商在参议员选举时以燕尾服为礼物，凡是投他一票的人，就送7套燕尾服。当时一套礼服约需60元，一票总值420元。以37票当选的最低门槛计算，总数应在1万5千元以上。④在首义之省湖北，“众议院初选，各运动家因省议会初选违法舞弊，无从惩罚，野心益张，是以为所欲为，毫无顾忌，竟敢期前极力运动。”当地负责选务的官员，因未投票选民约占总数的五分之二，于是开始卖票，大开纳贿之门。有的在投票所附近布置聚会地方，以方便所雇用的投票人更衣写票饮酒。还有伪造入场券换取选票，或在中途拦住投票人，收买入场券。⑤省议会贿选的情况也值得关注。在湖北，省议会初选定在1913年1月1日举行，一些候选人“或邀集军营士兵、工厂工人，更衣前往代投；或使人沿门收买选民入场券，每张代价仅铜圆数枚。”⑥

除贿买选票外，冒名顶替等违规投票行为非常猖獗。与前者相比较，后者更能确保贿买的选票不会流失。冒名顶替投票的多是助选人员，或候选人的亲友、邻居、同宗、同党以及雇用的人，且多

① 《内务总长致各省都督民政长电》，《政府公报》1913年1月21日，《公电》。
② 《闻华侨选举舞弊感言》，《时报》1913年3月6日，第1张。
③ 张玉法：《民国初年的国会（1912–1913）》，前引刊物，第110页。
④ 《再志粤省选举参议员怪现象》，《时报》1913年2月24日，第4张。
⑤ 《湖北选举议员怪现状》，《时报》1913年1月19日，第3张。
⑥ 《湖北选举议员怪现状》，《时报》1913年1月19日，第3张。

是受到当地选务官员的纵容与包庇。在江苏苏州，因年龄、籍贯不符，当场被发现的冒名顶替投票者高达4、5千人，而投票者总共只有7791人。[①]广东某党，雇用数十人，每人给予一小铜牌以为标志，承办选举人员以此标志，即投票数十次，亦不追究。[②]在广东顺德县，开票后发现“投票之字迹，似只数人所写。”而且字迹相同者，多是有80张，少的也有7、8张。在当局进行调查之时，有操作舞弊之嫌的选区监票员拒不到场配合调查。[③]

在选举舞弊行为中，贿选虽然最为普遍，但是一些经办选务的地方官员滥用权力，控制选举的情况更为严重。在浙江、湖南、广东等省，某些投票管理、监察员或询问选民欲投何人，并将已名填写票上，交其投入票柜；[④]或撤除写票桌四周的围屏，不让选民秘密写票；[⑤]或选民写票后，必须交其阅看，方准投入；[⑥]或勒令、胁迫选民填写某人，遇有不从者，“则暴行胁迫，涂票夺票。”[⑦]一些兼任选举总监督的地方都督也会主动干预选举结果。如广东都督胡汉民，曾在电报中要求地方选举林柏和、黄增耆、司徒颖、易次乾为众议院议员，被媒体批评为：“大有专制时代牌示委派之象。”[⑧]江西都督李烈钧，为阻止共和党参选人李国珍在家乡武宁当选，竟直接指使都督府监印官黄懋卿回武宁参选议员，并确保黄当选成功。不过李国珍早已经有所准备，在九江秘密参选，当选为国会议员。[⑨]不仅地方官员介入选举舞弊，时为临时大总统的袁世

① 《苏州省议员初选举投票纪闻》，《时报》1912年12月10日，第3张。
② 《粤省选举之怪状》，《时报》1912年12月24日，第3张。
③ 《粤省选举之怪状》，《时报》1912年12月24日，第3张。
④ 《杭州通信》，《时报》1912年12月16日，第4张。
⑤ 《筹备国会事务局致湖南都督兼民政长电》，《政府公报》1913年4月6日，《公电》。
⑥ 《杭州通信》，《时报》1912年12月16日，第4张。
⑦ 《筹备国会事务局致广东都督电》，《政府公报》1913年2月8日，《公电》。
⑧ 《粤省选举之怪状》，《时报》1912年12月24日，第3张。
⑨ 欧阳武：《江西光复和二次革命的亲身经历》，全国政协文史资料研究委员会编：《辛亥革命回忆录》（四），中华书局1962年版，第318页。

凯也不能避免。据曹汝霖回忆说："有一天忽然接到当选蒙古议员证书，甚为诧异。余既不是蒙古人，又没有参加竞选，何来当选议员？……后来知道，名为当选，实由总统指派。此事闻是项城（袁世凯）知我清贫，暗示补助之意。"①

1913年1月，正值众议员初选结束，复选紧张进行之际，北京政府筹备国会事务局收到各地反映选举舞弊情况的电文38件，主要分为选票作弊、投票违规、开票作假、金钱贿选、选举暴力、裁判不公、权力滥用等7类（详见以下表格）。数量排名前三位的是权力滥用、投票违规、裁判不公，这些行为多是与政府官员组织选举不力有关。值得一提的是，选举暴力情况则不多见。

表四　第一届国会议员选举舞弊情况分类表（1913年1月）

舞弊类型	数量	申诉人	事由
选票作弊	2		
		广东惠州同盟会分会	惠阳初、复两次选举中当选人所得票，字迹相同者有数百张。
		长沙选民代表刘台圃等5千余人	醴陵县知事伙同选务人员舞弊，开票时投票匦印封已被破坏，还发现多张选票为一人笔迹等。
投票违规	12		
		安徽颍上县公民孙家驹等	县知事为保证自己提名的人当选，派人代为写票，妨害选举权之自由。
		山东诸城县民众	诸城议、参两会把持选举，勾结暴民，恫吓选民，致使两区无一投票人，到场的多是私人代投。
		湖南宁乡公民董成等	当地国会选举舞弊诉讼纷起，并有投票中止，擅自变更投票地址等现象发生。

① 曹汝霖：《一生之回忆》，香港：春秋杂志社，1966年，第79页。

续表

舞弊类型	数量	申诉人	事由
		山东福山共和党分部	当地选举舞弊严重，有冒名当选，有小学教员被选为国会议员。
		广西初选当选人曾唯儒等 85 人	第一区众议员复选当选人黄实铭是广西法政肄业生，应该依法停止其被选举权。
		福建第八选区初选当选人林者仁	当地在复选投票时，发生投票人抢夺选票事件。
		江西第二选区视察员刘景烈	该区众议院复选时，有一名本区初选监督当选，至今未处理。
		福建第八选区公民陈锡候等	本区众议院议员候补投票签到 178 名，剩余 22 票，由管理员点交监督，但开票时忽然多了两票。
		云南共和党支部	第一区选举监督周汝敦在举行补选时，没有依法发布选举通告。
		广西第三选区公民联合会	本区投票时因复选监督怀疑有一人没有签到，决定不开票另行改选。
		安徽第二选区监察员陶镕等	第二选区复选举投票时秩序紊乱，有非投票人任意出入者，有胁迫劝诱买卖选票者，有军官率领军队闯入投票场所的，有选举人领票未填，被人拉到后院私室者，但选举监督对此置之不理。
		山东乐陵县公民代表卞阿丽等	该县违期选举。
开票作假	2		
		浙江瑞安县议会议长	瑞安代理知事派人夜晚在署盗开票匭，抽换选票。
		山东曹州选民朱五岳等	第七区复选监督在投票后故意延迟开票，致使发生抽票、换票事件。
金钱贿选	2		
		岳州选民代表傅济川等	岳州初选监督营私舞弊，威胁选民，金钱运动选举。

续表

舞弊类型	数量	申诉人	事由
		大总统	路透社电，称广东选举舞弊，一票竟卖至百元。
裁判不公	5		
		广西共和党支部	共和党初选获胜，同盟会提起诉讼，因各级司法机构都是同盟会会员，有意袒护，无可申诉。
		浙江国民党	众议员复选当选人金溶熙得票33张，照例应该当选。但复选监督以两张选票字迹模糊，不能认识为由，判定当选无效。
		广东海阳选民陈之英等	当地发生初选兼复选监督管理员等六起违法舞弊案件，审判厅一直拖尔不审。
		山东长清公民邵子修等	初选监督与选务人员舞弊，但审判厅故意不判决。
		湖南公民代表李钟奇等	湘省各地选举诉讼拖延不审。
选举暴力	2		
		浙江平江公民王理孚	第四区候选人徐象先公然收买证书，冒名顶替投票，被发觉后，竟然率众围攻投票所，殴打选举监督，至今逍遥法外。
		四川民主党广安交通处	当地败选的国民党人竟然闯入民主党干事家中打毁器具。
权力滥用	13		
		福建金门选民	当地官员因办理选举不力受到都督斥责，后谎称金门选民自弃选举权。
		湖北六区公民联合会	第一、二区议员名额占全省总数的一半，分配极不公平。其他六区符合选举资格选民实际超过前两区的三倍，选务人员袒护同乡，存在舞弊现象。

续表

舞弊类型	数量	申诉人	事由
		江西共和党支部	万载县知事因被当地共和党指责为选举舞弊，派兵闯入共和党支部，逮捕党员。
		山东滕县自治职员、公民代表	复选监督不经审判，擅自改变初选结果。
		山东诸城公民代表丁欣复等	丁昌燕等当地初选落选人勾结省筹备选举事务所官员，意图破坏选举，到省城无理诉讼。
		泰安县议长朱少卿	初选监督不遵守事务局命令，取消当选人资格。
		广西众议员初选当选人梁昌等130人	选举监督违法秘不开票，不经法院判决直接宣告选举无效。
		山东众议员初选当选人周嘉坦等	第一区复选监督任意更换初选当选人。
		湖南公民代表李钟奇等	湖南选举舞弊严重，有不经审判就剥夺当选人公民权，当地官员胁迫选民投票，抗拒者一律逮捕。
		安徽第一选区众议员初选当选人李保侍等	第一区复选监督意图让自己人当选，让亲信充当管理员，身着军服，手持手枪，当场胁迫选举人投票。
		安徽第一选区众议员初选当选人贺廷桂等	皖都督任意逮捕投票人。
		安徽第一选区初选当选人李葆诚等	第一区复选监督违法，派人监视投票人写票。
		湖南桂阳县各界	桂阳合法补选的一万多选民，在投票时忽然又被取消选举资格 。

资料来源：《政府公报》1913年1月12日、23日、20日、14日、21日、24日、25日、29日、31日。

三、结论：选举舞弊与民主转型

选举舞弊现象发生的原因，一些学者已有专文分析。一般而言，均是与选举制度的缺陷、选民民主意识的薄弱、行政权力的滥用、社会监督的不力等因素有关，考虑到有关论述相当翔实，此处不再赘述。本文关注的是如何从民主转型与历史变迁的视角，客观评估选举舞弊的实际表现。[①]

首先必须承认的一个现实是，选举舞弊在民主转型进程中出现是正常的，中外概莫能外。可惜时人对此认识有限。“从一开始，中国民主就受到了媒体的负面报道。中国的记者与评论家抨击那些在学习西方民主的过程中极易出现的腐败现象，并以此作为支持民主的公共精神见证。”[②]但这些并不是中国特有的现象，“英国直到十七与十八世纪，议员依然是买卖品，又何以异于‘猪仔’？英国过去选举场中之黑暗龌龊，较中国民初有过之无不及。那都是宪政演进必经之过程。”[③]

其次，选举舞弊的实际作用需要客观评估。以贿选与选举结果关系为例，有学者认为一则并非所有候选人都非常有钱，二则选民的投票倾向主要依据候选人的声望及党团关系等因素。有钱并不一定能当选，当选也不一定就有钱。[④]湖北省议会举行参议员选举时，国民党籍省议员并不富有，但意气甚盛，终于使韩玉辰、居正等5 人全部当选。[⑤]广西籍国民党议员曾彦亦称：“国会选举，

---

① 较为全面的分析参见张朋园：《安福国会选举—论腐化为民主政治的绊脚石》，前引刊物，第 196–197 页。

② John H. Fincher，Chinese Democracy：The Self-Government Movement in Local，Provincial and National Politics，1905–1914. Canberra：Australian National University Press，1981，p.224.

③ 罗隆基：《期成宪政的我见》，《今日评论》第 2 卷第 22 期。

④ 刘劲松：《第一届国会选举再论》，前引刊物，第 47、54 页。

⑤ 韩玉辰：《民初国会生活散记》，《文史资料选辑》第 53 辑，中国文史出版社 1986 年版，第 230 页。

……肯出钱买票的极少，结果大多是地方知名之士当选”。[1]此外，值得注意的是虽然贿选盛行，但是暴力事件却不多见，尤其未曾发生严重的流血事件，实属不易。所以“腐化是暴力与制度化的中间站；腐化虽不好，但比之于暴力尚可容忍。在国家尚未制度化之前，只有容忍腐化避免暴力。”[2]与民初国会选举形成鲜明对比的是，在19世纪上半叶的美国选举站，却存在选举暴力频繁的问题。[3]

第三，更重要的是，选举舞弊并没有改变民国初年民主转型的实际成效。民国初年的民主转型，从《临时约法》的颁行、竞争性议会选举的开展、言论出版的自由，到国会政治的运作与宪法草案制定，经历了一个完整的过程。不仅无可置辩地成为政治民主化的重要内容，而且表明当时的中国实际上正处于从专制政体向民主政体的转型时期。民主转型的实际成效主要表现在三个方面。

一是政治参与的进一步扩大。民初选民人数急剧增长。由于选举条件放宽，平均每省150多万人，总数达到3400多万，比例超过当时中国总人口的10%。[4]远远超过清末谘议局的选民人数，那时全国选民不过170万，仅占总人口的0.4%，[5]丝毫不逊于欧美发达国家在早期民主化阶段的政治参与程度。英国在1831年选举制度改革前选民仅有50万，占全国人口（2400万）的2.1%，一直到1869

① 曾彦：《中华民国第一届国会述要》，转引自张朋园：《从民初国会选举看政治参与—兼论蜕变中的政治优异分子》，前引刊物，第95页，注39。

② James C. Scott，Comparative Political Corruption. Englewood Cliffs NJ：Prentice Hall，1972. P.146.

③ 彭宗超：《公民授权与代议民主—人民代表的直接选举制比较研究》，河南人民出版社2002年版，第132页。

④ 张朋园：《清末民初的两次议会选举》，中华文化复兴推行委员会编：《中国近代现代史论集第十九编民初政治》（一），台北商务印书馆1986年版，第10页。

⑤ 张亦工、徐宗勉：《近代中国对民主的追求》，安徽人民出版社1996年版，第82页。

年第二次改革之后，选民人数才接近8%。[①]美国在1840年选民人数才达到总人口的16%。[②]

二是选票与民意的重要性得到彰显。一些地区的选民政治投票非常踊跃。奉天省奉天府与江苏省江宁县两地的投票率分别达到百分之六十及七十。[③]虽然贿选之风在许多地方盛行，但是从积极方面来看，选票的价值受到了重视，民意的分量至少在形式上是不容忽略的。“各选民则充分地运用法赋权利，自由地投票或弃权，以自己的意志为意志，保留对政治发展的最终决定权，并以选票来表达自己的选择。这都是中国历史上前所未有的新鲜现象。”[④]

三是选举产生的国会政治颇有成效。第一届国会在民国初年短暂存在的半年多时间里，不少议员问政积极，宋教仁案、大借款案、俄蒙协约案、预算案等争执激烈，弹劾、质询案层出不穷，先后迫使国务总理赵秉均、财政总长周学熙辞职。在立法活动中，总共通过各类议案40件，[⑤]制定出民国宪法草案，展现出一定的立法活力。国会初开的两个月，被后人称为“国会神圣时代”。[⑥]美国学者Ernest P・Yang认为与中国历史上其他时期相比较，代议制度与独立政党之间竞争性选举在民国初年（1912-1913年）几乎获得了支配性地位。[⑦]

最后需要强调的是，虽然选举舞弊是民主化初期存在的一种普

---

① 数据来源参见龙天然：《法国大革命时期的议会和大众政治参与——一种政治现代化模式的剖析》表一、表二，刘宗绪主编《法国大革命二百周年纪念论文集》，北京：生活 . 读书 . 新知三联书店，1990 年。

② 塞缪尔 .P. 亨廷顿：《变化社会中的政治秩序》，王冠华，刘为等译，沈宗美校，北京：生活・读书・新知三联书店 1989 年版，第 88 页。

③ 刘劲松：《第一届国会选举再论》，前引刊物，第 54 页。

④ 美国驻华领事报告，转引自张朋园：《从民初国会选举看政治参与 – 兼论蜕变中的政治优异分子》，前引刊物，第 96 页。

⑤ 统计资料来源参见张玉法：《民国初年的国会（1912–1913）》，第 140、158 页。

⑥ 张玉法：《民初对制宪问题的争论》，台北：《中研院近代史研究所集刊》第 12 期，第 124 页。

⑦ Ernest P・Yang，Presidency of Yuan Shih — K’ai，Liberalism and Dictatorship in Early Republican China，Ann Arbor：The University of Michigan，1977，p.76.

遍现象，“选举的历史实际上只有两个世纪”，但是“在选举过程中如何防止贿赂和其他不正当的行为已经是而且将仍然是十分重要的问题”。[①]在承认选举舞弊现象历史必然性的基础上，更重要的是如何在制度层面完善民主选举，同时在实践的层面不断培养选民的政治素养，让选举政治一次比一次更进步。在这方面，发达民主国家的经验值得借鉴。虽然这些国家在民主化早期也曾出现过选举舞弊盛行的情况，但是借助制度手段，在不长的时间里就遏止了舞弊现象恶性发展的趋向。如英国，19世纪相继推行了三次议会改革，通过重新划定选区、解决议席分配不公问题、扩大选举权、采用秘密投票法等方式改革腐败的选举制度，“1852–1853年，议会两次通过议案，宣称贿买和威胁选民均属刑事犯罪”，1883年颁布的《取缔选举舞弊和非法行为令》，“它明文规定禁止贿赂、款待、威胁以及冒名顶替等不正当行为，违者处以罚金和监禁。”[②]所有这些制度改革均有效地减少了英国社会的选举舞弊行为。历史事实表明，随着政治民主化进程的不断深入与选举制度的不断健全，选举舞弊现象是不难得到控制的。

① 戴维·米勒、韦农·波格丹诺主编：《布莱克维尔政治学百科全书》，邓正来等译，中国政法大学出版社，2002年，第229、230页。

② 阎照祥：《英国政治制度史》，人民出版社，1999年，第341页。

政治妥协与民初政治转型的拐点

在20世纪初全球第一波民主化浪潮中，辛亥革命迎来了远东第一共和在中国的诞生。南北统一之后，从《临时约法》的颁行、竞争性议会选举的开展、言论出版的自由，到国会政治的运作与宪法草案的制定，民初中国（1912–1913）经历了一个完整的民主转型过程。将民初政治放在政治转型这一框架下来考察和讨论，无疑会给后人重要的警示与启发。政治转型成败的关键要素政治妥协，更是与民初转型结局密切相关。

一、国会制宪：政治拐点的出现

1913年4月8日，第一届民国国会在北京成立。根据《国会组织法》与国会有关议事规则规定，宪法制定必须经过起草、审议与表决三个阶段。其中国会宪法起草委员会负责起草宪法，草案完成后再经过国会宪法审议会审议，最后由国会宪法会议表决通过。宪法起草委员会从1913年7月21日开始，至10月31日结束宪法草案的三读，共开会33次，历时近三个半月。从第4次会议开始时，会议地点改在天坛祈年殿，所以最后完成的《中华民国宪法草案》又被称为《天坛宪法草案》。

在国会制宪活动进行时，有两件政治事件备受关注。一是“二次革命”爆发后制宪议员徐秀钧被捕事件。徐秀钧被捕的理由是作为反袁的江西都督李烈钧在京密探，参与叛乱。事实上徐作为一名国民党职业革命家，在宋教仁被刺案发生后，就力主五省合纵反袁。[①]作为在北京的国民党人反袁的中坚分子，徐很快在九江被袁世凯派人处死。二是发生在8月27日的八议员被捕事件，其中制宪议员有褚辅成、刘恩格、赵世钰、张我华4人。袁政府称这些人与南方革命党人互相勾结，秘密从事暗杀活动。[②]

袁世凯此时对自己行动目的所作的解释是公开与坦率的。他还没有最后下定决心解散国会，并为此寻找借口。袁的燃眉之急还是为了镇压北京的国民党激进分子反袁活动，维护局势稳定，保障自身安全。当时在北京一些国民党人的秘密反袁活动非常活跃。最著名的是黄兴组织的“血光团”暗杀袁世凯行动。据当时国民党议员、主要当事人谢持回忆：“民国二年，（余）被选为参议员，袁世凯之欲帝也，以杀宋（教仁）而益著，黄复生与余欲去之，遂由沪挟炸药并黄克强先生交3000元而往北京。”虽然这一行动最后流产，但是也弄得北京的政客们心惊胆跳。[③]“二次革命”期间，袁对国民党人在京的秘密活动更是非常敏感与重视，他必定要不择手段采取搜捕行动。过去习惯上认为袁逮捕议员的目的是破坏国会制宪工作，其实并不是十分准确。

在宪法草案即将完成阶段，国会宪法起草委员会先后拒绝了袁世凯提出的增修临时约法部分条文、政府派员列席宪法起草委员会等要求。宪法草案内容与国会的执着立场终于激发北洋派与拥袁力量的强烈不满，民国初年政治转型的拐点开始出现。10月25日，袁世凯通电各省军政长官，公开表示反对宪法草案，认为：“草案内

---

① 中国国民党党史委员会编，《革命人物志（第3集）》，台北中央文物供应社，1969年，第370–371页。

② 文史资料选辑编辑部编，《文史资料精选（第3册）》，中国文史出版社，1983年，第26–27页。

③ 郭剑林、纪能文：《瑰异总统—袁世凯》，吉林文史出版社，1995年，第301页。

谬点甚多”，“比较临时约法，弊害尤甚”。[①]北洋派与拥袁的各省军政长官也纷纷通电指斥宪法草案。为阻止宪法草案成立，袁世凯在11月4日下令取缔国民党议员资格，其中包括汤漪、张耀曾、孙润宇、易宗夔等28名制宪议员，剩余32人不足法定开会人数。国会两院议员共438人被取消议员资格，剩余议员也不足法定人数，宪法会议遂停止工作。1914年1月10日袁下令取消国会残存议员职务，并非法宣布解散国会。至此，国会制宪活动完全失败，民国初年民主转型进程被迫中断，中国开始了袁世凯的威权统治。

后人每当回顾这段历史时，普遍的看法是袁世凯的独裁统治扼杀了初生的民主政治，并要为这次民主转型的失败承担最主要的责任。但是正如有学者在评价辛亥革命历史结局时指出，过去人们主观认为袁世凯上台就注定了他在数年后必然要搞帝制，这种以事物的结果来代替其过程分析的方法不啻是宿命论和历史功利主义方法。后人所了解的历史都是已经凝固而且再简单不过的既成事实，而某些既成事实的原型在凝固成历史之前，往往是错综复杂和变幻多端的。[②]美国学者欧内斯特·扬格的研究也表明辛亥革命时期的袁世凯正处于一个政治选择的不确定时期。[③]应该承认的事实是，即使对宪制民主不甚了解的袁世凯，由于对《临时约法》束缚极感痛苦，而“亟思于宪法上有所补救。”[④]所以在这一年的大多数时间里，袁极力想通过合法的政治手段—而不是非法的武力手段—介入制宪活动，以达到在民国实现增强总统权力的政治目的。

同时民初的制宪环境也不同于以后的军阀干政、无法无天。虽然大量的论著都指责袁世凯对制宪活动的破坏，似乎当时国会宪法起草委员会的制宪环境是极其恶劣的。但事实并非如此。尽管1913

---

① 李根源：《中华民国宪法史案》，上海国闻编译社，1914年，第34、34-35、45-46、47、52页。

② 郭世佑：《晚清政治革命新论》，湖南人民出版社，1997年，第536页。

③ 费正清编，杨品泉等译，《剑桥中华民国史（上卷）》，中国社会科学出版社，1994年，第250-254页。

④ 吴宗慈：《中华民国宪法史前编》，上海大东书局，1924年，第51页。

年7月爆发了国民党人反抗袁政府的“二次革命”，袁政府也以镇压乱党之名，先后逮捕了5名制宪议员。但是袁此举的目的不同于在11月份采取的解散国民党、取消国民党议员身份的非法命令，后者的动机明显是为阻挠国会继续开会，并为最后解散国会制造借口。此时袁仍然希望尽可能地合法地对制宪工作施加自己的影响，还没有做出非法中断制宪进程的最后选择。

事实上，国会宪法起草委员会在“二次革命”以后的历次会议，并没有因为袁的反对而中断。制宪议员能够独立完成宪法草案，就是对制宪环境最好的说明。而且在三个半月的宪法起草期间，从来没有发生过军人团体滋事等恶性事件。地方都督、军人干宪风潮的发生是在10月25日宪法草案基本完成之后。宪法起草委员会所需的制宪经费也一直是北京政府财政部通过国会参议院提供，在9月27日宪法起草委员会上，主席汤漪声称：“本会开办之际，所有用款原议不由本会直接向财政部支取，先由参议院代领，俟会期终作总报销。前由王副议长向财政部支洋三千元作为本会经费，现此款已用竣。”[①]所以制宪工作基本上还是在比较和平与稳定的环境中进行。

作为一系列制度试验中最令人瞩目的制宪会议，本质上是一次政治会议，不同于一般的立法会议。“制宪通常完全由当时主导秩序的力量来决定，制宪是从零开始的政治工程……制宪的成败与否，往往取决于社会各方的共识能否达成一个公约数。”[②]毫无疑问，民国初年最有实力的政治集团当属袁世凯的北洋派。他们的政治利益在宪法中是否得到了真实的体现，将决定宪法的最后命运。反思当年政治转型的失败，一个不容忽视的事实是宪法草案内容激发了北洋派的强烈反弹。究竟草案为民国设计了一种什么样的政体

① 李贵连主编，《民国北京政府制宪史料（第2册）》，线装书局，2008年，第32页。

② 谢政道：《中华民国修宪史》，台北扬智文化事业股份有限公司，2001年，第479页。

制度？这种政体制度的特色是什么？与北洋派当时提出的政治利益要求有无冲突？所以在制度层面上反思当年民主转型失败不失为一种新的尝试。

二、政体选择：政治拐点的实质

在政体制度选择上，1913年《天坛宪法草案》的制度设计既不是总统制，也不是责任内阁制度（议会内阁制度），而是一种独特的“超议会制”。[①]在这种政体制度中，议会除拥有常见的立法权与行政监督权外，还有设立国会常设委员会权与解释宪法权。这两种权力既超出《临时约法》的规定，也是当时各主要民主国家立法机关也不曾拥有。此外更为重要的还有关于议会解散权的规定。在责任内阁制度中，为确保立法与行政两权之间的平衡，针对立法机关的不信任权，行政机关同时保有解散议会的权力。当议会对内阁政府提出并通过不信任案，内阁如果不愿意辞职，就可以提请总统解散议会，重新举行议会选举，让选民作出新的选择。“提前解散议会成了现代议会运作中通常的做法。”[②]而且按照英国的责任内阁制度规定，解散议会权是不必要通过议会同意的，但是《天坛宪法草案》与当时法国宪法相似的是，总统解散众议院都必须获得参议院的同意。这一点正是法国第三共和国议会内阁制度有缺陷的部分。

“超议会制”具备责任内阁制度的一些特征，但是在权力的分立与制衡关系上明显违反宪制原则。“超议会制”相对于完整意义上的责任内阁制度，其权力分立关系不同于责任内阁制度的三权分立，权力制衡关系也不同于责任内阁制度中的权力平衡、互相制约。实际上是一种畸形的、存在严重结构性缺陷的政治制度，并不

① 严泉：《天坛宪法草案与民初宪政选择的失败》，《开放时代》，2003年第5期。
② 刘建飞等编《英国议会》，华夏出版社，2002年，第97页。

符合宪制原理。制宪议员王印川事后就认为这种政体制度是一种“极端议会政治。”[①]

1913年宪制变革的失败，虽然正如《剑桥世界近代史》的作者对民初政治的评论，“中国有了一个新政权，但是它依然缺少一个可行的政体”。[②]从宪制理论上来说，“超议会制”是一种严重违背宪制分权与制衡原则的畸形政体制度，核心是立法（国会）至上，而不是三权分立与制衡。权力之间缺少互相制约的关系，行政权对立法权不能发挥平衡作用、司法权对立法权也不存在制约作用，立法权却可以过度侵占行政权与司法权，凌驾在两权之上，形成立法对行政、司法权力单向的制约关系。不言而喻，这种宪制如果实施，将会给国会议员们带来巨大的政治权力。

更为重要的是，“超议会制”政体并没有满足北洋派的总统制权力目标。1913年8月19日，袁政府宪法研究会向宪法起草委员会提交一份宪法草案大纲，提出的总统权力主要有：1、有任命国务员及驻外公使，无得议会同意之必要；2、对于两院之议决有复议权及拒绝权；3、有发布紧急命令权；4、有令国会停会权；5、得参议院之同意，有解散众议院权；6、行政最高权委任于大总统，内阁总理及各部总长辅助。[③]在宪法草案披露后，袁世凯对草案全文最深虑者有两点：1、大总统任免国务员有无得国会同意之必要；2、大总统对于国会有无解散之权。[④]10月16日，袁在增修约法咨询文就提到取消参议院对国务员及外交大使的同意权，改为“大总统任免文武职员”。袁还振振有词地认为：“查国务员同意权不

① 胡春惠编《民国宪政运动》，台北正中书局，1978年，第194–195页。

② 莫瓦特编，中国社会科学院世界历史研究所组译《新编剑桥世界近代史（第12卷）》，中国社会科学出版社，1999年，第451页。

③ 张学继：《民国初年的制宪之争》，《近代史研究》，1994年第2期。

④ 张玉法:《民初对制宪问题的争论》,（台北）《中央研究院近代史研究所集刊》,1983年第12期。

容于内阁制之国，惟总统制美国始有此规定。”[①]应该承认此时北洋派提出的制宪要求，除要求总统制中总统行政主导权外，与当代法国半总统制度总统权力安排更加相似，并没有超出宪制框架。

但是国会宪法起草委员会拒绝考虑北洋派的政治利益要求，其总统权力目标在宪法草案中基本上落空。对此，袁世凯及其支持者的反应是非常强烈的。如关于弹劾权的规定，袁世凯认为："审判既由议院弹劾，复由议院审判，无异以原告为问官，罪名又由其认定，而其同意人数，比约法则大行减少。凡皆所以达其容易推倒政府之目的。”对草案取消了原来《临时约法》中总统有制定官制官规的权力，袁又滋生不满，“此条文中隐含有官制官规为普通法律之解释。则行政机关之组织，及职权之运用，无复敏活之余地矣。”关于宪法解释权，袁愤愤不平地说：“而宪法之提案修正及解释，统纳入国会权力范围之中。行政机关无复裁量之余地。”[②]

“宪法规则之所以重要，在于其有助于确定在政治斗争中哪些特定集团将获益或受损。”[③]宪法草案中弱势总统权力的规划，还意味着北洋派政治权力在未来制度实施后将进一步丧失，其既得政治利益也会受到重大损害。所以袁世凯认为宪法草案是“消灭行政独立之权，比较临时约法弊害尤甚。”这种削弱大总统与政府的威信作法，“使对内对外均无以保其独立之精神，而为国会之役使。”[④]当然是袁断然所不能接受的。

在制度主义者看来，政治制度变迁的实现要通过制度主体的创新行为来实现。“制度创新成功的关键在于新制度能够增进创新集团的利益，同时得到其他行动集团的支持。”[⑤]当时决定中国政治制度变迁的最重要力量并不是国会，而是袁世凯的北洋政治集团。

① 袁世凯：《咨众议院汇提增修约法案并逐条附具理由请从速讨论议决见复文》，《政府公报》，1913 年 10 月 23 日。

② 胡春惠：《民国宪政运动》，第 193–194 页。

③ 刘军宁编《市场社会与公共秩序》，北京三联书店，1996 年，第 95 页。

④ 胡春惠：《民国宪政运动》，第 194 页。

⑤ 刘军宁：《市场社会与公共秩序》，北京三联书店，1996 年，第 348 页。

对于袁世凯这样的实用主义政治人物来说，以较少的代价，攫取更多的政治利益是其最主要的政治目的。袁在1912年接受共和制度，其实就是建立在这种判断之上。以他不多的现代政治知识，当然会期望民国国家元首的权力与地位要远远超过他在前清的职权，在民国为自己谋求比旧制度中更多的政治利益。袁世凯本人明确表示："世凯既负国民之委托，则天下兴亡，安能漠视？"[①]袁世凯所感兴趣的是做一个实权总统，而不是虚位元首。如果这一期望受挫，袁自然就会改变最初对共和民主制度的不反对态度。民初的两年，就是袁对民国新政治制度态度发生转变的一个过程。

但是《天坛宪法草案》，特别是其中的"超议会制"政体，既没有充分承认当时左右中国政坛的北洋集团的政治利益，也没有从制度创新方面实现北洋集团提出的正当的权力目标，从而失去了北洋派对政治制度变迁的支持。正是因为缺乏这种政治制度变迁的动力，民国初年宪制变革最后的失败也是在所难免。

而在随后的制度选择中，1914年《中华民国约法》（新约法）走向了立法权力弱化的另一个极端。在新约法中，立法权力大大缩小。立法机关采用一院制。拥有议决法律、预算、弹劾总统等立法与行政监督权。但是与总统制美国国会比较，参议院同意权被取消，最重要的弹劾权被分割。新约法规定国务卿、各部总长有违法行为时不受立法院弹劾，而是肃政厅弹劾，平政院审理。新约法对立法权力的规划，完全改变了《天坛宪法草案》中"超议会制"的设计，立法机关不仅不再是"国会至上"，而且一些正常权力也被剥夺，独立性被严重削弱。立法权力的过度削弱正是对"超议会制"最好的回应。

《临时约法》的废弃，新约法的制定，进一步标志着国权主义开始影响国家政制的设计。民国建立以来，不少人主张国权主义，

① 朱宗震、杨光辉：《民初政争与二次革命（上册）》，上海人民出版社，1983年，第56页。

即创建强有力的共和制中央政府，因应严峻的政治经济危机。而袁世凯在1914年建立这种类似二战后南美国家阿根廷的“超总统制”威权政体，其核心原则就是总统行政权力至上，完全漠视立法权力的监督，这种政体制度其实是极端“国权主义”和体现，是现代东亚国家威权政体模式的开端。

三、政治妥协：转型结局的新观察

政治妥协是制宪成功的关键。在1787年美国制宪会议上，妥协更是贯穿整个会议的始终，是宪法最后制定成功的决定因素。从会议一开始，制宪代表们在联邦与州的权力划分、总统选举方式、议员代表比例、奴隶制等一系列重大问题上产生分歧，但是让人钦佩的是，经过艰苦的谈判，他们又在这些问题上达成了众多历史性的妥协。

但是民国国会从讨论制宪模式开始，就不愿意与其他政治集团分享制宪权。在制宪过程中，更没有兴趣听取袁世凯政府关于制宪的意见。1913年8月，当政府方面研究宪法委员会将制定的宪法草案大纲24条提交宪法起草委员会时，声明以供参考，国民党议员猛烈抨击，命令政府代表退席，双方在宪法起草委员会上的冲突益趋表面化。[①]在袁世凯提出增修临时约法的咨文后，国会的答复是强硬的，认为宪法即将议定，约法没有增修的必要。当袁重申总统法律公布权时，国会的立场依旧，以宪法草案尚未完成，没有开议的机会为由，拒绝答复。政府方面赴会陈述宪法意见的委员也遭到拒绝。宪法起草委员会的多数议员在“二次革命”后政治形势相当严峻时，也不愿意冷静地思考妥协的必要性，即使只是暂时的实质性妥协。

在当时的制宪环境中，妥协的空间并不是没有。1922年有学者

---

① 李守孔：《民初之国会》，台北中国学术著作奖助委员会，1964年，第120页。

认为1913年制宪运动“其主要内容，本为议会政治与总统政治之争论，在宪制原则上，亦甚重要，原有公平考究决定之可能性。”[①]而从袁世凯当时的政治要求来看，双方在权力分配上互相妥协的空间是相当大的。当在讨论制宪模式时，袁与地方都督提议的宪法起草委员会也包括国会代表，而且同意宪法最后还是由国会批准。在政府体制设计方面袁要求的是通常内阁制度中元首有的总理同意权与解散议会权，反对的是完全剥夺总统权力的“超议会制”。在此前提下，袁甚至对内阁制度也表示让步，只要能够保证总统的实权。此时袁世凯认为如果能够通过制宪方式改变现行的政体制度，达到加强总统权力的目的，他可以作出一定的让步。而与袁关系密切的制宪委员王庚、陆宗舆、曹汝霖等人，在宪法会议中也不曾反对内阁制度。毕竟对于袁来说，和平的制宪手段是在1913年实现个人政治目标的一种捷径。1913年制宪环境的相对稳定，即使在二次革命发生时，宪法起草委员会没有停顿下来，正是宪法草案完成之前袁温和的政治选择的结果。

此外，在实际政治中，“行动者特征的归属并非固定不变的属于某一特定团体，而是视其在转型不同阶段与时机的行动加以归属，也就是说，某一阶段的改革派，可能是另一阶段的强硬派，现阶段的温和派，也可能是下阶段的激进派。”[②]辛亥革命前后的政治发展表明，袁世凯是典型的实用主义政治人物，而不是特定的强硬派或改革派。袁习惯于根据形势的变化，采取包括妥协等一切政治手段，灵活的追求自己的政治目标。辛亥革命爆发后，“当革命势力表明它们掌握了国家的时候，他承认民国的必然性。在共和制的最初几年，他为避免同革命领导人完全决裂而讨好他们，面临对

① 陈启修：《我理想中之中国国宪及省宪》，《东方杂志》，1922 年，19（21）：22.

② 倪应元：《东亚威权政体之转型—比较台湾与南韩的民主化历程》，台北月旦出版社股份有限公司，1995 年，第 31 页。

抗就作策略上的退却。”[①]

国会宪法起草委员会中多数激进派议员的不妥协立场，以及《天坛宪法草案》“超议会制”政体制度的完成，最终粉碎了袁的政治企图。在一切合法手段用尽，对制宪经历了一个期望、失望到绝望的过程之后，袁的不满终于在8委员被拒事件发生后达到了高潮。1913年10月25日袁世凯通电各省都督及民政长，愤怒地指责宪法草案内容的不良。袁此时终于意识到，1912年以来建立的民国政府体制，已经不可能成为一种满足自己个人政治利益的手段，“故袁世凯对于宪法上希望几乎断绝，欲挽回宪法，非破坏宪法会议不可，欲破坏宪法会议，非破坏国会不可。”[②]

平心而论，民国初年的晚清新政派官僚不同于同时代的国民党人，一是他们没有很强的意识形态观念，而且基本上还是认同立宪主义的。当然在具体政体形式上，有些人赞成君主立宪政治。二是他们在处理政争时，往往以利益为导向，政治手段灵活、政治经验丰富，习惯于政治妥协与交易。三是他们对付政敌的手段相比较革命党人还是较温和的，保持着旧官场明争暗斗的习惯，武力手段并不是首选。因此这个官僚集团在民主政治的立场上带有浓厚的实用主义色彩，并不是通常人们所说的政治观念守旧，政治立场顽固不化。

在政策策略方面，政治妥协对民主化进程的影响至关重要。美国政治学家罗伯特·达尔认为民主依赖于妥协，这已成为人们公认的常识。亨廷顿也强调妥协是自20世纪70年代开始的第三波民主化的共同特征之一，因为“民主国家是通过谈判、妥协和协议而产生的”。在政治精英中进行谈判和妥协是民主化进程的核心。[③]从政治妥协的类型来看，辛亥革命时期的南北议和，仅仅是一种实质

① 费正清编《剑桥中华民国史上卷》，第251页。

② 吴宗慈：《中华民国宪法史（前编）》，上海大东书局，1924年，第39页。

③ 塞缪尔·亨廷顿，刘军宁译，《第三波—20世纪后期的民主化浪潮》，上海三联书店，1998年，第202-203页。

性妥协。考虑到当时内忧外困的政治现实，革命党人才不得不做出让步，同意袁世凯担任临时大总统。但这只是一个暂时使用的政治谋略，待危机过后，革命党还是准备重新执掌民国正式政府的大权。

仅有实质性妥协是远远不够的，制度性妥协其实更加重要。制度性妥协与实质性妥协不同。季卫东先生将宪法上的妥协分为形式、实质与制度上三种方式。其中实质上妥协（实质性妥协）是指在双方的某种利益分别得到实现的前提下就原则问题达成妥协，表现为双方互相让步、一方忍让以及价值兑换三种方式。制度上的妥协（制度性妥协）是指在多元格局中国家制度安排以价值中立为指针，并做到权力互相制衡。① "民主的达成并不在于精英之间在实质问题上获得妥协，而是在程序规范上获得暂时的共识，这些程序规范包括：决定那些政党可以被允许进入政治过程的制度、决定席次分配的选举制度、决定国家结构的制度设计等。"②所以"民主妥协不能是一种实质性的妥协，它只能是一种持续的制度化妥协。民主政治的特点就是没有哪一种利益能够确保。"③

在民主转型过程中，体现制度性妥协功能的最重要的政治活动就是制宪。只有通过制宪活动，才能将各主要政治力量的利益目标在宪法条文中体现出来。最后制定的宪法可能在理论上并不完美，但是却能够基本上体现各主要政治势力的利益与要求。只有这样的宪法才有可能被多数政治精英们接受、执行，并存在下去。那种有宪法无宪治的局面才能够尽力避免。制宪政治中，制度性妥协是普遍存在的。1787年美国制宪会议、1688年英国"光荣革命"以及20

① 季卫东:《宪政新论－全球化时代的法与社会变迁》，北京大学出版社，2002年，第162页。

② 倪应元：《东亚威权政体之转型》，第322页。

③ Adam Przeworski.Some Problem in the Study of the Transition to Democracy, Guillermo O' Donnell, Philippe C. Schmitter, and Laurence Whitehead （edited） Transitions from Authoritarian Rule: Comparative Perspectives.Baltimore and London: The Johns Hopkins University Press, 1988, p.59.

世纪后期世界第三波民主化，都是制度性妥协成功运作的典范。从这个意义上讲，民初政治妥协的缺失，造成政体制度选择的失败，不能不说是一种历史遗憾。

法政视角：民国前期历史的新探索（代跋）

民国前期的历史，通常被人们认为是近代中国历史上最不光彩的一页。在传统的史学家看来，军阀混战、政局动荡、社会失序，构成这一时期的主流特色。北洋军阀的封建专制统治是人们对民国早期政治的基本认识。在这一认识的指引下，历史的丰富性与真实性人为地被长期遮蔽了。

近年来，虽然有一些学者开始重新审视北洋时期的历史，但是对普通读者来说，更为常见的是各种对北洋历史的戏说作品。作为一本不多见的研究民国前期历史的学术著作，杨天宏教授的新作《革故鼎新：民国前期的法律与政治》（生活.读书.新知三联书店，2018年版），从法政视角为我们展现了民初中国的独特性与复杂性，不失为一种新的学术探索。

一、关键历史的法政阐释

关于民国前期重大史实的阐释，法学与政治学方法的交叉使用是本书的重要特色。例如，有关民国建立的问题研究，作者既不同于传统的革命史观论说，也有别于近年来流行的法理性评述，特别是不赞成一些法律史界学者有关民国创建的“主权转移”看法，后者强调《清帝退位诏书》同样是民国统治权合法来源之一，甚至还有论者将《清帝退位诏书》等同于民国宪法，认为中华民国创制时期的宪法，乃是由一组宪法性法律共同构成。所谓一组宪法性法律，就是《临时约法》和《清帝退位诏书》两个宪法性法律文件，它们作为“姊妹篇”共同构成了中华民国“立宪时刻”之宪法，是作为民国肇始之立国根基的根本法。

因此，本书在论述民国建立这一关键问题时，在史实基础上，注重法政视角的阐释，从“主权”与“统治权”的概念界定、民国代清过程中的“禅让”与“逼宫”说辨析、旧“法统”终结与新“法统”建立等问题的讨论入手，证诸事实，明确否认《清帝退位诏书》赋予民国统治及主权继承的“合法性”，着重指出“统治权虽是支配权，但主权则指最高最上之权；在统治权成为最高之时，将其名之为主权，虽说无误，但在统治权并非最高之场合，若名之为主权，将其国之统治者名之为主权者，则为大误。”至于1912年2月清帝下诏之时，中国法政话语中尚未出现“主权”一词的说法，作者质疑论者是在多大范围内做的文献调查。“任何人稍涉典籍都会发现，在近代中国的法政话语中，‘主权’已存，俯拾即是，并非《临时约法》颁布之后才有了这一概念。”

由此观察民国建立的历史过程，不难发现，1912年3月的南北统一，是在清朝“统治权”消灭的前提下实现的。性质是先于清帝退位便已成立的中华民国“统一全国”，而非清帝“授权”创建民国。南京临时参议院在袁世凯就职时致辞称“中华民国奠基于武汉起义”，既奠基在清帝退位之前，则在官方认知中民国非清帝授权建立应属无疑。“中华民国的建立是中国历史上一次根本性制度变革，是追求自由民主制度及现代价值的‘先进中国人’历经多年艰苦努力、通过武装斗争手段换来的制度成果。在这一过程中，南北立宪党人发挥过积极作用，清帝降诏退位也有效缩短了革命进程。以往的辛亥革命史研究忽视立宪党人的作用，不无偏颇；不承认清帝退位对减少流血冲突所起的作用，也有失客观。但在中华民国创立过程中起主导作用的是南方革命党人及其推进的旨在学习西方的革命，应无疑义。”

作者强调中华民国是革命建国，而非前朝皇帝授权变政；君主专制与民主共和分属两种不同的政治体制，各有“法统”和“政统”，法理上不可能存在权力授受关系。也就是说，君主制国家主权在君，共和制国家主权在民，两者不存在法律意义上的权力授受关系。事实上民国也非秉承“圣意”创建，即便承接诏书的袁世凯，其总统权力也是严格按照民国法定程序，通过选举，由民国参议院颁玺授予。从时间上讲，民国成立在前，清帝颁诏退位在后，逻辑上前者也不可能由后者授权创建。民国政府“五族共和”的主张及维护领土主权的内外努力，虽未完全保住既有疆土，却也避免了全局性“崩盘”，这一历史事实，不应漠视。将《清帝退位诏书》的颁布视为“中华帝国”没有像其他帝国那样四分五裂的原因，甚至将其拔高到与奠定了民国政制及法理基础的《临时约法》“姊妹篇”的地位，有违历史，是难以服人的。

二、问题考辨的法政路径

民国前期的一些似乎已成定案的重大事件，也成为本书考证的对象。如人们所熟知的“曹锟贿选”事件。在这一事件中，被认为最能证明曹锟“贿选”的证据是直系给国会议员签发的5000元支票。此事在大选之前就有诸多传言，却未被证实。提供直接证据的是浙籍众议员邵瑞彭，在大选期间曾经滞留北京，选举即将开始时，直系兑现承诺，邵遂领得5000元支票。拿到支票后，邵将其拍成正、反两面照片，向京师地方检察厅告发，请求实行侦查起诉，并通电各省，申诉事情经过。曹锟以5000元支票贿赂议员遂从最初的“传言”变成具有确凿证据的“事实”，成为反直派心目中摇撼不动的“千古铁证”。直系在大选前夕给议员发放数额如此高的支票，且须投票结束后兑现，表明“贿选”说法决非空穴来风，而是有一定事实依据的。

但是本书在探讨这一问题时，虽然认为直系在大选前夕给国会议员发放巨额支票，作为直系领袖和总统候选人，曹锟无疑具有重大“贿选”嫌疑。就性质而言，有关控告已递交检察机关，属刑事犯罪指控。“然而这一控告要能在法律上成立，需要具备的条件尚多。既然是刑事控告，就应信守‘罪刑法定’原则，提供证据法学意义上具有相关性、可采性和证明力的确凿证据。但相关指控大多偏重政治因素的考量，忽略了法律层面的审视。”

其中最为关键的是国会议员历年欠薪与贿选的关联问题。按照《议院法》第18章有关规定，国会议员享有一定数量的薪俸和活动经费，名目为议员费及公费。其中议员费分岁、旅两项。岁费额度5000元；旅费依道路远近及交通情形而定。然而自1913年国会开会以来，议员薪俸从来没有如数如期发放过。有理由认为开具支票是在变相补发历年欠薪，而要将其定性为“贿赂”反倒有些说不通，因为在历年欠薪已达5000余元的前提下，以给议员开具同等数额支票的方式“行贿”，是很难产生预期效果的。从领取支票的人数上看，选举“签到人数共六百有零”，“支票发出六百零数张”，两者在人数上吻合，这意味着几乎全部出席大选的议员（无论是否投票或无论投谁的票）均领取了支票。而领到支票的议员，除了邵瑞彭之外，似乎都认为曹锟既欲秉政，就应支付政府所欠历年薪俸，故当发放支票时，议员大多能安然接受，强调他接受的是“补发的岁费”。直系在总统选举前夕给议员开具支票的做法不能说没有行贿嫌疑。所以“尽管有关曹锟‘贿选’的指控言之凿凿，如果研究者也坚持走‘法律路线’，就会发现，控方提供的证据尚存在诸多问题”。

1924年10月冯玉祥发动北京政变，囚禁曹锟后，当时检察机关未对当事人提起公诉，除了政治因素外，很可能尚与控方提供的证据存在瑕疵、不足以断谳有关。曹锟虽最终在政治、军事上失败，却没有因“贿选”控告受到法律制裁，这大概也是执意恢复“法统”、标榜尊重法律者的一种宿命。从司法原则上看，迄今所有“贿选”指控都是在做“有罪推论”，所提供的证据并不全都经得起法理推敲和事实检验。作者依据民国《议院法》和北洋时期适用的《中华民国暂行新刑律》，从刑事证据学层面的思考曹锟“贿选”事件，表示认定曹锟是在“贿选”且触犯了刑律，需要考虑的因素尚多，不无一定的道理。

此外，民国前期的现代国家建构进程中的宪法文本，本书也在法政层面进行考辨。认为1912年《中华民国临时约法》奠定了近代中国民主政制最初的根基，其功至伟，却因仓促草就，且系“临时”性质，幼稚之处，所在皆是。具体表现为：1.制宪动机难免让人揣测系“因人立法”；2.过于伸张立法权，未能遵守权力制衡的宪法原则，将国家机关设计成畸形的政府体制；3.制宪机构非民选议员组成，难以反映真实民意。1914年《中华民国约法》反其道而行，其宪法原则为“国权主义”，强调集权行政首脑，虽暂时维持了政局稳定，却导致行政权力过分集中，为袁世凯复辟帝制埋下制度基石。在《临时约法》遭受非议背景下出笼的“天坛宪草”增加了国会权力的制约，却在限制国家元首的用意下保留了畸形的责任内阁制，至多只是修正版的《临时约法》。1923年《中华民国宪法》汲取此前十余年的政治经验和教训，参考借鉴了美、德、法、加诸国宪法及1921年国是会议所拟宪草中诸多主张，制宪程序严格，宪法原则体现充分，尽管仍有缺陷，却算得上一部相对完备的成文宪法。总体而言，民初制宪工作呈趋向成熟的态势，至少从制宪技术层面观察可以得出这一结论。

就制宪本身而言，作者认为民初制宪明显已陷入“不断革命”的政治怪圈。所有当时被说得冠冕堂皇的根本法之争其实都是不同政治集团的利益之争，这是《临时约法》先被视为神圣，后来的根本法遭到严重抵制，到后来连《临时约法》也不被尊重及“护法运动”失却动力的重要原因。民初制宪的另一问题在于一般民众缺乏近代民主意识，政治精英通过制宪来确立民主政制缺乏社会基础。但民初所订根本法均掺杂有制宪者特定的党派意识和私利，《临时约法》为民党所私，《中华民国约法》为袁党所私，《中华民国宪法》为直系所私，所订根本法不为社会看重，是十分自然的事情。“由于少数党派把持制宪，他党不予认同，导致激烈政争，民初制宪史几乎成为一部战争流血史。”《临时约法》付诸实施后，革命派控制的立法部门与行政部门冲突不断，终至发生“二次革命”。以后几乎每次制宪，都有战争发生：袁世凯炮制“袁记约法”并悍然称帝，引发护国战争；袁死后黎元洪继位，恢复《临时约法》，又因宣战问题府、院争持不下张勋借机拥清帝复辟，导致段祺瑞马厂誓师起兵；孙中山在南方召开非常国会并组建护法军政府后，又有牵动南北的“护法”与“毁法造法”之争，屡动干戈；逮至曹锟制宪，又触发推到曹、吴的战争。民初十五年的制宪，无不与战争发生联系，一次又一次的制宪，酿成的是一出接一出的政治悲剧。

三、历史评价的法政思考

在民国前期历史上，总统袁世凯的历史评价无疑是个无法回避的问题。如何评价袁世凯在民国初年的政治作为，其实也需要有新的研究视角。对此，本书选择法政的视角，为我们展现了一位有所作为的政治人物形象。

在论及袁世凯与民国前期的法制建设时，书中特别指出，袁世凯主政时期，因致力于经济法规建设，社会经济呈现出良性发展状况。袁恪守自由发展工商业的原则，为规范经济行为，曾指示工商部从速调查国人工商习惯，参考各国法律及成规，筹订划一办法。在其大力督促下，各种经济法规在清末修订新律的基础上得以继续修订或完善，民初经济立法也因此呈现出一段难得的“黄金时期”。从数量上看，短短几年间制定颁布法规数十部，约占整个北洋时期所订经济法规之半，初步形成了中国近代经济法律体系的架构；从质量来看，中国经济法律体系中的重要法规几乎全部产生于1915年以前，其后的立法主要表现为对之前立法的补充和完善，很少有重大的创新；从效果上看，民初经济发展的速度与总量均超过晚清几十年的总和，这与袁世凯执政时期相关法律法规的制定、颁布、实施对工商业的保护是分不开的。

在清末民初政治转型中，袁世凯作为政治家，“其在国家政治中的重要作用，集中表现在以武力威逼及提供优待条件的方式压迫清帝逊位的举措，及拥护‘共和’的政治表态，使中国顺利实现从封建帝制到民主共和的政制转型，避免了中外历史上王朝代谢难以避免的大规模战争和流血冲突。”辛亥革命不仅反满，而且带有掀翻两千年传统政制的根本性变革含义，牵扯面更广，触及的利益关系更多。如果袁世凯果真像革命派担心的那样去镇压革命，双方死亡人数将难以估量。但拥有军事实力的袁并未这样做，这是中国辛亥年间的政制鼎革能够顺利实现的重要原因。袁世凯的另一重要作用在于超越包括北洋在内的集团利益，在共和政权肇建之初维持了中国作为多民族国家的统一和社会稳定。当然，作为一位旧官僚出身的国家元首，袁世凯缺乏民主意识，思想陈旧，执政多有违反现代民主政治原则，存在较大的历史局限性，正如著名外交家顾维钧评价说，袁世凯对共和理念是不了解的，“他为人精明，长于应付各种人物，但从未想把才能应用在治理国家，使之走上民主化道路这一方面。”

同样值得反思的还有国民党从革命党向议会党的两次转型。1912年3月3日，在宋教仁等人的努力下，中国同盟会在南京召开本部大会，宣布正式由秘密的革命党改组为公开的议会政党，从此进入公开的政党活动时期，成为民国初年的第一大党。宣布改组后的同盟会宗旨为“巩固中华民国，实行民生主义”，孙中山当选为总理，黄兴、黎元洪为协理，宋教仁、胡汉民、张继、汪精卫等为干事，内设干事部与评议部。改组为公开政党后，同盟会于广东、四川、湖南等省，暨上海、杭州、苏州、安庆、福州、天津等地设立支部，会员达55万人。同盟会领袖在事实上接受太炎“革命党消”的政治口号之后，即致力于章士钊倡导的“毁党造党”。在共和、统一等党成立之后，同盟会在临时参议院中的活动逐渐公开化，其性质也在此过程中逐渐改变。1912年8月24日，同盟会联合统一共和党、国民公党、国民公进会、共和实进会等四个党组建成国民党。第一届国会召开之后，经历各党之分化组合，国民、进步两党在国会内形成对峙，两大主流政党互动的格局开始在中国政治中形成。各种政象似乎都表明，民初政制将会沿着民主共和的方向发展，凭借议会舞台展开合法活动的政党政治时代已经到来。

书中强调从政制转型的意义上讲，章太炎先生在武昌起义后提出的“革命军起，革命党消”政治口号是可以并且实际产生了促成中国政治近代转型效应的政治呼吁。民初政党政治格局的形成，国人对共和民主政治的追求当然是主要原因，但“太炎口号”的适时提出，则无疑起到了重要的推进作用。然而，尽管有国会可能提供的参政机会，昔日的革命党人实施政党政治的热情并不高。以同盟会人士为例，真正对政党政治感兴趣的只有宋教仁、刘揆一等人，不仅人数偏少，而且在党内颇受压抑。以孙中山为代表的同盟会领袖虽然接受了“改会为党”的既成事实，但思想认识在很大程度上仍然停留在革命时代，在“民国”已经建立的历史条件下，表现出明显的“继续革命”甚至“不断革命”的思想与行为倾向。“二次革命”失败后，孙中山开始改造国民党，打出“中华革命党”旗帜，重新制定党纲党章，使从前的国民党在一度改建‘政党’参与共和政治之后，又重新公开回到‘革命党’立场，在事实上摒弃了西方式的议会政治道路，国民党完成了从“议会党”到“革命党”的逆转型。

通读全书，不难发现民国前期的政治发展是至关重要的。正如作者反复提到，政治史在传统历史撰述中曾居主导地位，但在西方新史学排斥政治史的取向影响下却滑至边缘。新史学拓展了历史研究领地，也带来了需要正视的“碎片化”问题。历史研究中的学科整合有多种选择，但就转型中的民国而言，由于政治在民元之后38年间已构成无处不见其身影的存在，套用“一切历史都是思想史”的极端表述法，似乎也可以用“全部民国史都是政治史”来强调民国政治史研究的重要性。加上与其他历史部类的内在关联，政治史尤其是民初15年的政治史可望作为整合已呈“碎片化”趋势的民国历史研究、使之形成一个有机整体的学术进路。所以在笔者看来，法政视角的引入，不仅有助于观察民国前期的历史演变，对于民国中后期的历史研究也是不无裨益的。

如果对本书提出一些批评性看法，或许应该进一步拓宽全球化视野。近年来，海内外学者正在以一种非常开放的方式研究民国史，从政治到外交，从经济到社会文化，研究各个领域的历史学家越来越认为，那是一个格外多元与国际化的时代。但是对其开放程度和深度，仍然缺少一个整体性的描述。哈佛大学柯伟林教授曾经提出，“民国时代的中国历史是由它的对外关系的性质所界定、塑造，并且最终必须依此来解释的。”美国著名学者柯文所说的那种“着重于内部研究”、寻求某种有特色的“中国中心”的方法不一定适合于民国时代，因为“这一时代的所有大事都具有国际层面的影响”。

日本学者川岛真的著作《中国近代外交的形成》，更是认为1912年新生的中华民国，不仅建立亚洲第一共和，“同时在国际社会展示其‘近代’性质，以便争取作为文明国得到承认，并以此作为支持自身正当性的根据。这对国家是一种磨砺，也显示出中华民国要在‘革命与近代’中寻求自己的正当性。”民国前期正是中国标榜“近代”“文明国化”，在国内健全法律和制度以表现近代化，对外则努力提升国际地位。从这个意义上讲，如果我们把民国前期的历史放在同时期世界历史进程中观察，也许会加深我们对那个转型时代的认知与理解。